D1354428

Marcel Tessier

raconte notre histoire

Infographie : Marie-Josée Lalonde
Photographies : Archives nationales du Québec et
la Société historique de Montréal

DISTRIBUTEURS EXCLUSIFS :

Pour le Canada et les États-Unis :
MESSAGERIES ADP*
2315, rue de la Province
Longueuil, Québec J4G 1G4
Téléphone : 450-640-1237
Télécopieur : 450-674-6237
Internet : www.messageries-adp.com
* filiale du Groupe Sogides inc.,
filiale de Quebecor Media inc.

Pour la France et les autres pays :
INTERFORUM editis
Immeuble Paryseine, 3, allée de la Seine
94854 Ivry CEDEX
Téléphone : 33 (0) 1 49 59 11 56/91
Télécopieur : 33 (0) 1 49 59 11 33
Service commandes France Métropolitaine
Téléphone : 33 (0) 2 38 32 71 00
Télécopieur : 33 (0) 2 38 32 71 28
Internet : www.interforum.fr
Service commandes Export – DOM-TOM
Télécopieur : 33 (0) 2 38 32 78 86
Internet : www.interforum.fr
Courriel : cdes-export@interforum.fr

Pour la Suisse :
INTERFORUM editis SUISSE
Case postale 69 – CH 1701 Fribourg – Suisse
Téléphone : 41 (0) 26 460 80 60
Télécopieur : 41 (0) 26 460 80 68
Internet : www.interforumsuisse.ch
Courriel : office@interforumsuisse.ch
Distributeur : OLF S.A.
ZI. 3, Corminboeuf
Case postale 1061 – CH 1701 Fribourg – Suisse
Commandes :
Téléphone : 41 (0) 26 467 53 33
Télécopieur : 41 (0) 26 467 54 66
Internet : www.olf.ch
Courriel : information@olf.ch

Pour la Belgique et le Luxembourg :
INTERFORUM BENELUX S.A.
Fond Jean-Pâques, 6
B-1348 Louvain-La-Neuve
Téléphone : 32 (0) 10 42 03 20
Télécopieur : 32 (0) 10 41 20 24
Internet : www.interforum.be
Courriel : info@interforum.be

02-12

© 2012, Les Éditions de l'Homme,
division du Groupe Sogides inc.,
filiale de Quebecor Media inc.
(Montréal, Québec)

Tous droits réservés

Dépôt légal : 2012
Bibliothèque et Archives nationales du Québec

ISBN 978-2-7619-3305-6

Gouvernement du Québec – Programme de crédit
d'impôt pour l'édition de livres – Gestion SODEC –
www.sodec.gouv.qc.ca

L'Éditeur bénéficie du soutien de la Société de
développement des entreprises culturelles du Québec
pour son programme d'édition.

 Conseil des Arts   Canada Council
du Canada   for the Arts

Nous remercions le Conseil des Arts du Canada de
l'aide accordée à notre programme de publication.

Nous reconnaissons l'aide financière du gouvernement du Canada par l'entremise du Fonds du livre
du Canada pour nos activités d'édition.

Marcel Tessier

raconte notre histoire

LES ÉDITIONS DE
L'HOMME

Une compagnie de Quebecor Media

Avant-propos

Déjà douze ans ont passé depuis que mon ami Jacques Laurin, à l'époque éditeur aux Éditions de l'Homme, me proposait de raconter notre Histoire. Après plusieurs rencontres, cet homme attachant, cultivé et persistant tassait mes derniers scrupules et réussissait à me convaincre.

Le professeur d'Histoire se mit alors à la tâche avec une discipline rigoureuse. Le but de ces chroniques était de rejoindre un grand public qui n'était pas nécessairement attiré par la connaissance de son Histoire. Grâce à ses conseils et à son amour de l'écriture, le livre intitulé *Marcel Tessier raconte* paraissait en octobre 2000. Rapidement, le public démontra un engouement certain pour ce livre, ce qui me surprit agréablement. Jacques avait vu juste. Le «prof» qui avait raconté durant des années à la télévision les grandes pages de notre Histoire devenait un auteur apprécié, mais demeurait néanmoins un peu mal à l'aise dans le monde de l'édition.

Quatre ans plus tard, le public en redemandant, Jacques, toujours aussi tenace, me persuada d'écrire un deuxième tome. Celui-ci parut en 2004. Le pédagogue avait réussi à transmettre sa passion à des milliers de lecteurs. Huit années se sont écoulées depuis. Aujourd'hui, à la suggestion de mes amis éditeurs, j'ai sélectionné le meilleur des deux ouvrages pour proposer un seul livre réunissant les éléments les plus marquants de notre Histoire. C'est avec l'assurance que ce dernier-né sera apprécié de tous que je vous le présente aujourd'hui. Il pourrait même s'intituler *Histoire 101* !

J'ose espérer que la lecture de ces chroniques vous donnera envie d'aller plus loin et de consulter les œuvres de nos grands historiens québécois. Comme moi, vous deviendrez peut-être des passionnés de notre Histoire...

Quelqu'un a déjà dit : « Ne pas connaître son Histoire, c'est comme ne pas en avoir. » J'ajouterai : « Connaître son Histoire, c'est devenir un peuple fier de son passé qui lui permettra de bâtir un avenir de façon plus lucide et l'aidera à prendre position face aux enjeux politiques qui l'attendent. »

MARCEL TESSIER

1 LES ÉTAPES DE NOTRE HISTOIRE

Pour bien comprendre notre histoire, il est nécessaire de commencer par identifier ses étapes. C'est une façon simple d'éclairer notre route. Ainsi nous pourrons suivre plus aisément le cheminement de notre peuple, mieux situer les événements, et reconnaître à leur passage les hommes et les femmes qui défileront au long de ces pages. Les historiens s'accordent pour diviser l'histoire du Québec en trois parties.

Première partie : le Régime français (de 1534 à 1760)
En 1534, au nom du roi de France, Jacques Cartier plante à Gaspé une croix qui symbolise la prise de possession du territoire. La France vient donc coloniser ce coin du monde. Elle y envoie des explorateurs qui entrent en contact avec les Amérindiens. Les nouveaux arrivants découvrent des terres immenses, des cours d'eau poissonneux et, à perte de vue, des forêts pleines d'animaux dont la fourrure devient rapidement la richesse première de la petite colonie, et le restera pendant tout le Régime français. C'est durant cette période que le peuple canadien va naître.

Tous ces Français qui viennent s'établir ici vont en effet fonder une nation. Champlain (le fondateur de la Nouvelle-France), Paul Chomedey de Maisonneuve, Jeanne Mance, Marguerite Bourgeoys, Lambert Closse, les Le Moyne, Jean Talon, Frontenac, Cavelier de La Salle, Joliette, De La Vérendrye et bien d'autres établissent les coutumes, la culture d'une nouvelle nation dont la patrie, la Nouvelle-France, s'étend de l'Acadie, à l'est, et des Rocheuses, à l'ouest, jusqu'à la Louisiane, au sud du Mississippi.

Deuxième partie : le Régime anglais (de 1760 à 1867)
En Europe, la France et l'Angleterre sont des ennemies acharnées. Entre elles, c'est une guerre après l'autre. Bientôt leurs colonies d'Amérique (car l'Angleterre possède elle aussi des colonies sur ce continent) se joignent à elles : c'est la guerre de Sept Ans. Les Anglais, déjà maîtres de l'Acadie, de la baie d'Hudson et de Terre-Neuve depuis le traité d'Utrecht en 1713, vont s'emparer de tout le reste de la Nouvelle-France en 1760. À partir de ce jour, la colonie devient anglaise et le peuple canadien-français, qui est ici chez lui, devra se battre pour survivre. C'est l'époque des Murray, Carleton et Mgr Briand. Les constitutions vont se multiplier : la Proclamation royale, l'Acte de Québec, l'Acte constitutionnel de 1791. Au XIXe siècle, viennent Papineau, La Fontaine et Mgr Bourget. Les Patriotes se soulèvent, ce qui amène au pays le fameux Lord Durham, chargé d'étudier la situation et de trouver des solutions. L'essentiel de son rapport propose d'assimiler les Canadiens français, pour leur propre bien, dit-il ; et pour faciliter la chose, il suggère l'union du Haut et du Bas-Canada, c'est-à-dire l'Ontario et le Québec, sous un seul gouvernement : ce sera l'Acte d'Union de 1840.

Troisième partie : la Confédération (de 1867 à nos jours)
En 1867, il y a six colonies indépendantes sur le territoire de l'Amérique du Nord britannique : le Canada-Uni (Québec et Ontario), le Nouveau-Brunswick, la Nouvelle-Écosse, l'Île-du-Prince-Édouard et Terre-Neuve. Les provinces maritimes parlent de faire bloc, ce qui faciliterait leur évolution économique. Le Canada-Uni va participer à ces négociations et, après trois conférences, une à Charlottetown en septembre 1864, une à Québec en octobre 1864 et finalement une à Londres en décembre 1866, on concrétise le projet par l'adoption, en 1867, de l'Acte de l'Amérique du Nord britannique.

Comme on le sait, l'Île-du-Prince-Édouard et Terre-Neuve n'accepteront pas d'entrer dans ce nouveau pays ; elles ne le feront que plus tard. Le Canada devient un dominion, c'est-à-dire un État du Royaume-Uni, ce qui lui confère un statut supérieur à celui d'une simple colonie, mais inférieur à celui d'un pays totalement indépendant.

Tirée de la Bible, sa devise est *A mari usque ad mare* (d'un océan à l'autre). Toutefois, le Canada n'aura pas de drapeau ni d'hymne national, puisqu'il n'est pas tout à fait un pays. Cette partie de notre histoire, au cours de laquelle deux peuples vont accepter de former une confédération, est riche en rebondissements : agrandissement du territoire, construction du chemin de fer transcanadien, établissement des relations entre les provinces et le gouvernement central, formation de partis politiques, batailles constitutionnelles. Et, plus près de nous, la menace très réelle de la rupture de cette association.

Saviez-vous que...

La porte Saint-Louis, à Québec, fut érigée par Frontenac. Elle fut reconstruite en 1720 par Léry, puis modifiée en 1783 par les Anglais. Elle fut encore modifiée entre 1823 et 1832 par Holland et Twiss. Détruite et refaite en 1873, elle prit la forme qu'on lui connaît actuellement en 1925.

2 LES FRANÇAIS EN AMÉRIQUE

Pour comprendre les buts et l'échec de la colonisation française en Amérique, j'ai parcouru et retenu l'analyse de Joseph Rutché et Anastase Forget, auteurs de *Précis d'histoire du Canada,* édité par Beauchemin en 1928.

Comme le disent plusieurs historiens, « les faits précèdent les formules ». Les voyages de découverte et d'exploration sont des faits historiques. Souvent, ce sont des commerçants et des armateurs qui, grâce à leurs initiatives, précèdent les chefs d'État. Ce sont eux qui envoient des explorateurs sillonner les mers pour mettre sur pied des comptoirs. Les chefs d'État, sachant que la prospérité du commerce fait partie de la politique, prennent sous leur protection ces explorateurs, assurent leur stabilité et s'approprient les bénéfices. Ainsi débute la politique coloniale.

Christophe Colomb, qui cherche une route plus courte et plus pratique pour les affaires avec les Indes, aura beaucoup de difficulté à trouver un souverain pour l'épauler dans son projet. C'est finalement appuyé par l'Espagne, qui y envoie ses administrateurs, que Colomb atteindra l'Amérique. En accaparant cette découverte, l'Espagne y trouve son intérêt, car la colonisation est d'abord une préoccupation économique et matérielle. Bien sûr, des missionnaires accompagnent les explorateurs, ce qui apporte une autre dimension aux voyages de découverte, mais les fonctionnaires et les soldats travaillent pour les États, et leurs visées sont d'ordre matériel. Comme le disent Rutché et Forget dans leur *Précis d'histoire du Canada* : « Le colonialisme en est un exemple et les colonies elles-mêmes deviendront sans retard l'enjeu des plus âpres rivalités et de conflits sans fin. »

En France comme ailleurs, les faits précèdent la politique coloniale. Depuis le Moyen Âge, on fait du commerce avec l'Orient. Les voyages de Christophe Colomb éveillent l'appétit des autres puissances. L'Espagne était installée au Mexique dès 1519, grâce à Fernand Cortez, et au Pérou dès 1531-1532, grâce à François Pizarre. François Ier est alors roi de France. En montant sur le trône, il hérite d'une France unie et solide. C'est le plus beau royaume d'Europe. Grâce à ses prédécesseurs, Louis XI, Charles VIII et Louis XII, c'est un État fort. Les derniers rois, s'appuyant sur les droits de succession, ont engagé les guerres d'Italie pour assurer l'hégémonie française en ce pays. Le rival de François Ier est de taille, il s'agit de Charles Quint. Mais le Français est plus fort. Cependant, Charles Quint, héritier de Maximilien d'Autriche et des souverains d'Espagne, est lui aussi puissant. Les États autrichiens, les Pays-Bas, l'Espagne et les colonies d'Amérique forment l'essentiel de son empire. Son prestige menace la France. C'est à partir de cette rivalité que naît la politique internationale, dont le principe fondamental est l'équilibre européen. Au XVIe siècle, un face à face entre les deux puissances est mené. François Ier se mesure à l'empire de Charles Quint. Ses préoccupations ne se limitent pas à l'Europe, il s'intéresse aussi aux colonies. C'est pour cette raison qu'il décide de soutenir Jacques Cartier dans ses projets de voyages au Canada en 1533. C'est très important pour lui, car les deux guerres qui l'ont opposé à Charles Quint l'ont affaibli. Il veut s'enrichir de colonies pour reprendre du prestige. Mais nous sommes au XVIe siècle. Celui de la Réforme. Celle-ci s'étend en France, où les guerres de Religion éclatent. Au moins huit d'entre elles ensanglantent le pays. Dans ce contexte, les entreprises coloniales sont presque oubliées. Avec la paix retrouvée et la venue au pouvoir d'Henri IV, on s'intéresse de nouveau aux colonies. Sully, le grand ministre du roi, est économiste. Son but est de redonner à la France la force économique perdue à la suite des guerres de Religion. Comme il est huguenot, l'idéal d'évangélisation ne figure pas dans ses préoccupations. Sa politique coloniale est simple. Il faut exploiter les colonies. Champlain a son appui et c'est lui qui poursuivra cette politique coloniale après la mort du roi, en 1610.

En 1624, Louis XIII confie le pouvoir à son ministre Richelieu, dont il suit les conseils : « La France doit être le premier pays du monde. Pour y arriver, il lui faut la maîtrise des mers. » Il lui faut des bases navales au loin, sur le littoral atlantique. Le golfe du Saint-Laurent devient important dans son plan. Champlain l'entretient de la citadelle de Québec. C'est un point stratégique de pénétration du continent. Richelieu achète l'idée. Des colons y seront installés. Ce sera le prolongement de la patrie. Avec l'arrivée de Louis XIV et de son ministre Colbert, on pousse plus loin. Ce n'est plus simplement une forteresse que la France veut en Amérique du Nord, mais une France d'Amérique pour le développement du commerce de la métropole. Talon arrive. Il met en marche ses grandes politiques. Cavelier de La Salle suivra le Mississippi jusqu'à son embouchure. Colbert surveille, encourage, fonce. C'est l'apogée de la politique coloniale de la France. Après lui, deux phénomènes ralentissent le peuplement : les guerres européennes se multiplient – guerre de Dévolution (1667-1668), guerre de Hollande (1672-1679), guerre de la ligue d'Augsbourg (1688-1697), guerre de la Succession d'Espagne (1701-1714). Ces guerres appauvrissent la France et ses embarras financiers privent les entreprises coloniales de l'argent nécessaire à leur bon fonctionnement. Par ailleurs, la France peut alors largement nourrir ses habitants, qui sont donc peu portés à venir s'installer dans la colonie. Puis arrive Louis XV. Les colonies disparaissent des préoccupations de la cour. Seuls quelques hommes, de leur initiative, continuent l'œuvre commencée. Rapidement, les colonies deviennent une proie facile pour les nations rivales. L'administration coloniale de la France a souvent été critiquée à ce propos. Les hommes d'alors n'avaient pas l'expérience que le temps a donnée. Comme l'écrivent Rutché et Forget :

> Aujourd'hui, il nous semble clair qu'une colonie doit avoir ses propres organismes de législation et d'administration vu les circonstances spéciales de géographie, de climat, de vie physique et économique, au XVIe siècle, au XVIIe siècle et même au XVIIIe siècle, les conceptions n'étaient pas encore là. À travers plusieurs règnes, la France et sa dynastie avaient élaboré l'ordre et l'unité dans le gouvernement. Sully et Richelieu mirent la dernière main à l'œuvre. Cette conquête de monarchisme puissant et solide paraissait si belle et si féconde qu'on la considérait comme intangible. On s'en félicita d'autant plus que les splendeurs du règne de Louis XIV y apportèrent comme une consécration définitive. Depuis François Ier jusqu'à Louis XV, les idées sont donc essentiellement portées vers la centralisation. Tout émane de Paris et tout converge vers Paris et Paris, c'est le roi. Les provinces et les colonies ont leur gouverneur mais rien d'important ne peut se faire sans qu'on en réfère au maître unique.

En Angleterre, c'est différent. Le régime parlementaire y est établi depuis 1258. En effet, le roi Henri III avait été forcé de signer les provisions d'Oxford, qui établissent la périodicité du Parlement et sa prépondérance sur le pouvoir royal. C'est ainsi que, dès le début, Londres accorde à la Nouvelle-Angleterre une assemblée propre qui voit aux intérêts de la colonie. En France, cela aurait été considéré, aux XVIe et XVIIe siècles, comme un échec du principe de l'unité et une atteinte au pouvoir du roi. Aussi, les grands ministres de France ont-ils été obligés de s'occuper des colonies en plus de la politique européenne, les reléguant au second rang de leurs préoccupations.

3 LES ANGLAIS EN AMÉRIQUE

Pour bien comprendre l'histoire du Canada, il faut savoir qui l'habitait. On sait que les Amérindiens l'occupaient depuis des lunes, que les Français, avec Jacques Cartier, l'ont touché en 1534 avant de l'habiter, avec Champlain, en 1608, et que même Jean Cabot était venu saluer ces terres au nom de l'Angleterre en 1497. Mais comment la colonisation britannique a-t-elle commencé au Canada ? L'intérêt des Anglais pour le Nouveau Monde naît à la fin du XVIe siècle. Déjà au XVe siècle, toutes sortes d'intrigues et de luttes divisent les différents royaumes d'Europe. Chacun veut agrandir son empire, étendre son pouvoir et devenir, grâce à ses richesses, de plus en plus puissant. Et la façon de faire, c'est la guerre, qui coûte très cher. Les guerres entraînent des impôts de plus en plus lourds à supporter pour la paysannerie ; des mécontentements et des révoltes éclatent donc. Les dirigeants sont alors forcés de chercher d'autres sources de financement, et cette recherche va les pousser à explorer le monde, ce qui les mènera en Amérique. Tout comme les Français, les Espagnols, les Portugais et les Hollandais, les Anglais vont donc s'intéresser à la colonisation de ce nouveau monde.

SCHISME ANGLICAN EN 1534

Les historiens Yves Bourdon et Jean Lamarre, dans leur *Histoire des États-Unis, mythes et réalités,* nous renseignent sur la période du schisme anglican. À cette époque, les royaumes sont dirigés par des rois ambitieux et souvent tyranniques. En Angleterre, Henri VIII est au pouvoir de 1509 à 1547. Sous son règne, Luther publie les 95 thèses qui marquent la venue du protestantisme en 1512 et de l'anglicanisme en 1534. Un peu plus tard, Edouard VI, au pouvoir de 1547 à 1553, confirme le protestantisme anglican. Après le court règne de Marie Ire la Catholique, Elisabeth Ire, Jacques Ier et Charles Ier agissent avec une très grande intolérance envers les puritains, forçant ces derniers à l'exode.

Entre-temps, en Angleterre, un certain Richard Hakluyt, agent de colonisation des Indes orientales, publie *Discourse Concerning the Western Planting,* ouvrage qui insiste sur l'importance, pour l'Angleterre, de posséder en Amérique deux ou trois postes fortifiés sur la côte Est. Plusieurs avantages économiques, sociaux et politiques poussent Hakluyt à prendre position. En effet, à cette époque, le pays est surpeuplé et les guerres de Religion font en sorte que plusieurs puritains doivent fuir les persécutions subies dans la mère patrie. L'auteur soutient que tous ces colons établis dans le Nouveau Monde étendront également le commerce anglais et permettront à l'Angleterre de freiner l'expansion de l'Espagne catholique déjà installée sur ces terres. Une nouvelle classe sociale va ainsi apparaître, celle des marchands qui, doucement, s'intégreront à la monarchie aristocratique. Ceux-ci vont vite s'intéresser au Nouveau Monde où, dit-on, l'or et l'argent foisonnent.

L'ANGLETERRE ET L'AMÉRIQUE

C'est à la fin du XVIe siècle que les Anglais s'intéressent vraiment au Nouveau Monde. Francis Drake, financé par Elisabeth Ire, réalise l'exploit d'un tour du monde de 1557 à 1580. Il prend possession, au nom de sa souveraine, de certains territoires américains aujourd'hui connus sous les noms de Haute-Californie et d'Oregon. Mais c'est en 1578 que Humphrey Gilbert reçoit officiellement d'Elisabeth Ire une charte qui lui permet de fonder une colonie permanente. Après avoir échoué à sa première expédition, il récidive en 1583 et prend possession de Terre-Neuve. C'est son demi-frère, Sir Walter Raleigh, qui prend la relève, ayant acquis les droits de Gilbert en 1584, en continuant les expéditions sur le nouveau continent. Il découvre la baie de Chesapeake et nomme le territoire Virginie en l'honneur de sa reine célibataire. Établir une colonie viable n'est pas chose facile et, malgré plusieurs efforts, Raleigh ne réussira pas à fixer définitivement des colons en Amérique.

JAMESTOWN, PREMIÈRE COLONIE

En 1606, deux compagnies demandent au roi Jacques Ier une charte pour exploiter et coloniser le territoire de la Virginie. La Compagnie de Virginie de Londres obtient alors du monarque l'autorisation de coloniser le continent entre les 34ᵉ et 41ᵉ parallèles, jusqu'à une distance de 100 milles des côtes. Forte de son mandat de colonisation, d'évangélisation des « Sauvages » et de prospection des mines d'or, d'argent et de cuivre, la compagnie passe à l'action. En décembre 1606, le commandant Newport part avec 3 vaisseaux et 140 colons mâles. Après un voyage difficile de quatre mois, les colons arrivent le 26 avril 1607. Ils se fixent à Jamestown, qui devient la première colonie anglaise viable en Amérique. Ils y passeront des années éprouvantes. De 1607 à 1618, on remet plusieurs fois en cause l'existence même de la colonie. En Virginie, l'endroit choisi par les dirigeants est insalubre. Les marécages sont omniprésents, ce qui entraîne une épidémie de malaria qui tue plusieurs colons. Plusieurs de ces colons sont des gentilshommes et des marchands qui s'y connaissent peu en ce qui concerne les besoins immédiats d'une colonie, ce qui complique les choses. Ils sont venus dans le seul but de faire des affaires. Insistons sur le fait que cette colonie n'a pu s'établir que grâce aux Powhatans, des Amérindiens qui ne cessent d'apporter leur soutien aux colons en les ravitaillant et en leur enseignant la culture du maïs, qui deviendra un aliment essentiel à leur survie. C'est vers 1618 que la colonie devient plus stable. Bien que la mortalité y soit élevée et la population, encore vulnérable, Londres accorde une modification à la charte de 1606 et applique un autre système de colonisation, le *Headright system,* qui favorise la venue de colons. En effet, de 1618 à 1624, quelque 4000 nouveaux arrivants foulent le sol de la Virginie. Le commerce du tabac, qui génère déjà des profits substantiels, permet à la colonie d'améliorer le confort matériel de la population et d'augmenter sa qualité de vie. En 1619, c'est avec plaisir que les colons voient arriver 90 jeunes femmes venues pour fonder des familles. Mais l'ombre se répand sur la colonie à partir de 1622. Les Amérindiens, constatant que les nouveaux arrivants pénètrent de plus en plus à l'intérieur des terres, se sentent assaillis et attaquent la colonie. C'est alors que Jacques Iᵉʳ, croyant que la Compagnie de Virginie de Londres ne fait pas le nécessaire pour sauver la colonie, lui retire sa charte. Il en fait une colonie royale et y installe rapidement ses militaires pour en assurer la protection. L'Angleterre a ainsi une première colonie bien implantée en Amérique. Les colons continuent d'y venir. Déjà les voisins s'observent à distance : l'Angleterre au sud et la France au nord, deux empires qui ne pourront cohabiter. L'histoire de notre survie commence...

4 LES AMÉRINDIENS

Comme l'écrit Léandre Bergeron dans son *Petit manuel d'histoire du Québec*, « les explorateurs n'ont pas découvert les Amériques. Ces territoires avaient été découverts on ne sait pas quand par les premiers hommes qui y mirent les pieds. Quand les explorateurs blancs arrivèrent en Amérique, le pays était déjà peuplé d'hommes, d'hommes d'une autre couleur, oui, mais d'hommes tout de même. Les explorateurs blancs n'ont rien découvert. Ils ont exploré des territoires et conquis des territoires ».

En 1520, la population des Amérindiens du Canada atteint environ 220 000 personnes. Les Inuits vivent dans l'Extrême-Nord. D'autres peuples habitent la région du Pacifique et des Rocheuses, d'autres encore les plaines de l'Ouest. Et, bien sûr, il y a les tribus de l'Est, les premières que les Européens rencontrent. Ces Amérindiens sont arrivés en Amérique du Nord environ 15 000 ans avant Jésus-Christ. Ils sont venus d'Asie. Ils sont passés par le détroit de Béring reliant l'Alaska à la Sibérie, lors d'un abaissement des eaux, et se sont répandus partout sur le vaste territoire qui s'offrait à eux. Dans la vallée du Saint-Laurent et la région des Grands Lacs, ils sont environ 60 000 à l'arrivée des Blancs, dont 25 000 sur le territoire du Québec actuel. Du point de vue linguistique, les Amérindiens appartiennent à trois grandes familles : inuite, algonquienne et iroquoienne.

INUITS, ALGONQUIENS ET IROQUOIENS
Les Inuits, que les Blancs appelleront longtemps Esquimaux, vivent alors dans les régions de la baie d'Hudson et du Labrador.

Les Algonquins – Algonquins, Cris, Ojibwés, Micmacs, Naskapis, Montagnais – sont des nomades qui vivent de chasse et de pêche; ils se nourrissent aussi de fruits sauvages, de plantes et de racines. Ils poursuivent le gibier en raquettes, se déplacent en canot d'écorce et habitent des wigwams. Leur organisation sociale se fonde sur la cellule familiale. Plusieurs familles forment une bande ou un clan; chaque bande est conduite par un chef sans beaucoup d'autorité. Plusieurs bandes forment une tribu ou nation, par exemple les Cris, les Montagnais ou les Naskapis... Chaque nation occupe son propre territoire. Par exemple, les Abénaquis, les Micmacs et les Malécites vivent dans la péninsule gaspésienne et une partie du Maine; et les Algonquins occupent la région de la rivière des Outaouais. Une nation est dirigée par un conseil de sages (les sachems). Chez les Iroquois, plusieurs nations s'unissent en une ligue. Ainsi, au sud du Saint-Laurent, les tribus des Agniers (Mohawks), des Onneiouts, des Onontagués, des Goyogouins et des Tsonnontouans forment la ligue iroquoise.

Les Iroquoiens, qui vivent dans la région des Grands Lacs et au sud-ouest de la rivière Richelieu, sont des semi-sédentaires qui pratiquent l'agriculture (maïs, courges, haricots) en plus de la pêche et de la chasse. Cette famille se divise en deux: les Hurons et les Iroquois. Ils cultivent le tabac, mais ne connaissent ni la charrue, ni les engrais, ni le système de jachère; ils changent de territoire tous les 10 à 15 ans, car le sol s'épuise rapidement. Leurs habitations sont permanentes. Ce sont des maisons de troncs d'arbres, rectangulaires et de bonnes dimensions (environ 30 mètres de longueur sur 10 mètres de largeur) – les *long houses*. Elles sont regroupées en un village entouré d'une palissade. Un village abrite souvent une dizaine de familles descendantes de la même aïeule. En effet, chez les Iroquoiens, les femmes en mènent large! Ce sont elles qui gèrent la vie quotidienne dans la maison longue où l'aïeule assure l'autorité. Quand un jeune homme se marie, il va vivre dans la maison de sa belle-mère. Tous les travaux qui assurent la subsistance des familles sont du ressort des femmes. Champlain nous donne des détails. Ce sont elles, dit-il, qui font presque tout. Elles labourent, sèment le maïs, font les provisions de bois pour l'hiver, tissent le chanvre, portent même les bagages de leurs maris. Quant aux hommes, ils vont à la chasse, pêchent, construisent les cabanes et font la guerre.

Les Amérindiens croient en une force supérieure. Chez les Algonquiens, c'est le Manitou et chez les Iroquoiens, l'Orenda. La force du vent, des rivières et des forêts leur vient de cet Être supérieur ; un esprit habite aussi les animaux et les objets. Il n'y a pas de prêtre à proprement parler, mais un chaman, ou sorcier, qui contrôle les esprits. Les Amérindiens croient aussi à l'immortalité de leur âme et à une vie après la vie, dans laquelle la chasse et la pêche seront les principales occupations.

LES GUERRES IROQUOISES

Sur la rive gauche du Saint-Laurent, au bord du lac Huron et plus loin, dans la région du Saguenay, vivent respectivement les Algonquins, les Hurons et les Montagnais. Ces tribus font en général bon accueil aux Français et à leurs missionnaires. Au contraire, les cinq nations de la ligue iroquoise, qui vivent du sud de l'Ontario actuel jusqu'au lac Champlain, font commerce avec leurs voisins, les colons anglais de la Nouvelle-Angleterre et les colons hollandais de la Nouvelle-Amsterdam. Ils échangent des fourrures en retour de fusils qui leur seront utiles contre leurs ennemis, les Hurons, avec qui ils sont en guerre depuis des lunes.

Comme les Hurons et les Algonquins ont dès le début offert leur sympathie aux Français, ces derniers se sentent l'obligation morale de les appuyer contre l'Iroquois. D'autant plus que ces tribus amies, d'un abord plutôt conciliant, se sont déjà laissé gagner par la civilisation française et la religion catholique.

Première guerre : 1641-1665

La présence des Français à Ville-Marie – qui deviendra Montréal – est inacceptable aux yeux des Iroquois. En effet, c'est par Ville-Marie qu'il leur faut passer pour chasser le castor dans la vallée de l'Ottawa. Par ailleurs, Champlain les a déjà combattus sur la rivière Richelieu. Ils s'en souviennent. À partir de 1641 et jusqu'en 1645, les Iroquois attaquent autour de Ville-Marie.

En 1648, ils pulvérisent la mission huronne de Saint-Joseph et en 1649, c'est celle de Saint-Jean qui tombe. Entre 1650 et 1660, c'est Montréal même qu'ils harcèlent. Paul de Maisonneuve et Lambert Closse deviennent les défenseurs et les héros de la petite colonie. En 1660, l'épisode de Adam Daulat dit Dollard des Ormeaux, qui meurt au Long-Sault avec ses 16 compagnons en se défendant contre les Iroquois, devient un symbole. Il faut attendre 1665 pour que le marquis de Tracy, fraîchement débarqué à la tête du fameux régiment de Carignan, ramène la paix. Pour une vingtaine d'années...

Deuxième guerre : 1687-1701

Le commerce des fourrures est à la base de cette deuxième guerre. Les Anglais de Virginie reluquent le Nord. Ils poussent les Iroquois contre les Français. En Europe, la guerre de la ligue d'Augsbourg débute. Aussitôt, les colonies française et britannique d'Amérique sont jetées dans la mêlée : en 1684, le gouverneur La Barre part en guerre contre les Amérindiens alliés des Anglais. Son successeur, Denonville, agit d'une façon tout à fait despotique : après avoir fait prisonniers les chefs iroquois envoyés au fort Frontenac, il les expédie aux galères en 1687.

La même année, les Iroquois répliquent. Ils attaquent Chambly et luttent dans toutes les directions. Du côté français, le scorbut s'en mêle et décime la garnison des forts de Niagara et de Frontenac. Le chef Kondiaronk, dit le Rat, fait échouer des négociations de paix. En 1689, c'est le massacre de Lachine ; on tue de nombreux colons et on fait beaucoup de prisonniers. Les attaques s'étendent à l'île Saint-Joseph et à la Chesnaie.

Le gouverneur Frontenac remplace Denonville. Il engage avec les Iroquois une guerre sans merci. Les combats sont durs, les coups portent. Frontenac veut humilier les Iroquois ; il poursuit les attaques en Nouvelle-Angleterre. C'est durant cette période, en 1692 exactement, que s'illustre Madeleine de Verchères. En 1697, le traité de Ryswick met fin à la guerre entre la France et l'Angleterre, mais il faut attendre 1701, lors d'une grande assemblée à Montréal, pour que la paix soit signée entre les belligérants d'Amérique. Kondiaronk, qui s'était converti au catholicisme, devient pacificateur et les deux ennemis s'engagent à ce qu'il n'y ait plus de guerre entre Français et Amérindiens. Même si la France et l'Angleterre devaient reprendre les hostilités, eux resteront neutres.

Le Régime
français

5 JACQUES CARTIER

Notre histoire n'aurait pas pu s'écrire sans Jacques Cartier : son rôle est primordial dans ce pays. Christophe Colomb, en 1492, atteint le nouveau continent, l'Amérique, aux Antilles. À sa suite, les Espagnols font de nombreuses traversées, les Portugais aussi. Parmi ces derniers nous mentionnerons les frères Corte Real, parce qu'ils viennent au nord plutôt qu'en Amérique latine. Gaspard se rend vers 1500 sur la côte du Labrador ; son frère Miguel, en 1502, touche Terre-Neuve et pénètre dans le golfe du Saint-Laurent. Les Anglais aussi viennent dans le golfe, explorent les côtes de l'Atlantique et d'une grande baie qui portera le nom du plus fameux de ces explorateurs, Henry Hudson. On a souvent rappelé que les Vénitiens Jean et Sébastien Cabot, le père et le fils, avaient été les premiers (dès 1497 !) à avoir navigué près des côtes du futur Canada. Sans doute. Il est cependant bon de faire remarquer que l'Angleterre, pour le compte de laquelle ils naviguaient, ne donnait pas suite à leurs découvertes et ne faisait alors aucune tentative de colonisation.

Que fait la France, elle ? Bien sûr, des pêcheurs bretons, basques et normands viennent sur nos côtes après les Cabot et Corte Real. On rapporte même qu'en 1510, certains d'entre eux vendent leurs poissons à Rouen. Mais c'est tout. Jusqu'au jour où le grand François Ier monte sur le trône. C'est un homme qui a, disons, de la largeur dans les idées. « Le soleil brille pour le roi de France aussi bien que pour les autres, dit-il ; j'aimerais bien voir l'article du testament d'Adam qui m'exclut du partage de l'Amérique ! »

François Ier fait donc appel à l'Italien Giovanni da Verrazano en 1523 et l'envoie avec quatre vaisseaux sur la mer immense. L'explorateur débarque d'abord en Floride, puis longe les côtes de l'Atlantique jusqu'à l'île du Cap-Breton. Il fait deux autres voyages, mais hélas ! à sa troisième expédition, en 1528, il tombe entre les mains des Amérindiens... qui le dévorent. Quelle fin tragique !

UN P'TIT GARS DE SAINT-MALO

Pendant ce temps, un jeune marin malouin fait son apprentissage. Il s'appelle Jacques Cartier. Il est né en Bretagne en 1491, au bord de l'océan Atlantique. Fils de navigateur, il sait dès son jeune âge gréer un bateau de pêche et entend parler de Terre-Neuve, où plusieurs marins se rendent chaque année pêcher la morue. À l'âge de 15 ans, il s'engage comme mousse et part pour un long voyage sur les bancs de la terre lointaine. Il devient un excellent marin, maître pilote, capitaine de vaisseau. Il se marie à Catherine des Granges, fille très riche de Saint-Malo. C'est un véritable notable qui fréquente la noblesse de sa ville et se met à rêver à la fameuse route de la Chine et des Indes.

Il parle de ses projets au grand amiral de France et lors d'un pèlerinage du roi à l'abbaye du Mont-Saint-Michel, Jean Le Veneur, le père abbé, qui est en même temps évêque de Saint-Malo, présente Cartier au souverain. François Ier lui dit quelque chose comme ceci : « Je vous accorde deux navires et 60 hommes. Vous partirez à la recherche de terres nouvelles et m'en rapporterez de l'or et des épices. »

En avril 1534, après avoir recruté son équipage, Cartier quitte le quai de Saint-Malo avec 61 compagnons. Trois semaines plus tard – heureuse exception, la traversée est remarquablement rapide –, la vigie s'écrie : « Terre ! Terre ! » C'est la côte est de Terre-Neuve, au cap Bonavista. Cartier la remonte, il va vers le nord. En longeant le Labrador, il remarque combien ses côtes sont arides et désolées... « C'est la terre que Dieu donna à Caïn ! » s'exclame-t-il. Cartier se trompe, cette terre est bien la nôtre. Il prend possession de ce pays neuf en y érigeant une croix. Il franchit le détroit de Belle-Isle, débouche dans le golfe Saint-Laurent, en fait le tour, découvre les îles de la Madeleine et l'île Brion.

Fonds Famille Bourassa

JACQUES CARTIER

Soudain, il croit avoir trouvé la route de l'Ouest, celle de la Chine et des épices. Ça y est, il va toucher au but ! Tout heureux, il nomme spontanément le cap tout proche Bonne-Espérance. Mais il est bientôt déçu : les rives forment une baie. Il fait chaud ce jour-là. Cartier l'appelle la Baie de la Chaleur. Le 22 juillet, il pénètre dans une anse profonde où 200 Indiens, venus de Stadaconé (Québec) s'adonnent à la pêche. C'est la baie de Gaspé. Le capitaine Cartier fait ériger à cet endroit une grande croix, haute de 30 pieds. Au centre est une fleur de lys et au sommet, cette fière inscription : « Vive le Roy de France ! »

Saviez-vous que...

Le fleuve Saint-Laurent prit son nom en 1534. C'est Jacques Cartier qui l'a ainsi nommé parce qu'il y est entré le jour de la fête de saint Laurent.

Il vient de prendre officiellement possession du territoire au nom de son souverain. Cartier fera deux autres voyages. Au cours du deuxième, il se rend à Montréal, visite un campement d'Amérindiens sur une montagne qu'il baptise mont Réal, c'est-à-dire royal, où il est très bien reçu par les habitants du pays. Il passe l'hiver à Stadaconé et en retournant en France, il se rend compte que Terre-Neuve et Anticosti sont des îles. En 1541, le Malouin revient, cette fois sous les ordres de Roberval. La jalousie s'installe entre les deux hommes. Cartier passe l'hiver à Québec, pense avoir trouvé de l'or et des diamants et retourne rapidement en France. Ce comportement lui fera perdre beaucoup de crédibilité. D'autant plus que son « or » n'était que de la pyrite de fer…

6 SAMUEL DE CHAMPLAIN

Voilà l'homme à qui l'on a donné le titre de « Père de la Nouvelle-France ». Les historiens ont eu du mal à faire leurs recherches sur la naissance et la religion de ce valeureux géographe et explorateur français, né à Brouage en Saintonge, vers 1570, et décédé à Québec le 25 décembre 1635. C'est qu'à Brouage, les registres d'avant 1690 ont disparu dans un incendie. Nous ne possédons donc pas l'acte de naissance de cet illustre personnage ni son acte de baptême. Était-il catholique ? Protestant, peut-être, puisque Brouage était une ville huguenote, et que la jeune épouse de Champlain, Hélène Boulé, était protestante. On a leur contrat de mariage, signé le 27 décembre 1610 ; il a alors 40 ans, elle en a… 12 ; il est heureusement bien spécifié que le mariage ne prendra force qu'après deux ans. Mais nous avons la certitude, de par ses écrits, que Champlain est catholique quand il expose sa philosophie aux Amérindiens de Tadoussac, au début de sa vie ici.

C'est en 1598, après la signature du traité de Vervins qui met fin à une guerre civile dans laquelle il combat pour son roi, que Champlain entreprend sa carrière d'explorateur. En 1599, il se rend en Amérique espagnole une première fois. L'expédition dure deux ans et il se fait remarquer comme fin observateur. Il étonne par ses dessins minutieux et par la rédaction de son journal, dans lequel il consigne scrupuleusement les lieux, les mœurs et les coutumes des habitants. En 1603, c'est comme géographe du roi qu'il traverse l'Atlantique, accompagnant Pontgravé et le commandeur de Chastes, tous deux associés. Lors de ce voyage, il remonte le Saint-Laurent et séjourne à Tadoussac, admirant pour la première fois les rives majestueuses du grand fleuve.

En 1604, il prend la route de l'Acadie avec messieurs De Monts et Pontgravé, qui ont l'idée d'y établir une colonie.

Fonds Armour Landry

SAMUEL DE CHAMPLAIN
Fondateur de Québec, capitale du pays de Canada

Après plusieurs excursions, Champlain suggère à De Monts de fixer sa colonie à Port-Royal (aujourd'hui Annapolis Royal, en Nouvelle-Écosse). En 1607, le privilège de commerce étant révoqué, De Monts ordonne à tout ce beau monde de rentrer en France...

LA NAISSANCE DE QUÉBEC

En 1608, le sieur de Monts venant d'obtenir pour un an un droit de traite sur les bords du fleuve Saint-Laurent, Champlain, devenu son lieutenant, va revenir en Amérique. En avril, on quitte le sol français à bord du *Don de Dieu*. On s'arrête à Tadoussac et on remonte le Saint-Laurent, en barque, jusqu'à Québec. Le 3 juillet, Champlain descend sur la plage au pied du cap Diamant. Voilà, se dit-il, l'endroit idéal pour fonder une colonie : on peut aisément accéder à la mer, le fleuve ouvre la porte sur l'intérieur du continent et, des hauteurs de Québec, il est facile de défendre le poste.

Champlain et ses hommes s'installent à peine qu'un complot éclate au grand jour : un nommé Duval, serrurier de son état, s'apprête à livrer le jeune établissement à des pêcheurs basques et espagnols de Terre-Neuve et à exécuter Champlain !

Saviez-vous que...

D'où vient le nom de « Grondines », une municipalité située dans le comté de Portneuf ? Benjamin Sulte, dans son *Histoire des Canadiens français,* explique : le nom poétique des Grondines vient du bruit semblable à un grondement que font les cascades de la rivière Sainte-Anne qui arrose la région. Le fief des Grondines fut concédé en 1637 à Mme de Cambelot, duchesse d'Aiguillon, pour la construction d'un couvent de religieuses hospitalières.

Duval n'est pas tout seul, il a acquis à son dessein plusieurs des compagnons de Champlain, dont son domestique. Mais un soir, discutant de leur sinistre projet, certains des conjurés sont pris de remords. Ils mettent le fondateur au courant de leur plan. Duval, se sentant isolé, demande pardon. Mais voulant sans doute établir fermement son autorité, Champlain demeure de glace et condamne Jean Duval à être pendu. Puis, selon la coutume, on exposera sa tête au bout d'une pique à l'endroit le plus visible du fort de Québec. Et le serrurier Duval entrera dans notre histoire comme le premier Blanc exécuté au Canada... Ce récit nous vient de Thomas Chapais, journaliste, homme politique et historien de la fin du XIXe siècle, qui ajoute : « Le complot organisé par Duval eût-il réussi, qu'il n'y aurait probablement pas eu de Québec, pas de Nouvelle-France, pas de nation canadienne, et la statue colossale de Champlain, le grand fondateur, ne se dresserait pas aujourd'hui au sommet du roc historique où il a jeté les fondations d'un pays catholique et français. »

La vie ayant repris son cours, Champlain bâtit à Québec ce qu'il décrit comme « un logis à 2 étages avec galerie entourée d'un fossé de 15 pieds de large ». C'est l'Abitation, qui servira de résidence et de magasin. Le tout est entouré d'une palissade de pieux. Québec naît...

Plusieurs difficultés assombrissent le paysage. Cet hiver 1608 est difficile : 17 des 27 compagnons de Champlain meurent du scorbut. Heureusement, quelques autres arriveront de France le printemps suivant. En 1610, De Monts perd son privilège de traite. Des compagnies se forment avec, à leur tête, des marchands beaucoup plus intéressés aux profits qu'à une véritable colonisation. Ils tentent de mettre fin au rêve de Champlain. Mais de l'autre côté de l'océan, le cardinal de Richelieu arrive au pouvoir et sauve la colonie en mettant sur pied la Compagnie de la Nouvelle-France. Il donne son appui à Champlain. Puis des missionnaires débarquent. Les Récollets en 1615, les Jésuites 10 ans plus tard.

LES VOYAGES

DV SIEVR DE CHAMPLAIN

XAINTONGEOIS, CAPITAINE
ordinaire pour le Roy,
en la marine.

DIVISEZ EN DEVX LIVRES.

ou,

IOVRNAL TRES-FIDELE DES OBSERVA-
tions faites és defcouuertures de la Nouuelle France : tant en la defcri-
ptiõ des terres, coftes, riuieres, ports, haures, leurs hauteurs, & plufieurs
declinaifons de la guide-aymant; qu'en la creãce des peuples, leur fuper-
ftition, façon de viure & de guerroyer: enrichi de quantité de figures.

Enfemble deux cartes geografiques: la premiere feruant à la na-
uigation, dreffée felon les compas qui nordeftent, fur lefquels
les mariniers nauigent: l'autre en fon vray Meridien, auec fes
longitudes & latitudes : à laquelle eft adioufté le voyage du
deftroiĉt qu'ont trouué les Anglois, au deffus de Labrador,
depuis le 53e. degré de latitude, iufques au 63e. en l'an 1612.
cerchans vn chemin par le Nord, pour aller à la Chine.

A PARIS,

Chez IEAN BERJON, rue S. Iean de Beauuais, au Cheual
volant, & en fa boutique au Palais, à la gallerie
des prifonniers.

M. DC. XIII.

AVEC PRIVILEGE DV ROY.

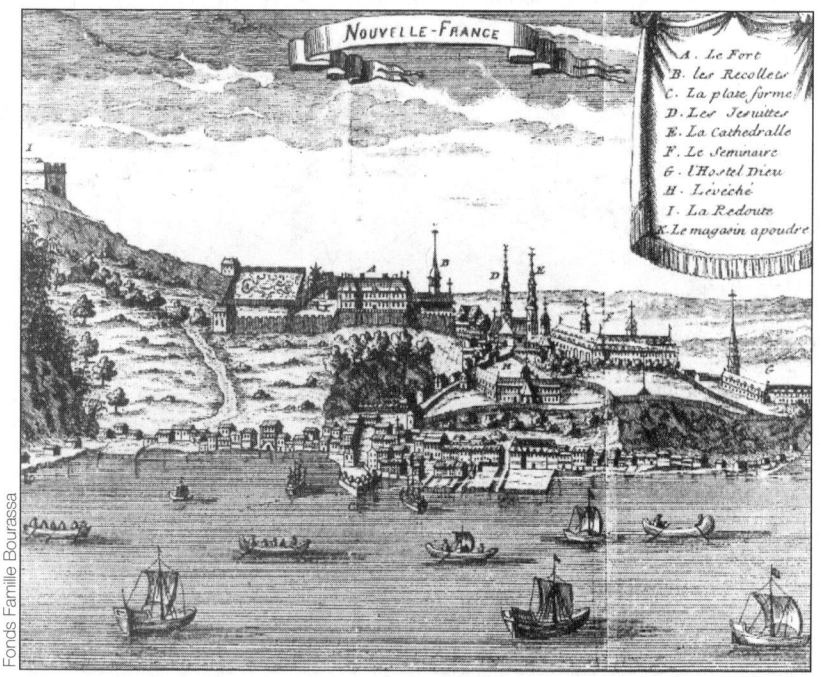

NOUVELLE-FRANCE

Fonds Famille Bourassa

NOUVELLE-FRANCE

Champlain trouve tout de même le temps de faire des voyages d'exploration. Dès 1609, après le si dur hiver de la fondation de Québec, il pénètre le territoire par la rivière Richelieu et aboutit aux lacs Champlain et Saint-Sacrement.

Il rencontre les chefs montagnais, algonquins et hurons de la Grande Alliance, formée six ans plus tôt, en 1603, à qui il a promis son aide dans une guerre contre les Iroquois, en échange de la permission de s'installer sur leur territoire. Le temps est venu de remplir sa promesse... Plusieurs blâmeront Champlain d'avoir utilisé les armes contre des Indiens. En 1613, il explore la rivière Ottawa jusqu'à l'île aux Allumettes.

ABITATION DE QUEBECQ
Voici la légende attachée au plan de L'Abitation de Quebecq

(A) Le magasin.
(B) Colombier.
(C) Corps de logis où sont nos armes et pour loger les ouvriers.
(D) Autre corps de logis pour les ouvriers.
(E) Cadran.
(F) Autre corps de logis où est la forge, et artisans logés.
(G) Galeries tout autour des logements.
(H) Logis du sieur de Champlain.
(I) La porte de l'abitation où il y a un pont-levis.

(L) Promenoir autour de l'abitation contenant dix pieds de large jusque sur le bord du fossé.
(M) Fossés tout autour de l'abitation.
(N) Plateformes en façon de tenailles pour mettre le canon.
(O) Jardin du sieur de Champlain.
(P) La cuisine.
(Q) Place devant l'abitation sur le bord de la rivière.
(R) La grande rivière de Saint-Laurent.

En 1615, il est chez les Hurons entre le lac Simcoe et la baie Georgienne.

Mais c'est en 1629 qu'il subit sa plus dure épreuve. En effet, la guerre éclate entre l'Angleterre et la France et les frères Kirke s'emparent de Québec. Il faut attendre le traité de Saint-Germain-en-Laye, en mars 1632, pour que Champlain puisse reprendre le chemin de sa chère colonie. À son retour, il fait élever une chapelle en l'honneur de Notre-Dame-de-la-Recouvrance, accomplissant ainsi un vœu... Le jour de Noël 1635, paralysé, il meurt, à Québec. On cherche encore ses restes... Mais son œuvre, la colonie, va survivre...

7 LES PREMIERS DÉFRICHEURS : HÉBERT, COUILLARD, GIFFARD

Au début de la colonisation en Nouvelle-France, le peuplement était entre les mains des compagnies. Mais celles-ci ne pensaient qu'à s'enrichir. Aussi ont-elles complètement négligé d'installer des colons sur le territoire.

Champlain, qui tente depuis 1608 d'établir une colonie viable, est bien forcé de constater ce grave manquement des compagnies. Et de le pallier. Comment ? Il va utiliser ses relations personnelles pour attirer à Québec quelques bons cultivateurs et quelques familles vaillantes. Naturellement, il compte bien que ces pionniers inviteront à leur tour leurs amis d'Europe à venir les rejoindre.

Quel avantage ! Les premières familles, parce qu'elles étaient déjà liées les unes aux autres, pouvaient former un véritable noyau. Sans faire l'histoire sociologique de nos ancêtres, on peut sûrement expliquer par cette façon de procéder la solidarité profonde qui existait alors au Canada français.

C'est en Acadie, en 1604, que Champlain a connu Louis Hébert, un bon apothicaire de Paris. Il se souvient combien l'homme adorait la terre, et combien il était courageux, pacifique et bon. Il fait donc appel à lui pour la colonie de Québec. Retourné en France après la perte de Port-Royal aux mains du pirate virginien Argall, en 1613, Louis Hébert répondra à l'appel de son ami. Il viendra s'établir définitivement à Québec avec sa famille en 1617. La compagnie lui accorde une concession de 10 arpents, au Sault-au-Matelot. Avec courage, pied carré par pied carré, il défriche son lopin. Il se bâtit une maison en pierres de 38 pieds de long sur 19 pieds de large. Rapidement, un jardin grandit près de l'habitation. Champlain et ses compagnons admirent ce premier colon installé définitivement sur le sol de la Nouvelle-France.

Joseph Rutché, dans son *Précis d'histoire du Canada,* se fait même lyrique : « C'est le premier de cette race de défricheurs qui versent leurs sueurs sur la motte de terre remuée par la bêche ou par la charrue, qui mettent un peu de leur être dans la terre nouvelle, qui mettent au cœur des enfants l'affection du petit domaine auquel la famille doit sa subsistance, qui créent en un mot la patrie nouvelle. » Charitable, respecté et aimé autant des Blancs que des Amérindiens, Louis Hébert agrandit son lot avec persévérance et sacrifices, et malgré les problèmes administratifs que lui cause le gouverneur de la compagnie, Guillaume de Caen.

En 1626, il obtient la seigneurie de Saint-Joseph, à la rivière Saint-Charles, avec le titre de seigneur de l'Espinay. C'est sur son domaine qu'il meurt, accidentellement, l'année suivante, le 23 janvier. Sa fille cadette, Guillemette, avait épousé Guillaume Couillard. Cette nouvelle famille continuera l'œuvre de Hébert.

Saviez-vous que...

Le premier mariage célébré en Nouvelle-France est celui de Guillaume Couillard qui épouse, le 26 août 1621, Guillemette Hébert, fille de Louis Hébert et de Marie Rollet. Guillaume reçut du roi de France des lettres de noblesse pour lui, son épouse et ses enfants nés ou à naître. Ils eurent neuf enfants, cinq filles et quatre fils. Les filles épousèrent d'illustres Canadiens, dont l'explorateur Jean Nicolet et Charles Aubert de la Chenaye. Quant à deux de leurs fils, Guillaume et Nicolas, ils moururent aux mains des Iroquois. Louis devint seigneur de la Rivière-du-Sud et fut anobli en 1668. Son frère Charles, anobli en même temps, devint sieur des Islets et de Beaumont.

LA SEIGNEURIE

En 1627, la Compagnie des Cent-Associés adopte la façon de procéder de Champlain. Ne voulant pas elle-même peupler la colonie, elle confie ce devoir à des seigneurs, à qui elle concède des terres. Aucun paiement n'est exigé. Mais le dépositaire d'une seigneurie s'engage à la défricher dans une période de temps donnée et à y installer des laboureurs – des censitaires –, qui reçoivent à leur tour une partie de la terre sans rien débourser. Bien sûr, le seigneur et ses censitaires ont des devoirs et des droits les uns envers les autres. C'est ainsi qu'apparaît la fameuse tenure seigneuriale du Canada. Cette façon de distribuer les terres n'a rien à voir avec le servage de l'époque féodale. L'habitant canadien n'est pas la « chose » du seigneur. Il est libre et propriétaire de sa ferme. Mais il doit la faire fructifier et remettre chaque année au seigneur de faciles redevances.

Robert Giffard est le premier de ces seigneurs. Il en est le modèle par excellence. En 1634, il reçoit la seigneurie de Beauport. Il fait rapidement venir des cultivateurs du Perche, son pays d'origine, pour l'aider à défricher ses concessions. Lorsque nous nous promenons le long du fleuve, de Québec au Petit Cap, nous foulons les terres qu'ont défrichées ces belles familles venues s'installer à la demande de Giffard et qui ont été parmi les premières à se nourrir et à vivre du sol québécois. Les progrès du colon sont ceux du seigneur qui, de son manoir, veille sur ses gens. Il est solidaire de ses censitaires ; ensemble, ils ont construit le manoir, l'église, le moulin banal et tracé les chemins.

Et dire que tout avait commencé avec des huttes de branches arc-boutées les unes contre les autres...

8 LES MISSIONNAIRES FRANÇAIS

La sublime persévérance qui caractérise les pionniers de la Nouvelle-France est due, pour une large part, à la sollicitude des missionnaires. Ils ont uni leurs efforts, leurs connaissances, leur bravoure et leur foi et se sont associés aux fondateurs afin de bâtir ce pays. Qui sont ces missionnaires ?

Saviez-vous que…

Pourquoi le dernier rapide de la rivière des Prairies a-t-il été nommé Sault-au-Récollet ? C'est qu'un religieux de cet ordre, Nicolas Viel, s'y noya en revenant du pays des Hurons en 1625. Avec le père Le Caron et le frère Sagard, il avait accepté l'invitation des Hurons à descendre avec eux à la traite. Les hommes prenaient place dans plusieurs canots. L'un d'eux, poussé par un coup de vent, fut écarté du groupe. S'y trouvaient le père Viel, l'un de ses disciples, Ahuntsic, et trois Amérindiens. Ces derniers, par haine du religieux, en auraient profité pour le précipiter dans la rivière avec son catéchumène.

Les Récollets quittent le Canada en 1629, quand Québec doit capituler devant les frères Kirke. Mais ils reviendront en 1670, réclamés par l'intendant Talon.

LES JÉSUITES

Ce sont les Récollets qui insistent pour que les Jésuites viennent en Nouvelle-France. Ils ont besoin d'aide, car la besogne est énorme. En 1625, les pères Charles Lalemant, Ennemond Massé, Jean de Brébeuf ainsi que les frères François Charton et Gilbert Buret débarquent à Québec. Immédiatement, ils se mettent à la tâche et ouvrent des missions prospères. Nous devons au père Paul Le Jeune notre première revue historique : *Les Relations*. Elle est alors distribuée en France aux anciens élèves et amis des Jésuites. Ces comptes rendus contribuent à faire connaître et aimer la colonie, et vont pousser plusieurs personnes importantes à s'intéresser à la Nouvelle-France, comme nous le verrons plus loin. Comme les Récollets, les Jésuites retournent en Europe à la capitulation, mais après le traité de Saint-Germain-en-Laye, en 1632, ils reviennent, seuls, au Canada.

Le cardinal de Richelieu, dans sa politique d'évangélisation, tient à l'unité. En 1637, les pères jésuites sont au nombre de 23, les frères, seulement 6. C'est à ce moment qu'ils pénètrent chez les Iroquois, ennemis redoutables des Français. Nous connaissons le sort réservé à plusieurs d'entre eux. René Goupil, Isaac Jogues, Jean de la Lande, Antoine Daniel, Brébeuf, Lalemant, Garnier, Chabanel, tous meurent à la suite des supplices les plus atroces. Les Jésuites installent aussi les premiers jalons de l'éducation. À Montréal et à Québec, ils ouvrent des écoles. Ils prennent aussi charge de paroisses à Québec, aux Trois-Rivières ainsi qu'à Ville-Marie.

Fonds Armour Landry

MISSIONNAIRE JÉSUITE

Nous verrons plus tard l'influence que les Jésuites auront sur les destinées de la colonie. Dans tous les domaines, ils s'imposeront et seront les piliers de la Nouvelle-France. Jamais il ne faut minimiser, dans l'enseignement de l'histoire, l'importance de ces religieux héroïques. Ils sont les ouvriers de la première heure.

9 | L'ÉGLISE EN NOUVELLE-FRANCE

On me demande souvent quels missionnaires, quelles religieuses sont venus en Nouvelle-France pour bâtir cette puissante institution qu'est l'Église. Si, du point de vue spirituel, l'Église de la Nouvelle-France relève du pape, puisqu'elle est catholique, elle dépend aussi du pouvoir politique du point de vue séculier. C'est pour cette raison que l'évêque, en Nouvelle-France, est à la fois un personnage religieux et politique. Sous ses ordres, les prêtres de la colonie sont groupés soit en clergé séculier, soit en clergé régulier.

Le clergé séculier comprend des prêtres formés au Séminaire de Québec et qui sont soumis à l'autorité directe de l'évêque. Ils sont recrutés chez les Canadiens et ils occupent les cures rurales ; ils célèbrent les offices paroissiaux, administrent les sacrements et voient à la tenue des registres d'état civil. Ce clergé est sous le contrôle absolu de l'évêque. Ses prêtres, issus du peuple, sont très près de leurs ouailles et gèrent le financement de leur paroisse.

Le clergé régulier est formé de prêtres qui font partie de communautés religieuses et qui sont soumis à l'autorité de leur supérieur. Ces prêtres sont souvent recrutés dans la mère patrie, qui assume leurs frais. Leur rôle dans la colonie est beaucoup plus étendu que celui des premiers. On retrouve en effet parmi leurs tâches une multitude de services. Ils seront missionnaires, explorateurs, éducateurs et curés, surtout dans les villes. Pour accompagner et soutenir les membres de ce clergé, plusieurs communautés d'hommes et de femmes se donnent des tâches très précises. Elles recrutent leurs membres dans la métropole, mais aussi en Nouvelle-France. Ces communautés s'occuperont des hôpitaux, de l'éducation et de divers services offerts à la population. Mais revenons au roi, qui incarne l'autorité civile. C'est lui qui nomme l'évêque, paie ses gages et contrôle l'expansion des communautés. Le pape lui, approuve le choix du roi dans la nomination de l'évêque et gère l'aspect religieux de ses activités. L'évêque est pour sa part chef de diocèse. Au début de la colonie, la Nouvelle-France ne compte qu'un seul diocèse, qui couvre l'ensemble du territoire. C'est aussi le personnage le plus important, sur le plan hiérarchique, après le gouverneur de la colonie. C'est lui qui nomme les principaux mandataires des fonctions ecclésiastiques et qui permet la formation des communautés religieuses avec l'accord du roi. C'est aussi l'évêque qui crée les paroisses et qui fixe la dîme, toujours avec l'accord du roi.

Trois communautés principales viennent en Nouvelle-France. Les premiers sont les Récollets, qui arrivent en 1615. D'abord missionnaires, ils s'occupent aussi des paroisses à Trois-Rivières. Ils deviennent rapidement populaires auprès des colons. En 1625, les Jésuites arrivent. Ce sont des missionnaires et des explorateurs qui œuvrent chez les Amérindiens. Ils assument par ailleurs l'éducation dans l'ensemble de la colonie. Également colonisateurs, ils posséderont plusieurs seigneuries pour une superficie totale de près de 2000 km^2. Le recrutement des Jésuites se fait surtout dans la mère patrie. Enfin, la troisième communauté de prêtres à s'installer en Nouvelle-France est celle des Sulpiciens, qui arrivent en 1657 et qui acquièrent les seigneuries de l'île de Montréal et de Saint-Sulpice. Leurs membres sont curés à Montréal et dans les environs, et enseignants. Parmi eux, le grand Dollier de Casson devient un grand explorateur. Les messieurs de Saint-Sulpice ne recrutent qu'en France.

Un mot sur les communautés auxiliaires, dont font partie les Ursulines. Arrivée en 1639, Marie de l'Incarnation est la fondatrice de cet ordre qui œuvre dans le domaine de l'éducation. Les sœurs enseignent aux jeunes filles françaises et amérindiennes surtout à Québec, à Trois-Rivières et à la Nouvelle-Orléans. On les retrouve aussi dans certains hôpitaux.

Ayant à leur tête mère Marie-Catherine de Saint-Augustin, l'une des grandes mystiques de cette époque, les Hospitalières de la miséricorde de Jésus sont une communauté auxiliaire de sœurs cloîtrées. Ces religieuses travaillent dans les hôpitaux et s'occupent des démunis. Ce sont elles qui fondent l'Hôtel-Dieu de Québec. Elles recrutent dans l'aristocratie de la Nouvelle-France.

La Congrégation de Notre-Dame, fondée par Marguerite Bourgeoys, ouvre la première école. Ces sœurs s'occupent d'éducation et travaillent à Montréal, à Québec, à Trois-Rivières et à Louisbourg. Les recrues sont essentiellement issues de la classe paysanne.

Les Sœurs grises de mère d'Youville se consacrent à l'éducation et au travail auprès des démunis – vieillards, orphelins, handicapés. Après 1747, on les retrouve dans les hôpitaux. Elles sont d'abord établies à Montréal, puis étendent leurs activités à la colonie entière et même à l'étranger. Elles reprennent la gestion de l'Hôpital général de Montréal et recrutent leurs membres chez les familles des colons. Il est important de souligner que Marguerite d'Youville est elle-même née en Nouvelle-France.

Pour terminer cette nomenclature, rappelons que la célibataire Jeanne Mance fait venir les Hospitalières de Saint-Joseph pour s'occuper des malades et fonder l'Hôtel-Dieu de Montréal.

Chez les hommes, au début de la colonie, et avant le passage de Mgr Bourget, une seule communauté auxiliaire prend racine. Il s'agit des frères hospitaliers de la Croix et de saint Joseph, appelés aussi frères Charon, une communauté fondée vers 1688 par François Charon de la Barre. Ils sont les fondateurs de l'Hôpital général de Montréal, qui est repris par les Sœurs grises en 1747. Ces frères hospitaliers s'occupent des nécessiteux et des malades, ainsi que d'instruction, à Montréal et à Trois-Rivières.

Saviez-vous que…

Le premier prêtre catholique né au Canada est Germain Morin. Il est le fils de Noël Morin et d'Hélène DesPortes. Il a été baptisé à Québec le 15 janvier 1642 et a étudié au collège des Jésuites. La famille Morin vivait à Saint-Thomas-de-la-Pointe-à-la-Caille (Montmagny). Une sœur de l'abbé Morin, Marie, née en 1649, a été la première Canadienne à entrer chez les sœurs hospitalières de Montréal. C'est elle qui a écrit les *Annales de l'Hôtel-Dieu*, l'un des plus précieux documents historiques que nous possédions.

10   LA FONDATION DE MONTRÉAL

À partir de 1657, les Sulpiciens desserviront l'île de Montréal et, en 1663, ils en deviendront les seigneurs. Ils ne sont pas les premiers. Le tout premier propriétaire de l'île fut Jean de Lauzon, conseiller au parlement de Bordeaux, qui obtint la concession en 1635. Mais il la céda quatre ans plus tard à la société Notre-Dame de Montréal, une entreprise pieuse dont le but était l'évangélisation de la Nouvelle-France.

Au port de La Rochelle, le 9 mai 1641, 37 paysans français vont s'embarquer sur deux vieux rafiots, traverser l'océan sans fin et établir une colonie dans un pays lointain couvert de neige et rempli d'Amérindiens. Sur l'un des navires se trouvent un aumônier, 25 colons et le jeune Paul Chomedey de Maisonneuve. Sur l'autre, une demoiselle de bonne famille qui s'est proposée pour soigner les malades : Jeanne Mance. Elle est sous la protection du père Laplace, de la Compagnie de Jésus. Et sont aussi du voyage 12 colons, dont deux avec leur femme. Un premier convoi était parti de Dieppe peu de temps auparavant, avec 10 hommes à bord. Tous ces gens sont en quelque sorte des missionnaires. Comment une telle épopée mystique a-t-elle pu s'organiser ?

Saviez-vous que...

Le premier mariage à Ville-Marie fut célébré cinq ans après la fondation du village. L'acte de mariage se trouve dans le premier registre de l'église Notre-Dame. Le mariage fut célébré par un jésuite, le père d'Endemare. Le marié, originaire de Clermont, près de La Flèche, se nommait Mathurin Mousnier. La mariée était une demoiselle Françoise Fafard, née à d'Argences, près de Caen, et avait 23 ans. C'est Paul Chomedey de Maisonneuve qui l'avait amenée à Ville-Marie avec d'autres dans le but de fournir des épouses aux colons.

Fonds Famille Bourassa

JEANNE MANCE
Fondatrice des Hospitalières de Montréal

À partir de 1625, les Jésuites, on l'a vu, publient dans leur réseau européen les récits de leurs activités en Nouvelle-France, sous la plume du père Le Jeune, qui plaide la cause de la colonie avec une ardeur remarquablement communicative. Au point qu'il réussit à se faire de puissants alliés qui délient généreusement les cordons de leurs bourses pour les missions. Certains d'entre eux y voient l'occasion de donner libre cours à leur zèle patriotique et chrétien.

Jérôme Le Royer, sieur de La Dauversière, fut le premier à concevoir le projet de fondation. Ne disposant pas des moyens financiers nécessaires, il gagne à son idée un riche seigneur, le baron de Fancamp. Au même moment un saint prêtre, Jean-Jacques Olier, futur fondateur des Sulpiciens, rêve de son côté d'établir une mission sur l'île de Montréal. La Dauversière rencontre Olier à Paris, et fonde la société Notre-Dame de Montréal. Ses membres s'interdisent tout espoir de gain et promettent solennellement « de travailler purement à la gloire de Dieu ». Pour eux, Montréal sera un lieu de mission chrétienne et de civilisation française. Comme les Amérindiens traversent régulièrement cette région, on pourra plus facilement entrer en contact avec eux. Le père Lalemant, jésuite, présente à la Société un jeune officier d'une grande piété et d'un courage à toute épreuve : c'est le sieur de Maisonneuve. Il deviendra le chef de l'expédition. Une jeune fille de Langres, en Champagne, offre ses services comme ménagère et infirmière : c'est Jeanne Mance, soutenue par une riche bourgeoise, Madame de Bullion.

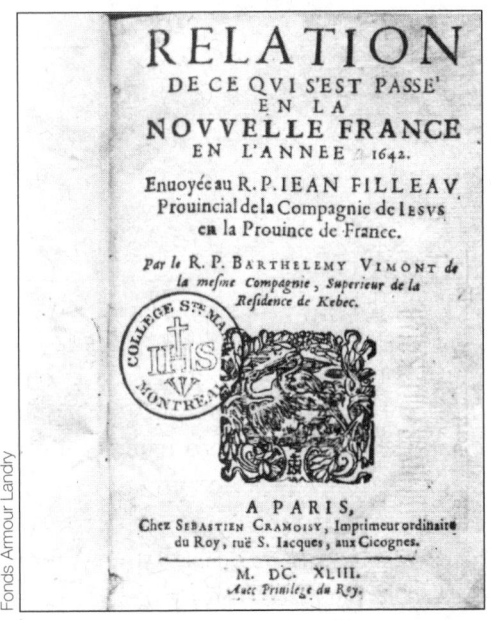

Fonds Armour Landry

Après une longue et périlleuse traversée, les 65 personnes hivernent à Sillery, chez M. de Puiseaux. Le gouverneur de Montmagny essaie de les faire changer d'idée et leur conseille de se fixer sur l'île d'Orléans, vu le danger extrême que représentent les Iroquois à Hochelaga... Nenni... « Monsieur, lui répond Maisonneuve, ce que vous me dites serait bon si j'étais envoyé pour délibérer, mais je suis venu pour exécuter. Tous les arbres de Montréal seraient-ils changés en autant d'Iroquois, il est de mon devoir et de mon honneur d'aller y établir une colonie, et j'irai. »

Fonds Famille Bourassa

PAUL CHOMEDEY DE MAISONNEUVE
Premier gouverneur de Montréal

Le 14 octobre 1641, Maisonneuve débarque à Hochelaga, prend possession des lieux et retourne à Québec attendre la belle saison. Le 18 mai 1642, accompagné de Montmagny, il revient avec sa troupe pour s'installer définitivement. Il met la colonie sous la protection de la Sainte Vierge en la baptisant Ville-Marie. Le père de Vimont célèbre la première messe à la Pointe Saint-Charles : « Je ne fais aucun doute, prophétise le prêtre, que ce petit grain ne produise un grand arbre, ne fasse un jour des merveilles et ne s'étende de toutes parts. » Ville-Marie est fondée...

11 MARGUERITE BOURGEOYS

Maintenant, il serait intéressant de rencontrer la première éducatrice de Ville-Marie : Marguerite Bourgeoys. « Ah ! je la connais, dirait ma tante Juliette. C'est la fondatrice des sœurs de la Congrégation de Notre-Dame. » C'est tout à fait cela, tante Juliette. Et après ? D'où vient-elle ? Quelles traces historiques a-t-elle laissées ? Quels ont été ses combats ? Sa communauté a-t-elle été reconnue de son vivant ? « C'est vrai, reconnaîtrait Juliette, on ne sait pas grand-chose de sa vie... » Et bien voilà...

Marguerite vient au monde en France, à Troyes, le 17 avril 1620. Sa famille appartient à la bourgeoisie française du XVIIe siècle. Des documents montrent qu'elle est la sixième de 12 enfants, et qu'elle a 19 ans à la mort de sa mère. Marquée par son temps – elle a 18 ans quand naît Louis XIV, le Roi-Soleil. Elle aura connu la période troublée de la Fronde et le pouvoir du cardinal de Richelieu. Marguerite sera une profonde mystique et une avant-gardiste réaliste.

En ce temps-là, raconte Guy Laviolette dans sa biographie de Marguerite, les religieuses sont généralement cloîtrées. Pas question pour elles d'exercer leur mission à l'extérieur du couvent. Mais elles peuvent instruire des jeunes filles, réunies en congrégation, dans la religion et leur donner des leçons de pédagogie. Marguerite a toujours refusé d'entrer dans une congrégation, car elle ne voulait pas passer pour une sainte nitouche... Mais un jour, alors qu'elle participe à la procession du Rosaire, elle a comme une illumination. Sa vie est dès lors transformée... Rapidement, elle sollicite son entrée dans la société des Enfants de Marie. Sur le conseil de son confesseur, elle tente ensuite d'être acceptée chez les Carmélites, puis chez les Clarisses. On la refuse. La pauvre fille en ressent un immense chagrin.

Fonds Famille Bourassa

MARGUERITE BOURGEOYS
Fondatrice des Sœurs
de la Congrégation de Ville-Marie

UNE PLACE À MONTRÉAL

Sœur Louise de Chomedey, la sœur de Maisonneuve, dirige alors le couvent de Troyes. Ses religieuses, cloîtrées, rêvent d'établir une maison au Canada. Mais le fondateur de Montréal refuse leur offre : le moment n'est pas venu, dit-il, d'établir un cloître à Ville-Marie. Louise propose alors à son frère d'emmener avec lui Marguerite Bourgeoys, qui pourrait ouvrir une école et instruire les enfants. Et c'est ainsi que notre première maîtresse d'école arrive à Ville-Marie, le 16 novembre 1653. Voici un résumé – bien bref – des réalisations de Marguerite Bourgeoys en Nouvelle-France.

Fonds Amour Landry

RELIGIEUSES DE LA CONGRÉGATION NOTRE-DAME

En attendant de pouvoir ouvrir une école, elle aide les malades et secourt les affligés. En 1657, elle organise une corvée pour la construction de la chapelle de Notre-Dame-de-Bon-Secours, la première église bâtie dans l'île de Montréal. Le 30 avril 1658, elle accueille ses premiers écoliers dans une étable. C'est la première école de Ville-Marie! Elle effectue trois voyages en France pour recruter de jeunes éducatrices qui l'aideront dans sa tâche. C'est aussi elle qui accueille les Filles du Roy dans la maison Saint-Gabriel, à Montréal. Elle fonde une école d'enseignement ménager, l'ouvroir de la Providence, à la Pointe Saint-Charles. Elle ouvre, à la Mission de la Montagne, une école destinée aux jeunes Amérindiens – sur le terrain de l'ancien Grand séminaire de Montréal. Ses religieuses vont ouvrir des écoles partout le long du Saint-Laurent. À l'âge de 70 ans, Marguerite se rend à pied de Montréal à Québec pour aller y fonder un hôpital! Après s'être battue contre Mgr de Saint-Vallier, qui voulait annexer sa communauté, la Congrégation de Notre-Dame, à celle des Ursulines, elle réussit à le convaincre d'approuver les Règles de son Institut, ce qu'il fait le 25 juin 1698.

La « Marguerite du Canada », comme on l'a surnommée, meurt le 12 janvier 1700. Par la fondation de sa communauté, Marguerite Bourgeoys a innové d'une façon extraordinaire pour cette époque. Pour la première fois, en effet, une communauté de femmes est non cloîtrée. Ses filles prononcent des vœux, mais elles sont séculières, ce qui leur permet de partir, à cheval aussi bien qu'en canot ou à pied, enseigner le long des côtes du Saint-Laurent et de travailler pour survivre.

12 PIERRE BOUCHER

Rarement dans notre histoire peut-on rencontrer un homme aussi extraordinaire que le gouverneur de Trois-Rivières et fondateur de Boucherville. Seigneur anobli par Louis XIV, ce grand colonisateur – tant par ses exploits que par sa descendance – a laissé sa marque dans l'histoire de ce pays.

Né en 1622 à Mortagne, en France, il est le fils de Gaspard Boucher, un paysan menuisier, et de Nicole Lemere. Pierre est l'aîné de huit enfants, dont trois meurent en bas âge. Outre Madeleine, ils sont tous baptisés à l'église Notre-Dame de Mortagne. En 1635, il arrive en Nouvelle-France. Il quitte la maison paternelle pour aller travailler comme « donné » chez les pères jésuites, à leur mission de Sainte-Marie, en Huronie. Durant quatre années, de 1637 à 1640, il vit avec les Amérindiens, apprend leur langue et leur façon de vivre. Les missionnaires prennent en main son éducation. Mais les Amérindiens de la mission, victimes d'une épidémie, accusent les nouveaux arrivés d'en être la cause. Les Français seront alors martyrisés, ce qui les obligera à quitter la mission.

De retour à Québec en 1641, Pierre devient soldat et interprète en chef du gouverneur Huault de Montmagny. Il est aussi agent de liaison entre les Français et les Amérindiens.

Archives nationales du Québec

PIERRE BOUCHER

Il accompagne le gouverneur dans toutes ses missions et est présent lors de la fondation de Montréal en 1642. À son retour à Québec le 20 août, il doit se défendre avec ses compagnons contre 200 Iroquois qui les attaquent. En 1644, il est envoyé à Trois-Rivières comme commis en chef de la Compagnie des Cent-Associés. La colonie de Trois-Rivières avait été fondée en 1634 par le sieur de Laviolette et est alors devenue le poste d'échange des fourrures le plus important après Québec. Ce poste de traite, situé dans un endroit stratégique, donne à la

Compagnie des Cent-Associés le premier choix sur toutes les fourrures apportées par les Amérindiens amis. Mais rapidement, ce lieu important devient un endroit convoité par les Iroquois, qui désirent prendre le contrôle des fourrures, jusque-là entre les mains des Hurons et des Algonquins. Cette guerre rejoint Trois-Rivières en 1644.

C'est durant ces temps agités que Pierre Boucher devient un héros. Il est nommé commandant du fort en 1651. Il s'emploie dès lors à renforcer les fortifications et invite tous les habitants à s'armer et à se défendre contre les ennemis. En 1652, le gouverneur Kerdobot-Duplessis est tué avec 19 hommes dans une embuscade. Boucher le remplace. En 1653, 600 Iroquois attaquent en force le poste de traite. Les assauts sont répétés. Après six mois de siège marqués d'une multitude de combats, Boucher défend le fort avec seulement 46 hommes et force l'ennemi à battre en retraite. Le gouverneur Jean de Lauson dira plus tard : « Si Trois-Rivières était tombée aux mains des Iroquois, Québec et toute la Nouvelle-France auraient été perdues. Cette colonie est si pauvre qu'on ne peut même pas payer ses officiers. » Lauson nomme Boucher gouverneur de Trois-Rivières et lui donne, en récompense de ses exploits, une terre située en bordure du lac Saint-Pierre, près de la rivière Yamachiche, une propriété que Boucher nomme Grobois. Un peu plus tard, il reçoit de la Compagnie des Cent-Associés, avec l'autorisation du gouverneur, une île de 45 acres à l'embouchure du Saint-Maurice ainsi que, des Jésuites, 400 acres situées à Cap-de-la-Madeleine. Il donnera à cette terre le nom de fief Sainte-Marie et y bâtira une petite chapelle en bois. Cinquante ans plus tard, cet édifice fera place à une belle église en pierre – l'actuel vieux sanctuaire de Notre-Dame-du-Cap.

En 1657, il est nommé membre du Conseil souverain et, en 1661, il est anobli par le roi de France. Il est le premier habitant du Canada à recevoir cet honneur. La même année, d'Avaugour remplace Lauson comme gouverneur. Inquiet de l'état de la colonie, il décide de déléguer Pierre Boucher, l'homme le plus prestigieux, pour aller en France entretenir le roi des malheurs de sa colonie. À l'automne 1661, Boucher débarque à La Rochelle. La France est en pleine Restauration – Louis XIV a 23 ans; Mazarin, son premier ministre, est mort; Fouquet, celui qui doit le remplacer, est arrêté et emprisonné pour ses crimes financiers et Colbert est appelé à redorer le blason de la France. Boucher est donc reçu par le roi. Celui-ci est surpris de ce qu'il entend au sujet de sa colonie. Il ordonne des mesures d'urgence. Deux vaisseaux sont accordés à Boucher pour le transport de 100 soldats et de tous les colons qu'il pourra recruter. Le roi promet aussi d'envoyer le plus tôt possible un contingent militaire et un commissaire royal pour étudier sur place ce qu'on doit faire pour assurer la survie de la colonie.

Le retour est difficile. Les volontaires sont peu nombreux et ils affrontent une mer déchaînée durant quatre mois. Trente hommes meurent de maladie ou d'empoisonnement. Le convoi arrive finalement à destination en août 1662. Le gouverneur donne à Boucher un autre fief sur les bords du lac Saint-Pierre. L'année suivante, il est nommé juge royal à Trois-Rivières. L'intervention de Boucher auprès du roi porte ses fruits. En 1665, Talon, Tracy et Courcelle, le nouveau gouverneur, débarquent en Nouvelle-France accompagnés du régiment de Carignan, composé de 1500 jeunes hommes entraînés.

Boucher a 45 ans. Il est marié à Jeanne Crevier, sa seconde épouse. Son premier mariage avait eu lieu à Québec le 8 avril 1649. Il avait épousé Marie Chrétien, une jeune Huronne élevée par les Ursulines qui était la sœur de Pachirini, un chef huron. Cette union n'avait duré qu'un an, sa femme étant morte en couches. À 30 ans, après un veuvage de 18 mois, il avait épousé Jeanne Crevier, 16 ans, qui était née à Rouen en 1636. Aînée de plusieurs enfants, Jeanne est la fille de Christophe Crevier et de Jeanne Enard, arrivés en Nouvelle-France en 1639, qui s'étaient installés à Cap-de-la-Madeleine. Crevier a très vite réalisé que, pour faire vivre sa famille, il devait faire le commerce des fourrures. Comme il devait faire de nombreux voyages à Québec et en France, sa fille Jeanne a été confiée aux Ursulines de Québec, qui devaient voir à son éducation. En 1650, Crevier achète une maison sur la Grande-Allée, à Québec, et c'est là que, le 12 juillet 1652, sa fille signe son contrat de mariage. L'union sera bénie le 19 juillet suivant. Deux ans plus tard, Crevier vend sa propriété et retourne à Trois-Rivières. Jeanne a deux sœurs et cinq frères. Comme le père, les fils et les gendres se lancent dans le commerce des fourrures. Après la mort de Crevier, en 1666, sa femme continue la traite et est accusée de vendre de l'alcool aux Amérindiens.

C'est pour cette raison que Pierre Boucher, ne voulant pas être obligé de juger cette cause, démissionne de son poste de gouverneur de Trois-Rivières. Il se retire dans sa seigneurie de Boucherville. Il écrit dans ses mémoires : « Je me retire dans une place en ce pays consacrée à Dieu où, avec d'honnêtes personnes, je pourrai vivre en paix. » Au dire de Frontenac, il met sur pied la plus belle seigneurie du pays. La seigneurie des îles Percées, bientôt appelée Boucherville, animée par un seigneur noble et bon, ac- cueille bientôt un manoir, une église, un couvent des sœurs de la congrégation de Notre-Dame. En 1673, 35 censitaires l'habitent. Le 19 avril 1717, âgé de 94 ans et 8 mois, Boucher meurt entouré de sa famille. Il laisse à ses descendants *Mes dernières volontés*, un trésor spirituel. Le père Léon Pouliot dit de lui : « C'est le Canadien le plus respectable et le plus grand de son époque. » Il a vécu 82 ans en Nouvelle-France, sous 3 rois, 13 gouverneurs et 7 intendants. Faut-il rappeler qu'il est aussi l'arrière-grand-père de Marguerite d'Youville, la première sainte née au Canada ? Reconnaissant le rôle important joué par Jeanne Crevier, son épouse, les gens de Boucherville lui ont élevé un monument en 1992. Cette grande dame, qui a donné naissance à 15 enfants – 9 garçons et 6 filles – dont 2 couples de jumeaux, a toujours soutenu son mari. Elle est décédée en 1727, à l'âge de 91 ans.

Saviez-vous que...

Richard Dillon, ancien valet de Lord Dorchester, gouverneur général du Canada, est le premier anglophone à ouvrir un café à Montréal : le Dillon's Coffee House, à l'angle sud-ouest de la place d'Armes et de la rue Saint-Jacques. Aujourd'hui, cet emplacement est occupé par la Banque Nationale.

13 MONSEIGNEUR FRANÇOIS-XAVIER DE MONTMORENCY-LAVAL

L'Église a joué un rôle primordial dans la vie de la Nouvelle-France. Sans elle, notre peuple n'aurait pas pu survivre et résister à toutes les tempêtes qui l'ont assiégée. Grâce à l'Église, la langue, la culture, l'éducation et l'âme même des habitants de ce pays, bref toutes les pièces maîtresses qui assurent la structure profonde d'une société, sont restées bien vivantes. Les chefs spirituels ont ainsi forgé notre histoire, mais hélas! nous les oublions souvent. Par exemple, le nom de Laval est peut-être familier à tous les Québécois, mais peu connaissent le géant qui l'a porté. Il s'agit pourtant du tout premier évêque de la Nouvelle-France.

François-Xavier de Montmorency-Laval descend de familles illustres et très anciennes de France : les Laval et les Montmorency. Son choix comme premier évêque de la Nouvelle-France est dû aux Jésuites, qui l'avaient eu comme élève au Collège royal de La Flèche. Il est ordonné prêtre en mai 1647. Il arrive à Québec en juin 1659, avec le titre de vicaire apostolique de la Nouvelle-France et évêque de Pétrie. Il est directement rattaché au Saint-Siège.

ÉTIQUETTE ET PRÉSÉANCE

Comme il n'y a encore jamais eu d'évêque au pays, l'annonce de la venue d'un chef spirituel sème la zizanie à propos de la préséance. Dans l'église, jusqu'ici, le gouverneur trône au milieu du chœur, où son prie-Dieu occupe la place d'honneur. Doit-il rester à cette place ou la céder au nouvel arrivant? Cet épineux sujet suscite toute une controverse. Et, après plusieurs contestations, ce sont les partisans de Monseigneur qui ont gain de cause: le banc de l'évêque sera placé « en dedans des balustrades et celui du gouverneur, en dehors et au milieu ». Ces détails paraissent sûrement tout à fait insignifiants aujourd'hui! Mais à l'époque, la « victoire » de Mgr de Laval sur le gouverneur a contribué à affermir l'autorité ecclésiastique en Nouvelle-France.

Fonds Famille Bourassa

FRANÇOIS DE MONTMORENCY-LAVAL
PREMIER évêque de Québec

LA TRAITE DES BOISSONS

L'alcool : voilà une question qui va préoccuper longtemps le premier prélat. En effet, les Hollandais de la Nouvelle-Amsterdam et les Anglais de la Nouvelle-Angleterre pratiquent alors la traite des boissons avec les Amérindiens. Quant aux Français, ils troquent régulièrement « l'eau de feu » contre les marchandises des autochtones. Cesser de le faire équivaudrait purement et simplement à saborder le commerce. Même Talon, Frontenac et les autres administrateurs ne prendraient pas ce risque.

Mais Mgr de Laval, comme les missionnaires d'ailleurs, doit constater que l'alcool ruine les Indiens, au physique et au moral, et provoque des dégâts infamants et des désordres indescriptibles parmi leur population. L'évêque se saisit donc du problème et fait trois voyages en France (en 1662, en 1671 et en 1679) pour tenter de le régler. C'est finalement en 1679, après des combats épiques contre les autres administrateurs, que le prélat voit une ordonnance royale lui donner raison.

QUÉBEC ÉRIGÉ EN ÉVÊCHÉ

En 1674, Québec devient diocèse. À partir de ce moment, la hiérarchie ecclésiastique est fondée en Nouvelle-France. Mgr de Laval prend ensuite l'éducation en main. Il fait construire des écoles primaires à Château-Richer, à Sillery, à Sainte-Foy, à Pointe-de-Lévis et à Saint-Joachim, où il fonde aussi une école technique. C'est à cet endroit que les premiers artisans du Canada apprennent leur métier. Plus tard, on en fera une école normale où seront formés des instituteurs.

Saviez-vous que...

La ville de Laval fut ainsi baptisée en l'honneur de François-Xavier de Montmorency-Laval, né en 1622 à Laval (Eure-et-Loir). En 1636, l'île fut concédée aux Jésuites sous le nom temporaire d'île de Jésus. L'année suivante, le gouverneur Montmagny lui attribua son propre nom, mais la première appellation, qui l'emporta, s'est perpétuée jusqu'à aujourd'hui, la particule en moins. En 1670, François Berthelot en devient le propriétaire. Cinq ans plus tard, elle passe dans les mains de Mgr de Laval en échange de l'île d'Orléans et d'un paiement de 25 000 livres par Berthelot. En 1680, Mgr de Laval cède ses droits au Séminaire de Québec, qui gardera l'île jusqu'à l'abolition du régime seigneurial en 1854.

LE GRAND ET LE PETIT SÉMINAIRE

Le Grand Séminaire de Québec, c'est l'œuvre de la vie de Mgr de Laval. Au début de son ministère, il prend à sa charge de jeunes étudiants des Jésuites. Mais pour former dans de bonnes conditions les futurs prêtres de son diocèse, il veut un vrai collège, un séminaire. Il y consacrera toute sa fortune personnelle. Maison de formation, foyer pour ses prêtres malades ou fatigués, lieu de ressourcement spirituel, le séminaire devient le lieu de prédilection de l'épiscopat. Mgr de Laval appelle sa communauté « la sainte famille des missions étrangères ». Cinq ans plus tard, il ouvre le Petit Séminaire de Québec.

François-Xavier de Montmorency-Laval démissionne en 1688. Mais il reviendra plus tard à Québec, où on le surnommera affectueusement Mgr l'Ancien. Il continuera à prier, à donner et à guider son peuple jusqu'à sa mort, en 1708. Tout comme Champlain est le père de la colonie, Mgr de Laval en est le père spirituel, le fondateur de l'Église en Nouvelle-France. De la mission, il fait accéder le peuple à la paroisse. En 1681, on compte ici 25 paroisses au sein desquelles nos ancêtres vivent intensément leurs croyances catholiques sous le regard bienveillant de leur évêque.

Grâce à son séminaire, Mgr de Laval aura aussi créé un clergé national, capable de bien comprendre les préoccupations de ses ouailles. Son successeur, Mgr de Saint-Vallier, continuera son œuvre à partir de 1688.

14 LA RECLUSE DE MONTRÉAL

La vie de Jeanne Le Ber, célèbre recluse, est un épisode énigmatique de l'histoire de Montréal. Jeanne est née le 4 janvier 1662 à Montréal. Elle est la fille de Jacques Le Ber, le plus riche marchand de son époque. Cet homme d'affaires, seigneur anobli en 1696, est un des hommes les plus respectés de la colonie. Propriétaire de magasins à Montréal et à Québec, il expédiait en France d'énormes quantités de fourrures et des lettres de change pour des sommes élevées. Il possédait les deux tiers de la seigneurie de l'île Saint-Paul, près de Montréal, il était seigneur de Senneville et habitait rue Saint-Paul, à Montréal, où il recevait les plus prestigieux invités.

La Société historique de Montréal

JEANNE LE BER

Le Ber avait marié la sœur du célèbre Charles Le Moyne. Au baptême de sa fille Jeanne, Maisonneuve et Jeanne Mance étaient parrain et marraine. Élevée dans ce milieu très bourgeois, Jeanne, âgée de 15 ans, se sent attirée par la vocation religieuse. Ses visites fréquentes chez Jeanne Mance et ses hospitalières font naître en elle le désir de se consacrer à Dieu. Durant trois ans, elle séjourne chez les Ursulines, à Québec, où l'une de ses tantes est enseignante et où elle fait bonne impression. De retour dans sa famille, elle est devenue une jeune fille méditative qui passe ses journées en prières et en adoration devant le saint sacrement. Elle fréquente assidûment Marguerite Bourgeoys. Elle ne passe cependant pas inaperçue. Elle appartient à une famille riche. Elle est aussi fière de ses talents. Elle apprécie les éloges. Avec une dot importante, elle est un des meilleurs partis de la Nouvelle-France. En 1679, elle est affligée par la mort d'une religieuse de la Congrégation Notre-Dame, amie de Marguerite Bourgeoys. Elle cherche conseil chez l'abbé Seguenot, sulpicien, curé de la pointe aux Trembles. C'est à cette époque qu'elle décide de mener une vie de recluse pendant cinq ans, avec la permission de ses parents. Elle se réfugie donc dans une cellule à l'arrière de la chapelle de l'Hôtel-Dieu de Montréal. À cet endroit, elle s'oblige à des actes de mortification, porte le cilice et enfile des chaussures de paille de blé d'Inde. Elle refuse même tout entretien avec sa famille et ses amis. On raconte qu'elle se flagelle. Elle ne sort de sa cellule que pour assister à la messe. Malgré cette vie de recluse, elle ne se décide pas à entrer dans un ordre religieux. En novembre 1682, sa mère meurt. Elle ne se rend pas auprès d'elle. Elle refuse même de tenir la maison de son père devenu veuf. En 1685, sous les conseils de ses directeurs spirituels, Dollier de Casson et Seguenot, elle fait définitivement ses vœux de réclusion, de chasteté et de pauvreté. Ses vœux ne sont pas absolus, car elle a une servante – sa cousine Anna Baroy. Elle s'occupe aussi d'affaires, car son vœu de pauvreté ne l'oblige pas à se départir de ses biens. Elle fait cependant des dons importants, comme celui de la ferme de la pointe Saint-Charles aux frères Charon. Un jour, elle apprend que les sœurs de la Congrégation de Notre-Dame veulent construire une église. Elle leur fait un don généreux à la condition qu'on lui réserve un appartement d'où elle puisse voir le saint sacrement sans quitter son logis. Ses désirs sont comblés. Trois pièces superposées s'adossent à l'église. Au rez-de-chaussée, une sacristie où elle peut se confesser et recevoir la communion. À l'étage, sa chambre à coucher et, au-dessus, un atelier. Par la sacristie, elle peut sortir dans le jardin des religieuses.

C'est par contrat chez le notaire Basset que les accords sont contresignés. Les sœurs s'engagent aussi à lui fournir ses vêtements et sa nourriture, ainsi qu'à la servir en l'absence de sa servante. En retour, Jeanne Le Ber fournit les fonds nécessaires à la construction de l'église et à sa décoration, et à verser une rente annuelle aux religieuses. Elle fait ses vœux solennels de réclusion le 5 août 1695 lors d'une cérémonie officielle. Dans sa nouvelle demeure, elle s'adonne à la broderie, à la confection de vêtements d'église et de linge d'autel. Elle fait six à sept heures de méditation par jour. Le soir, quand les religieuses se retirent, Jeanne retourne se prosterner devant le saint sacrement. Ses confesseurs diront qu'elle ne trouve pas de consolation absolue. Malgré sa réclusion, elle reçoit de distingués visiteurs, dont Mgr de Saint-Vallier. Elle n'assiste pas aux obsèques, à la mort de son père. En 1714, elle est atteinte d'une grave maladie, elle se départit de tous ses biens en faveur des religieuses de la Congrégation Notre-Dame. Elle meurt le 3 octobre à 52 ans et est inhumée près de son père.

15 JEAN TALON

Qui donc est Jean Talon? À Montréal c'est un hôpital, une rue, un marché, une station de métro et plus encore.

Jean Talon est l'un des solides piliers de la Nouvelle-France. Il faut savoir que vers le milieu du XVIIe siècle, la France, par l'entremise de Jean-Baptiste Colbert, ministre de Louis XIV, décide de prendre en main les destinées de sa colonie.

C'est que depuis l'avènement du régime des compagnies, l'économie de la Nouvelle-France piétine. Son peuplement, aussi. En effet, si 3000 personnes habitent la colonie, on compte une seule femme pour 17 hommes!

En 1663, le roi décide donc d'intervenir. Il change complètement sa politique. Dorénavant, la colonie sera soumise à l'administration directe du roi, procédure appelée «gouvernement royal». Il délègue en Nouvelle-France un gouverneur, un intendant, un

Conseil souverain nommé et aussi un régiment capable de maintenir la paix avec les Amérindiens. Bien sûr, le gouverneur et l'intendant sont, avec l'évêque, les principaux représentants du Roi-Soleil dans la colonie. Le rôle de chacun est bien défini. Ce qui n'empêchera pas tout ce beau monde de se piler sur les pieds à l'occasion et de créer ainsi des problèmes de gérance extrêmement compliqués. Plus ça change, plus c'est pareil… Ce n'est donc pas d'aujourd'hui que des ministres se disputent sur l'importance de leurs carrés de sable respectifs!

En 1665, le premier intendant du roi arrive en Nouvelle-France. Il se nomme Jean Talon. On lui a confié un rôle très influent. Celui de diriger, dans les faits, la colonie: la justice, l'administration intérieure, le peuplement, les finances, le commerce et l'économie, entre autres, sont de son ressort.

Fonds Famille Bourassa

JEAN-BAPTISTE COLBERT
Le plus grand ministre de Louis XIV

LA QUESTION DU PEUPLEMENT
Jean Talon s'attaque d'abord au problème du peuplement en encourageant l'immigration et en mettant au point une

politique nataliste. Pour savoir exactement sur quelles bases fonder son action, il organise les premiers recensements officiels. Il se rend compte que le peuplement d'ici est très faible en comparaison de celui des colonies anglaises.

Il faut du monde? Il engage des hommes qui viendront de tous les coins de France travailler dans la colonie pour une période de trois ans (on les appelle «les 36-mois»). Ils seront défrayés pour leur transport, recevront un salaire et s'ils acceptent de rester à la fin de leur contrat, on leur donnera une terre. Bien sûr, il pense aussi aux militaires qui, à la fin de leur service en Nouvelle-France, pourraient s'y fixer. On les nourrira pendant un an. Plusieurs officiers se verront offrir une seigneurie. Et parmi ces premiers seigneurs, plusieurs verront leur nom se perpétuer: Chambly, Contrecœur, Boisbriand, Sorel, Saint-Ours, Lanoraie, Berthier... Presque le tiers des soldats du régiment de Carignan vont ainsi décider de rester ici. Le roi offrira aussi une somme d'argent à des familles françaises pauvres qui accepteront de venir s'établir dans la colonie. Puis on amènera de France des gens condamnés pour des délits mineurs (braconniers ou faux sauniers, par exemple). Il faut cependant savoir que la Nouvelle-France n'est pas une colonie pénitentiaire. Enfin, des huguenots et des esclaves s'ajouteront à cette liste. Parfait. Mais il manque toujours de femmes!

Où les trouver? Eh bien, on aura recours aux Filles du Roy. Qui sont-elles? Contrairement à ce que certains ont déjà cru, il n'y a aucun rapport entre «Filles du Roy» et «filles de joie»! Les Filles du Roy sont des orphelines instruites hébergées dans des institutions protégées par le roi; elles sont envoyées en Nouvelle-France et dotées aux frais du roi pour y épouser un colon. Elles doivent être robustes, saines et jeunes. Elles seront 1000 à traverser l'Atlantique entre 1663 et 1673. Ce sont elles qui donneront vraiment naissance à notre peuple. Cette politique nataliste permettra de doubler rapidement le nombre des habitants.

LA QUESTION ÉCONOMIQUE

Talon va ensuite s'occuper de l'économie. Comme il désire que la colonie puisse subvenir à ses besoins, il met l'accent sur l'agriculture. D'une part il enrichit le cheptel: chevaux, moutons, porcs… et d'autre part, il introduit des cultures de type industriel : du lin pour tisser des voiles, du chanvre pour faire des cordages, de l'orge pour brasser de la bière. Puis il trouve des débouchés pour ces produits. Par ailleurs, il installe des fabriques de chapeaux et de chaussures… et bien avant Molson, il fonde une brasserie. Il ouvre les premiers chantiers navals à Québec, ainsi qu'une tannerie et une fabrique de savon. Il organise le commerce extérieur et agrandit la colonie en envoyant des explorateurs aux quatre coins du territoire. À l'intérieur, il établit solidement le régime seigneurial.

Sous le Régime français, Jean Talon, en intendant efficace, est l'un des très grands artisans de notre histoire.

16 CHARLES LE MOYNE DE LONGUEUIL ET DE CHÂTEAUGUAY

Raconter et commenter la vie d'un aussi grand homme que Charles Le Moyne a de quoi remuer tout amateur d'histoire. Quel monument ! Ses fils seront des héros : Jacques, sieur de Sainte-Hélène, Paul, sieur de Maricourt, Joseph, sieur de Sérigny, François et Jean-Baptiste, sieurs de Bienville, Gabriel, sieur d'Assigny, Louis et Antoine, sieurs de Châteauguay. Et bien sûr Pierre, sieur d'Iberville.

Mais revenons à Charles, le premier Le Moyne à se fixer en Nouvelle-France. Fils de Pierre Le Moyne, aubergiste, et de Judith Du Chesne, habitants de Dieppe en Normandie, Charles deviendra soldat, interprète, négociant et seigneur dans son pays d'adoption. Il arrive en 1641, à l'âge de 15 ans, pour rejoindre son oncle du côté maternel, Adrien Du Chesne, qui y exerce déjà son métier de chirurgien. À son arrivée, il travaille en Huronie comme engagé chez les Jésuites. Il se met alors à étudier les langues indiennes durant quatre ans. Ce séjour lui permet de servir sa patrie d'une façon unique, car il devient indispensable dans les relations avec les peuples amérindiens.

En 1646, après un court séjour à la garnison de Trois-Rivières, il arrive à Ville-Marie, qu'il ne quittera plus. À cette époque, les Iroquois ne cessent d'attaquer cette nouvelle colonie établie par Maisonneuve. Les colons sont sans cesse menacés sur tous les fronts. Charles devient un de leurs défenseurs. Avec Jacques Archambault, Jean Chicot, Lambert Closse et d'autres colons, il participe à toutes les batailles contre les Iroquois, les repoussant et faisant des captifs à échanger contre des prisonniers français. Partout, ses services sont requis comme soldat et interprète. On raconte même qu'en 1660, il devait accompagner Dollard des Ormeaux, mais il renonça à cause du temps des semailles. Dans le *Dictionnaire biographique du Canada,* Jean-Jacques Lefebvre écrit qu'en février 1661, 160 Amérindiens attaquent Ville-Marie. Le Moyne ne possède qu'une seule arme pour se défendre. Comme les attaquants allaient le capturer, une certaine dame Duclos lui aurait apporté une brassée d'armes. N'écoutant que son courage, Le Moyne aurait réussi à mettre ses ennemis en fuite. Mais en 1665, il tombe aux mains des Iroquois, et c'est son ami Garakontié, chef des Montagnais, qui le fait libérer.

En 1666, le gouverneur Rémy de Courcelle tente une expédition en pays ennemi. C'est Le Moyne qui commande les habitants de Ville-Marie à l'avant-garde de l'attaque. Dans la guerre contre les Agniers, en 1667, il prend la tête des colons de Montréal sous les ordres de Tracy. Plus tard, Le Moyne est là, volontaire, tant pour fonder Cataracoui au lac Ontario, sous Frontenac, que pour décider si la Nouvelle-France doit attaquer le pays iroquois, sous Le Febvre de La Barre.

Le Moyne s'illustre également dans un autre domaine, car en plus d'être un soldat hors pair, il devient un administrateur talentueux. L'inventaire après décès révèle en effet que Le Moyne est, de son temps, le plus riche citoyen de Montréal. En 1654, à son mariage avec Catherine Thierry, fille adoptive d'Antoine Primot et de Martine Messier, Chomedey de Maisonneuve lui offre une concession de 90 arpents aujourd'hui baptisée Pointe-Saint-Charles, ainsi qu'un emplacement important rue Saint-Paul, où il installe sa demeure principale. En 1657, la famille Lauson lui donne un fief de 5000 arpents sur la rive sud de Montréal et, en 1665, on ajoute l'île Sainte-Hélène et l'île Ronde à ses possessions. En 1669, Le Moyne achète un établissement au Sault-Saint-Louis. En 1672, les titres de sa seigneurie de Longueuil sont confirmés par Talon et Frontenac, qui y ajoutent des terres entre Varennes et Laprairie. En 1673, pour le remercier de ses services, Frontenac lui concède au nom du roi une nouvelle seigneurie à Châteauguay et l'île Saint-Bernard – aujourd'hui appelée l'île de Châteauguay – à l'embouchure de la rivière du Loup.

Il fait aussi des affaires prolifiques avec son beau-frère Jacques Le Ber, qui devient son associé. En 1679, ils achètent le fief Boisbriant, situé « au bout d'en haut de l'île de Montréal », et qui prend le nom de Senneville.

Dès le début de la colonie de Ville-Marie, en 1660, il est élu marguillier avec Pierre Gadoys. C'est le début de son engagement social envers ses compatriotes. Dès 1663, avec l'avènement du gouvernement royal, il remplit le rôle de procureur du roi. Du début à la fin de sa vie, sa présence à Ville-Marie est incontournable. Même dans les derniers moments, usé et fatigué, il n'hésite pas à rendre un ultime service au gouverneur La Barre en négociant, avec le père de Lamberville, la paix de l'Anse à la Famine. Le 30 janvier 1685, il dicte ses dernières volontés, sentant sa fin proche. Quelques jours plus tard, il meurt à l'âge de 60 ans. Il est inhumé dans la crypte de l'église Notre-Dame de Montréal.

Ce noble soldat, ce bâtisseur de pays laissera à ses enfants, à leurs descendants et à tout un peuple, un modèle de courage, de travail, de ténacité et de dépassement qui façonne une nation. L'un de ses fils, Pierre Le Moyne d'Iberville, deviendra le plus grand homme de guerre de la Nouvelle-France.

17 LES COUREURS DE BOIS

Certaines pages de l'histoire de la Nouvelle-France peuvent susciter chez le lecteur une admiration incontestable. C'est le cas des aventures extraordinaires de Radisson et de son beau-frère Médard Chouart, sieur Des Groseilliers.

LE COMMERCE DES FOURRURES

Durant tout le Régime français et même jusqu'au début du commerce du bois vers 1800, les fourrures représentent la ressource primordiale du territoire. Pour elles, les Français, les Anglais et les Amérindiens se battent et contractent des alliances. L'Amérindien joue ici le premier rôle. C'est lui qui trouve l'animal (le plus souvent du castor), le piège, le nettoie et, dans certains cas, le porte afin de l'assouplir. Puis, entre en scène notre coureur de bois ou voyageur. Son métier consiste à aller chercher les peaux là où elles se trouvent, soit dans des endroits de plus en plus éloignés. Il le fait dans des conditions d'une difficulté inouïe, encourant des dangers terribles. Une fois qu'il a obtenu les peaux en échange d'objets de troc, au poste de traite ou dans un village amérindien, il refait sa route en sens inverse, dans des canots chargés du précieux butin.

LE CONGÉ DE TRAITE

Les autorités n'ont pas beaucoup de considération pour ces aventuriers. C'est que plusieurs d'entre eux sont des colons qui quittent leur terre pour faire ce métier, plus lucratif, il faut bien le dire. Or, la colonie a grand besoin de ses défricheurs. À la fin du XVIIe siècle, on décide donc d'exercer une surveillance très sévère sur les activités de traite. On met sur pied le régime des « congés de traite ». Avant de s'enfoncer dans les Pays d'en haut, le colon doit en recevoir la permission ou être à l'emploi d'un traiteur. Mais ces mesures n'ont pas grand effet.

LE TRAITEUR

Le traiteur devient alors le troisième acteur de cette « industrie » après l'Amérindien et le coureur de bois. Il finance et organise les voyages de traite dans le territoire concédé par une compagnie. Il engage par contrat des voyageurs qui, à leur retour d'expédition, lui remettent leur chargement. Le traiteur les paie généralement en fourrures. (Bien sûr, le colon qui n'a pas bénéficié d'un congé de traite va plutôt liquider ses peaux en contrebande.) Si les risques du coureur de bois sont d'ordre physique, ceux du traiteur sont d'ordre financier. Un échec... et tout l'argent investi est perdu.

LES COMPAGNIES

L'Amérindien, le voyageur et le traiteur travaillent pour une compagnie qui exportera les fourrures outre-Atlantique. Elle est le pivot de ce commerce très lucratif et en retire les plus grands bénéfices. Aux XVIe et XVIIe siècles, plusieurs compagnies administrent la colonie et obtiennent le monopole du commerce des fourrures. La plus importante d'entre elles, la Compagnie des Cent-Associés, cède une partie de son territoire à la Communauté des Habitants en 1645. Pour la première fois, les habitants de la colonie peuvent alors participer à l'enrichissement de la colonie. On dit en effet qu'à partir de cette date, environ 80 % des profits demeurent dans la colonie. Après 1665, la Compagnie des Indes occidentales prend le contrôle de l'exportation. En 1739, 20 ans avant la Conquête, la fourrure représente encore 70 % de toutes les exportations. La marchandise déchargée sur le quai d'un port de France est vendue à des artisans venus de partout. Ils transforment les peaux en chapeaux ou en vêtements.

18 MÉDARD CHOUART DES GROSEILLIERS ET PIERRE-ESPRIT RADISSON

Médard Chouart des Groseilliers arrive à Québec en 1637. Il n'est âgé que de 16 ans. Il accompagne les Jésuites. Son beau-frère, Pierre-Esprit Radisson, né en France, arrive aux Trois-Rivières avec ses parents en 1651. L'année suivante, il tombe entre les mains des Agniers et, pendant plusieurs mois, partage leur existence en tant que prisonnier. Grâce à son intelligence et à sa force de caractère, il réussit à déjouer ses geôliers et à rejoindre les Trois-Rivières deux ans plus tard. Après avoir accompagné les pères Ragueneau et Duperron comme interprète chez les Onontagués, il retrouve son beau-frère des Groseilliers. Les deux hommes s'associent et partent en exploration.

En 1659, ils explorent le Wisconsin, débouchent dans le Mississippi et reviennent, au printemps 1660, avec une énorme cargaison de fourrures. L'année suivante, ils repartent de Trois-Rivières, mais vers le nord cette fois, jusqu'à la baie d'Hudson. Durant ce voyage exténuant, toutes sortes d'aventures vont mettre leur vie en danger. Ils seront les premiers Blancs à traverser la baie James puis, plus tard, le lac Supérieur, le pays des Cris, le Manitoba, l'ouest de la rivière Rouge.

AU SERVICE DE L'ANGLETERRE...

Au printemps 1663, chargés d'une cargaison de fourrures d'une grande richesse, ils reviennent aux Trois-Rivières. Mais le gouverneur d'Avaugour, invoquant pour motif qu'ils étaient partis faire le commerce sans sa permission et sans permis, confisque leur cargaison. Les deux explorateurs réclament leurs droits auprès des autorités françaises. En vain. Frustrés, ils passent alors au service de l'Angleterre.

À Boston, ils rencontrent des représentants de Charles II qui les emmènent en Angleterre où ils informent le roi de la richesse énorme que recèle en fourrures l'immense territoire de la baie d'Hudson. Sous leur inspiration, on fonde la célèbre compagnie de ce nom. Le roi paie de sa bourse l'entretien des deux hommes à Windsor. Leurs voyages de 1668 à 1670 dans ces vastes régions auront un retentissement énorme non seulement en Angleterre, mais aussi en France. À Québec, ils feront parler d'eux dans les journaux. Même mère Marie de l'Incarnation fait état de la chose dans sa correspondance.

... ET DE LA FRANCE!

À partir de 1670, les deux beaux-frères établissent des postes stratégiques à la baie d'Hudson. Les Anglais refusent de leur verser le traitement promis. Mais les deux compères ont une grande faculté d'adaptation... En 1674, ils passent donc en France offrir leurs services à Colbert.

Par la suite, Radisson convole. C'est son troisième mariage. Il épouse la fille de Sir John Kirke, l'un des frères ayant pris Québec en 1629 et devenu depuis un personnage important dans la Compagnie de la Baie d'Hudson. Chouart des Groseilliers est fait Chevalier de la Jarretière. Revenu au Canada, il meurt près de Sorel. Sa femme, qui lui aura donné deux enfants, est la fille d'Abraham Martin dont les terres verront la capitulation de Québec près d'un siècle plus tard, et en resteront tristement célèbres.

Radisson continue ses voyages, se dispute avec La Barre, le nouveau gouverneur, puis repasse au service de l'Angleterre. Témoin de la peste et du grand incendie de Londres, il assiste aussi au couronnement de Jacques II. Il est tantôt Français et catholique, tantôt Anglais et sans doute protestant. Il meurt pauvre, à Londres. La Compagnie de la Baie d'Hudson remet une modeste somme à sa femme, sans doute pour payer ses obsèques. La date exacte de sa mort (entre le 17 juin et le 2 juillet 1710) et le lieu de sa sépulture ne sont pas connus. Voici comment on le décrit dans le *Dictionnaire biographique du Canada*: «Personnage extraordinaire, amoureux de la vie, peu encombré de scrupules religieux, moraux ou patriotiques, il symbolise tout le pittoresque et la richesse d'une époque d'aventures, d'intrigues, de brutalité et d'imagination.»

19 LOUIS JOLLIET

En histoire, plusieurs grands noms évoquent des moments importants. Un nom, quoique connu, échappe souvent à notre attention. C'est celui de Louis Jolliet, ce grand explorateur canadien que le chanoine Groulx nomme le « prince des explorateurs ». Ce jeune homme d'une endurance physique et morale incroyable a sillonné les rivières, les lacs et les fleuves de la Nouvelle-France, toujours à la recherche d'une terre nouvelle ou d'un cours d'eau inconnu. Cet explorateur glorieux est un exemple de courage et de dépassement. Voilà un héros authentique que l'on devrait présenter aux jeunes Québécois à la recherche de modèles.

SA FAMILLE

Jean Jolliet, charron au service de la Compagnie de la Nouvelle-France, fait baptiser son fils Louis le 21 septembre 1645. Il choisit comme marraine Françoise Giffard, fille du chirurgien Robert Giffard, seigneur de Beauport. Louis a deux frères, Adrien et Zacharie. Après avoir été prisonnier des Iroquois en 1658, Adrien est ramené à Montréal par le célèbre Garakonthié. Il s'établit au Cap-de-la-Madeleine ; il est l'ancêtre de l'honorable Barthélémy Joliette, fondateur de la ville et du collège de Joliette. Zacharie passe, lui aussi, à l'histoire pour sa bravoure. Charron de métier, il fait aussi le commerce des fourrures dans les Pays-d'en-Haut. Il risquera sa vie à plusieurs occasions contre les Iroquois. Mais revenons à Louis, le plus célèbre des frères Jolliet. Il étudie à Québec, chez les Jésuites, et entre au Grand Séminaire à 17 ans. Il est vite remarqué. En plus d'étudier avec passion la théologie et la philosophie, il s'adonne à l'art musical. Il touchera même un jour les grandes orgues de la basilique. Mais cet artiste sensible, éduqué et façonné à l'école des Jésuites, ne pourra résister à l'appel de l'aventure. Il quitte le séminaire et passe en France pour y faire des études d'hydrographie. Il revient au pays un an plus tard et se lance à l'assaut de l'inconnu.

La Société historique de Montréal

LOUIS JOLLIET

À L'ASSAUT DE LA GRANDE RIVIÈRE

Louis Jolliet a 27 ans. Plusieurs années après la fondation de Québec par Champlain, l'immense région au sud des Grands Lacs n'est toujours pas explorée. On a entendu parler d'un grand fleuve, le Mississippi, qui s'étire dans la contrée. Mais où se jette-t-il? Conduit-il vers la Chine? Vers l'or et les épices? L'intendant Talon veut connaître la réponse. Il décide d'y envoyer un explorateur. Le roi Louis XIV a d'ailleurs offert une récompense allé-chante à celui qui réaliserait ce grand projet. Mais Talon est rappelé en France et c'est le gouverneur Frontenac qui prend la relève. Il se demande qui choisir pour cette grande aven-ture. Un vieux marin de la vieille France ou un cœur vaillant natif du pays? Après consultation, il rencontre un jeune homme qui trace des cartes précises de ses voyages aux Grands Lacs et qui possède toutes les qualités nécessaires pour une telle mission: expérience, connaissance des langues amérin-diennes et courage. Après avoir rencontré le gouverneur,

Louis Jolliet et ses hommes, triés sur le volet, arrivent à Michillimakinac le 8 décembre 1672. Son ami Jacques Marquette, un jésuite qui vient d'y fonder une mission, l'accueille avec joie et, après cinq mois de travail, de préparation et de recherche, ils se mettent en route pour la Grande Rivière.

EN ROUTE

Deux canots d'écorce montés par sept Français partent à l'assaut de ce fleuve à propos duquel on raconte toutes sortes d'histoires. Les voyageurs passent le détroit de Makinac et arrivent dans la baie Verte. La tribu de la Folle Avoine les reçoit avec chaleur, mais ses sorciers les mettent en garde contre les dangers d'une descente vers le sud et tentent même de les empêcher de poursuivre leur périlleux voyage. « Le Père des eaux cache des monstres énormes qui dévorent les hommes et les canots ; le pays qu'il arrose est dangereux et il y fait une chaleur mortelle. » Après quelques jours de conciliabules, les Amérindiens acceptent de leur fournir deux guides. Jolliet, Marquette et leurs compagnons, guidés par les deux Amérindiens, traversent un pays jalonné de rivières, de lacs et de marécages. Après un portage de 2700 pas, ils parviennent à des rivières qui s'allongent vers le sud. Les guides refusent de continuer et quittent le groupe. Jolliet décide de poursuivre et avance dans un pays qu'aucun Européen n'a encore foulé. Après avoir glissé sur la rivière Wisconsin, bordée d'une végétation exotique, il parcourt 120 milles en se laissant porter par le courant. Le 17 juin 1673, un mois après leur départ, les Français débouchent sur le Mississippi[1].

Jolliet et Marquette naviguent durant 14 jours sur la Grande Rivière, qui leur dévoile toutes ses facettes ; ni montagnes ni forêts, mais des vignes, des pommiers, des rivières, des prairies remplies de chevreuils, de bisons, de canards, d'outardes, de

---

1. Le Mississippi prend sa source au lac La Biche, que Jean Nicolet explora en 1637. Ce fleuve se jette dans le golfe du Mexique, 2459 milles plus loin.

cygnes, de poules d'Inde. Quelle beauté ! Quel spectacle extraordinaire ! Ils rencontrent les Illinois, qui les reçoivent avec chaleur, s'entendent avec la tribu plus récalcitrante de l'Arkansas, qui leur apprend que le Mississippi ne se décharge pas à l'ouest, mais qu'il termine sa course au sud, dans le golfe du Mexique.

LE RETOUR DE JOLLIET

En quatre mois, Jolliet a parcouru 3000 milles. À la fin de septembre, il est de retour à la baie des Puants. À Québec, au printemps 1674, il rencontre Frontenac, mais ce voyage lui coûte cher, puisqu'il perd ses compagnons de voyage en franchissant les rapides de Lachine. Lui-même ne s'en sort que par miracle. Il est reçu en héros à Québec et rend compte de façon détaillée de son voyage au gouverneur. Le 1er octobre 1675, Louis épouse Claire-Françoise Bessot, dont la mère, Marie Couillard, était la fille de Guillaume Couillard et petite-fille de Louis Hébert. Jolliet entre donc dans une famille influente de Québec, à qui il donnera sept enfants.

NOUVEAU DÉPART

Jolliet rêve de s'établir dans la vallée de l'Illinois, mais le gouverneur préfère qu'il reste à son service comme explorateur. C'est ainsi qu'il franchit le Saguenay, le lac Saint-Jean, enfourche la rivière Rupert et atteint la baie d'Hudson. Le gouverneur anglais qui s'y trouve l'accueille avec empressement et lui offre de travailler pour l'Angleterre, car la réputation de Jolliet l'a précédé. Louis, de retour à Québec après sept mois, apprend aux dirigeants de la Nouvelle-France qu'il est risqué de laisser aux seuls Anglais le commerce des fourrures de cette région. Nommé hydrographe du roi et seigneur de l'île d'Anticosti, il s'y établit en 1681. Il y fait le commerce de la morue et du loup marin et caresse le projet de mettre sur pied une marine franco-canadienne en donnant des cours d'hydrographie à Québec.

LE LABRADOR

Le grand explorateur ne s'arrête pas. Un riche bourgeois de Québec lui fait cadeau, en 1694, d'un beau navire, le *Saint-François*, et il part en expédition accompagné de ses deux fils, de 14 hommes d'équipage et du père Simon de la Place. Il atteint les îles Saint-Jacques, près de Terre-Neuve, rencontre les Inuits du Labrador avec lesquels il échange chaleureusement. De retour à Québec, il s'embarque à bord d'un vaisseau chargé de fourrures en partance pour la France. Lors de ce deuxième voyage en France, il rencontre le ministre de la Marine et revient dans son pays avec le titre de « Pilote royal et Professeur d'hydrographie pour le roi à Québec ». Louis Jolliet meurt le 4 mai 1700, dans son pays. Après sa mort, ses héritiers deviennent propriétaires de l'île d'Anticosti pour près de 200 ans.

20 PIERRE LE MOYNE D'IBERVILLE

Soldat, capitaine de vaisseau, explorateur, commerçant, gouverneur, colonisateur... Pierre Le Moyne a été tout cela. Ce qui fait sans doute de lui le plus grand de nos héros militaires. En tout cas, des historiens ont parlé de lui comme du plus grand homme de guerre qu'ait produit notre pays; ou encore comme du « Jean Bart canadien ».

Rappelons que le Français Jean Bart, un contemporain de Le Moyne d'Iberville, était marin, et plus précisément chef corsaire. Il réussit à s'emparer de plus de 4000 navires marchands anglais, ruinant ainsi pour longtemps le commerce de l'Angleterre. Un jour, à Louis XIV lui annonçant officiellement qu'il venait de le nommer chef d'escadre, Jean Bart avait répondu: « Sire, vous avez bien fait. » Naturellement, cela avait fait rire l'assemblée, mais le roi ne s'y était pas trompé: « Messieurs, avait-il ajouté, cette réponse est celle d'un homme qui sent ce qu'il veut, et qui compte m'en donner de nouvelles preuves. »

Fonds Armour Landry

CHARLES LE MOYNE
Second baron de Longueuil

Dès l'âge de 12 ans, Pierre s'embarque sur *La Jeannette*, le bateau de son oncle Jacques : il fuit sa famille qui veut le faire prêtre ! Quand Charles, son père, est nommé gouverneur de Montréal, Pierre a 22 ans. La Barre, gouverneur de la colonie, envoie Pierre en France solliciter le titre d'enseigne de la marine. C'est le début de sa fabuleuse carrière. Il traversera plusieurs fois l'Atlantique pour le service du roi.

EXPLORATEUR ET FONDATEUR, DU NORD AU SUD

En 1686, la baie James appartient à la France. Mais depuis les explorations d'Henry Hudson et de Thomas James, l'Angleterre ne se cache pas pour exercer le commerce des fourrures sur ce territoire. Elle y a même construit trois forts : Monsoni, Rupert et Albany. Le nouveau gouverneur de la Nouvelle-France, Denonville, décide de régler le problème une fois pour toutes. Il charge de cette mission le chevalier de Troyes, aux côtés duquel vont se trouver D'Iberville et son frère De Sainte-Hélène. Après plusieurs combats héroïques, les trois forts tombent aux mains des Français. D'Iberville devient alors gouverneur de la baie d'Hudson et sa tâche consiste à protéger ces postes importants. Puis, au début de la première guerre intercoloniale, Frontenac envoie D'Iberville attaquer le village anglais de Corlaer, près de Boston. C'est un massacre. La Nouvelle-Angleterre se souviendra longtemps des « terribles fantômes du Nord ».

De retour à Montréal, D'Iberville est confirmé dans ses fonctions de Commandant général des postes français en Amérique du Nord. Il repart à la conquête du fort Nelson, le seul que possèdent encore les Anglais à la baie d'Hudson. Il force le commandant du fort à se rendre. À la suite de ces victoires retentissantes, la France lui demande de détruire le fort Pemquid, en Acadie, son principal obstacle dans cette région. L'hiver suivant, celui de 1696-1697, D'Iberville détruit tous les postes britanniques de Terre-Neuve ; il aurait pulvérisé cette colonie anglaise si le traité de Ryswick n'avait mis fin à la guerre. Louis XIV décide alors de reprendre l'exploration de l'immense région du Mississippi commencée par Cavelier de La Salle. Il confie cette mission à D'Iberville, qui découvre l'embouchure du fleuve en 1699 et y établit une colonie, la Louisiane. Pierre Le Moyne est le premier Canadien à recevoir le titre de Chevalier de Saint-Louis.

C'est son frère De Bienville qui gouverne le nouvel établissement et fonde la Nouvelle-Orléans. Mais D'Iberville continue de s'intéresser à sa chère Louisiane. Il demande à la cour de France une douzaine de navires, car il rêve d'écraser la Jamaïque, puis Boston, pour consolider la position de la nouvelle colonie. En 1706, sa requête lui est accordée. Il reprend la mer sur son bateau amiral, *Le Juste*.

Mais le 9 juillet, la mort rôde à La Havane… Entouré de ses rudes soldats qui l'admirent passionnément, D'Iberville meurt d'une maladie tropicale. Il avait 45 ans.

On peut voir le monument de Pierre Le Moyne en face de l'église Sainte-Cunégonde dans le quartier Saint-Henri, à Montréal, et admirer son fameux *Pélican,* reconstitué au port de Montréal, le bateau sur lequel, seul contre trois navires anglais, il a mené bataille et remporté victoire.

21 LA VÉRENDRYE

Avec Pierre Boucher, Pierre Gaultier de Varennes, sieur de La Vérendrye, est le plus illustre des Trifluviens. C'est en effet à Trois-Rivières que les découvreurs de l'Ouest canadien et des Rocheuses voient le jour.

Comme tous les explorateurs de cette époque, La Vérendrye désire trouver une route ou un passage vers la Chine. Ses explorations durent 12 ans. Pendant ces 12 années, toutes les épreuves et tous les problèmes venant de France ou d'ailleurs l'ont poursuivi, mais il n'a jamais abandonné. Têtu, courageux, bon envers ses accompagnateurs, le père de l'Ouest canadien mérite une des premières places parmi nos explorateurs.

TROIS-RIVIÈRES

À cette époque, Trois-Rivières est continuellement assiégée par les Iroquois. Heureusement, et cela grâce à l'intervention de Pierre Boucher auprès de Colbert, les célèbres soldats de Carignan arrivent en 1665. Parmi eux se trouve un militaire déjà reconnu pour sa bravoure ; il se nomme René Gaultier. Arrivé à Trois-Rivières après s'être battu sur les champs de bataille de l'Europe, il rencontre Marie Boucher, fille de Pierre Boucher, gouverneur de Trois-Rivières, et fonde une famille. Quand Pierre Boucher décide de quitter son poste, à 45 ans, pour s'installer sur sa nouvelle seigneurie de Boucherville, René Gaultier, devenu sieur de Varennes, remplace son beau-père comme gouverneur de Trois-Rivières. Dix enfants animent bientôt la maison du gouverneur, mais c'est le septième, Pierre, né le 17 novembre 1685, qui s'illustrera sous le nom de l'un de ses oncles demeurés en France : La Vérendrye.

Pierre a quatre ans lorsque son père meurt. La famille est pauvre. En 1730, le gouverneur de la Nouvelle-France demande une pension pour aider cette veuve dont le mari a tant fait pour la colonie.

Très jeune, Pierre est friand de tout ce que l'on raconte sur les coureurs de bois, les explorateurs et les missionnaires qui s'arrêtent aux Trois-Rivières. N'oublions pas qu'à cette époque, la guerre est partout, soit contre les Iroquois, soit contre les Anglais. Les récits des exploits de D'Iberville et de La Salle envahissent sa vie. À 18 ans, il part avec des miliciens canadiens vers Deerfield, à 350 milles de Trois-Rivières, pour guerroyer contre les Anglais. Il apprend à la dure. À son retour, ayant obtenu le titre de cadet dans la milice, il part pour l'Europe et s'engage pour trois ans dans le régiment de Bretagne. La France est en guerre contre l'Angleterre et l'Autriche. Son frère Louis, déjà engagé dans le conflit, meurt sur le champ de bataille. Pierre décide de le remplacer. C'est à la bataille de Malplaquet que Pierre de La Vérendrye s'illustre. Gravement blessé sur le champ de bataille, il reçoit la commission de lieutenant. Après avoir subi huit blessures, il ne s'arrête pas. Il est frappé de plein fouet lors d'une bataille, et laissé pour mort.

Après la guerre, ayant recouvré la santé, il espère de la France qu'elle reconnaîtra ses exploits. Mais celle-ci, ruinée par la guerre, ne peut lui offrir le grade de lieutenant. Elle va même jusqu'à lui retirer le maigre salaire de cadet. Il revient en Nouvelle-France, épouse Marie-Anne Du Sable et s'installe aux rapides de La Gabelle. Il cultive sa terre en même temps qu'il fait la traite des fourrures. Rapidement, la famille compte six enfants. Il étudie la langue et les coutumes amérindiennes. Il est aussi habile chasseur. Mais les revenus se font rares. Son ami Beauharnois, gouverneur général de la Nouvelle-France, le nomme commandant des forts au lac Nipigon. Pierre part donc loin de sa famille. Son plan, bien sûr, est de s'emparer des fourrures recueillies par les Amérindiens en étant plus généreux que ses rivaux, les Anglais de la baie d'Hudson. Rapidement, il propose à Beauharnois d'établir des postes plus à l'ouest.

Par ses contacts fréquents avec les trappeurs amérindiens, il apprend d'eux que là-bas, vers l'ouest, il y a : « Des hommes à cheval, des pâturages où paissent les bisons, des rivières coulant vers l'ouest et se déversant dans une immense nappe d'eau salée... » La mer de l'Ouest.

La Société historique de Montréal

La Vérendrye

La route vers la Chine. L'or. La Vérendrye rêve. Il veut atteindre la mer de Chine. Il a 45 ans. Il rédige un mémoire. Il s'offre à conduire une expédition. Il demande au roi de mettre une centaine d'hommes à sa disposition, mais celui-ci n'a pas d'argent. Il donne tout de même à La Vérendrye la permission de poursuivre son rêve à ses risques et périls. Bien sûr, on lui concède le monopole de la traite des fourrures mais, loin de l'enrichir, ce sera une source de haine et de jalousie. Pierre intéresse quelques marchands de Montréal à son projet. Il part avec le père Mésaiger et trois de ses fils adolescents, Jean-Baptiste, Pierre et François. Son neveu, Christophe Dufrost de la Jemmeraye, les accompagne. Une cinquantaine d'hommes de Trois-Rivières sont recrutés et, le 8 juin 1731, ils partent à la conquête de l'Ouest en canots d'écorce. Il leur faut 70 jours de canotage et de portage pour atteindre la côte nord du lac Supérieur, soit un trajet de 1000 milles. Après avoir quitté les Grands Lacs, ils passent les nombreuses rivières et le fameux Grand Portage de 10 milles. Les hommes sont morts de fatigue et refusent d'aller plus loin. Après discussion, un petit nombre de volontaires, sous la direction de Jean-Baptiste et du neveu de Pierre, iront plus loin. Deux mois plus tard, ils rencontrent une tribu crie, élèvent un fort qu'ils baptisent Saint-Pierre en l'honneur de leur chef, échangent avec les Amérindiens et reviennent au Grand Portage. Jean-Baptiste se rend livrer les fourrures à Montréal et ramener des objets pour la traite. Un an plus tard, les hommes sont encore au Grand Portage sous les ordres de Pierre. On décide d'aller de l'avant en direction du fort Saint-Pierre. Surprise! Ils sont reçus par 200 Amérindiens vêtus de riches costumes. Ceux-ci acceptent même de les accompagner. Flanqués de 50 canots amérindiens le long de la rivière de la Pluie, les Français arrivent au grand lac des Bois, où ils construisent un fort baptisé Saint-Charles, en l'honneur de Charles de Beauharnois. Le 12 novembre, Jean-Baptiste revient de Montréal avec une mauvaise nouvelle; les marchands de Montréal l'ont lâché. Que faire? La Vérendrye ploie sous les dettes. Tout le monde l'abandonne, mais il persiste. Il envoie de la Jemmeraye à Montréal pour rendre compte de la situation à Beauharnois. Entre-temps, La Vérendrye s'efforce de sauvegarder la paix entre les Cris et les Sioux. En 1734, de la Jemmeraye n'est toujours pas de retour. La Vérendrye, ne pouvant plus attendre, descend lui-même à Montréal. Devant son courage, les marchands et le gouverneur décident de le soutenir à nouveau. Il les convainc de l'importance de ses expéditions. Revenu au fort Saint-Charles le 6 septembre, il constate que ses hommes meurent de faim. Plus de blé d'Inde, l'inondation a tout détruit. La chasse et la pêche n'ont rien donné. Il rapporte de Montréal des provisions qui sauvent ses amis. Les deux frères La Vérendrye et la Jemmeraye, revenus, poursuivent et fondent le fort Maurepas sur les bords du lac Winnipeg. Ils reviennent au fort Saint-Charles au printemps, chargés d'orignaux, d'ours et de riches fourrures. Puis, c'est le départ vers l'ouest. Christophe de la Jemmeraye meurt en route. Les vivres manquent à nouveau. Jean-Baptiste et le père Aulneau descendent chercher des vivres à Michillimakinac. Mais les Sioux qui les suivent veulent se débarrasser de ces Blancs qui les gênent. Plus tard, 21 cadavres mutilés sont découverts dans une île. Jean-Baptiste et le père Aulneau sont morts. La guerre entre les Cris et les Sioux reprend. Au printemps 1737, La Vérendrye revient à Montréal. Il est reçu froidement. Il écrit à la cour de France, il y raconte ses luttes et ses déboires. À Versailles, on s'imagine que La Vérendrye cache la vérité. Le ministre Maurepas croit plutôt qu'il fait fortune avec les fourrures. Beauharnois vient au secours de son ami et obtient du ministre français qu'il ne perde pas son poste. Le 18 juin 1738, avec 22 hommes et 6 canots, La Vérendrye quitte Montréal vers le fort Saint-Charles. Il remonte le cours de l'Assiniboine jusqu'à ce nouveau fort qu'il nomme La Reine. Mais La Vérendrye est malade et l'honneur d'avoir découvert les régions les plus avancées de l'Ouest appartiendra à ses fils. Le père dirige l'entreprise, surveille la traite, entretient des relations amicales avec les Amérindiens, stimule le zèle, fait ouvrir des chemins, prend soin des nouveaux établissements. Le 5 décembre, âgé de 64 ans, La Vérendrye meurt. Il se préparait à aller rejoindre ses fils au lac des Bois. Il n'a pas pu atteindre la grande mer de l'Ouest. Les restes de ce grand homme sont dans les caveaux de l'église Notre-Dame, à Montréal.

22 | CLAUDE DE RAMEZAY

Gouverneur de Montréal durant plus de 20 ans, Ramezay y a bien sûr laissé sa marque. En effet, en 1705, le 11e gouverneur de Montréal y fait bâtir sa résidence officielle, le fameux château de Ramezay, face à l'hôtel de ville actuel. Ce lieu historique est l'un des plus visités dans le Vieux-Montréal. Aujourd'hui devenue un musée d'histoire canadienne, cette propriété appartient depuis 1929 à la Société d'archéologie et de numismatique. Le visiteur peut y revivre l'histoire de la famille de Ramezay ainsi que les événements qui y ont eu lieu.

En 1717, Ramezay confie à Chaussegros de Léry le soin d'ériger autour de la ville une muraille fortifiée en pierre. Victor Morin nous en fait la description:

> Cette muraille de 18 pieds de hauteur sur une épaisseur de 4 pieds à la base et de 3 au sommet longeait le fleuve jusqu'à l'actuelle rue McGill, tournait à angle droit jusqu'au bas de la rue Saint-Jacques, courait le long de la ruelle des Fortifications qui en a pris le nom et retournait vers le fleuve aux environs de la rue Berri jusqu'au point de départ. Il y avait 11 portes de sortie vers le fleuve et 3 sur la campagne avec bastions suivant l'art de Vauban. Cette enceinte a protégé la ville pendant plus d'un siècle mais étant devenue inutile à la suite de l'évolution des méthodes de guerre, elle a été démolie en 1822.

Victor Morin, auteur de *La légende dorée de Montréal,* déplore le fait que l'on n'ait rien conservé de ces fortifications mais fait cependant remarquer que dès 1801, cette muraille tombait en ruine. De cette histoire, seuls les commissaires chargés de sa démolition sont restés visibles. En effet, on leur a dédié la rue qui longe le fleuve, la rue Des Commissaires, qui s'appelle aujourd'hui rue Bellerive.

MAIS QUI EST CE CLAUDE DE RAMEZAY?

Né en 1659 à Lagesse, en Aube, ce Français arrive au Canada en 1686, accompagnant comme lieutenant de la compagnie de Troyes les troupes du marquis Denonville. Il est vite mis à contribution. Il participe d'abord à une expédition chez les Tsonnontouans. En 1690, l'armée anglaise de Phipps remonte le Saint-Laurent. Elle se dirige vers Québec. Frontenac, le gouverneur, est à Montréal lorsqu'il apprend la nouvelle. Il revient rapidement à Québec.

En route, un courrier lui annonce la gravité de la menace. Il demande donc au capitaine de Ramezay, qui l'accompagne, d'aller avertir Callières, le gouverneur de Montréal, qu'il a besoin de sa garnison. Après cette mission, Ramezay rejoint Frontenac et se distingue pendant le siège de Québec. Nommé gouverneur des Trois-Rivières, il en organise la défense avec beaucoup d'habileté et de dévouement. Aussi Frontenac lui accorde-t-il toute sa confiance. Lors de l'expédition de 1696 contre les cantons iroquois, il devient commandant de la milice canadienne. C'est en 1699 qu'il est nommé au commandement en chef des troupes de la Nouvelle-France. Le 15 mai 1704, il est nommé gouverneur de Montréal. C'est sans doute à cette époque que sa carrière militaire est entrée dans l'histoire. En 1709, en effet, les colonies anglaises d'Amérique veulent en finir avec le Canada. Le général anglais Nicholson fonce vers Montréal avec son armée, tandis que la flotte de Walker se dirige vers Québec. C'est Ramezay qui fait face à l'invasion de Nicholson. Après avoir confié l'avant-garde à De Montigny, il marche à la tête de ses 600 hommes, face à l'ennemi. L'armée de Nicholson est beaucoup plus nombreuse. Un miracle se produit. Une épidémie éclate chez les Iroquois, alliés des Anglais, et contamine l'armée. Le général anglais doit se retirer. En plus de la seigneurie de Monnoir, que lui avait octroyée Vaudreuil en 1708, il obtient la seigneurie de Ramezay en 1710.

LES DÉBOIRES DE LA FAMILLE DE RAMEZAY

Après sa mort à Québec en 1724, on constate que Ramezay était au bord de la faillite. Comment cela se peut-il, alors que ce gouverneur, propriétaire de seigneuries, qui habitait un château, exploitait à son profit d'immenses territoires. Il faut se rappeler que sa femme, Charlotte Denys de la Ronde, lui avait donné 16 enfants. Mais il est vrai aussi que le gouverneur menait une vie fastueuse. L'histoire retient cependant l'esprit de charité notoire de cette famille, qui se manifestait souvent lors des jours difficiles que les habitants de Montréal devaient vivre, comme lors de l'épidémie de 1721 et de l'incendie qui détruit l'Hôtel-Dieu et les deux tiers de la ville la même année. Par ailleurs, la femme de Ramezay décide de mettre sur pied une entreprise de briqueterie et de tuilerie. Malheureusement, elle meurt en 1742, après avoir perdu ce que son mari lui avait laissé. Plus tard, c'est l'une de leurs filles, célibataire, qui redorera le blason des Ramezay. Effectivement, Louise de Ramezay deviendra l'une des plus brillantes femmes d'affaires de la Nouvelle-France et réussira à relever les finances de la famille.

23 | MARGUERITE D'YOUVILLE

C'est un privilège que d'avoir l'occasion de fouiller dans l'histoire et d'y découvrir des femmes et des hommes qui, grâce à leur œuvre et à leur dévouement, ont réussi à changer les choses autour d'eux pour le bien-être des leurs.

Le tableau de ces figures historiques est étincelant dans l'histoire du Canada. Marguerite Bourgeoys, Marie de l'Incarnation et Mgr de Laval y figurent, bien entendu, mais ces vénérables pionniers sont nés en sol français. Marguerite d'Youville est une enfant de la Nouvelle-France, la première Canadienne à recevoir le titre de Vénérable.

C'est le 15 octobre 1701, à Sainte-Anne-de-Varennes, que naît Marie-Marguerite ; son père est Christophe Dufrost de la Jemmerais et sa mère, Marie-Renée Gaultier de Varennes, fille de René Gaultier de Varennes, gouverneur de Trois-Rivières et la petite-fille de Pierre Boucher. Christophe Dufrost de la Jemmerais est un officier courageux qui est arrivé au pays en 1687 et dont la bravoure est mise à l'épreuve dans la guerre contre les Iroquois.

Il meurt très jeune, laissant sa veuve entourée de six enfants, dont l'aînée, Marguerite, est âgée de sept ans. C'est Pierre Boucher qui devient le pourvoyeur de la famille pour lui éviter la misère.

Marguerite est recueillie par les Ursulines de Québec, qui voient à son éducation. À l'été 1713, elle revient à la maison et s'emploie, par son travail et sa générosité, à assurer la subsistance de ses frères et sœurs. Le Montréalais François d'Youville, fils de Pierre You, sieur de La Découverte, la remarque et la demande en mariage. Elle a 21 ans.

UN MARIAGE MALHEUREUX

Rapidement, François d'Youville gaspille sa fortune personnelle, celle de sa mère et la dot de sa femme. Quatre de leurs six enfants meurent en bas âge. Usé par les abus, François meurt à 30 ans, laissant sa femme et ses deux fils dans la pauvreté. Mais Marguerite voit à rembourser les dettes de son époux et s'emploie à l'éducation de ses enfants. M. Normant, sulpicien et curé de Ville-Marie, remarque cette femme pieuse qui, malgré son travail acharné, trouve le temps de visiter les pauvres de l'Hôpital général. Le curé lui suggère d'en accueillir chez elle. Trois jeunes filles rencontrent Marguerite et décident de mettre leurs petites économies en commun. Elles louent une maison et s'y installent en 1738. C'est le début d'une grande œuvre. Rapidement, une opposition s'organise. Que font ces femmes au milieu d'hommes miteux ? On leur lance des pierres en pleine rue, on les accuse de vendre de l'eau-de-vie et de s'enivrer. « Elles sont grises », s'écrie-t-on. C'est pour cette raison que Marguerite, fondatrice de la congrégation des sœurs de la Charité, dites « Sœurs grises », choisit pour ses sœurs une robe dont la couleur rappelle cette insulte. Les accusations viennent de partout, on attaque même leur honneur. De plus, le gouverneur Beauharnois et plusieurs prêtres unissent leurs voix à la meute. Mais à force de douceur et d'humilité, elles finissent par faire taire leurs ennemis. M. Normant continue d'appuyer Marguerite d'Youville. En 1745, le feu ravage la maison. Plusieurs témoins applaudissent : « Voyez-vous cette flamme violette ? C'est l'effet de l'eau-de-vie destinée aux Sauvages qui brûle aujourd'hui. » Les sœurs louent une autre maison, mais le gouverneur la leur enlève. C'est à ce moment que Marguerite et ses amies signent l'acte de renoncement – humilité, oubli de soi et charité – qui devient la devise de la communauté.

La Société historique de Montréal

MARGUERITE D'YOUVILLE

L'HÔPITAL GÉNÉRAL

L'Hôpital général de Montréal a accueilli son premier malade au début de juin 1694. Il a été fondé par des laïcs qui se constituent en communauté sous le nom de frères hospitaliers de la Croix et de saint Joseph, plus souvent appelés frères Charon, du nom du principal fondateur. Mais, après 1701, aux prises avec des difficultés financières et de recrutement, les frères Charon abandonnent l'hôpital et Ville-Marie. Ils se tournent vers Marguerite d'Youville et lui offrent la direction provisoire de l'hôpital avec promesse de faire sanctionner cette nomination par le roi. Marguerite accepte, mais la réalité est que l'hôpital tombe en ruine. Depuis 10 ans, aucune réparation n'a été effectuée. Les sœurs se mettent donc à la tâche. Elles y consacrent toutes leurs économies et empruntent une importante somme pour leur permettre de loger et de nourrir les pauvres. Mais la vie n'est pas simple. Bigot, l'« intendant maudit », trouve qu'il y a trop de communautés religieuses et n'en veut pas de nouvelles. On proteste en vain. L'hôpital est à vendre. Ville-Marie s'émeut. On signe des requêtes. Les sulpiciens s'en mêlent; en prouvant que le terrain leur appartient, ils font reculer Bigot. Il doit retourner les meubles déjà arrivés à Québec. L'hôpital est sauvé. En 1753, par lettre patente, le roi confirme la directrice dans ses fonctions et reconnaît officiellement la nouvelle communauté des Sœurs grises ou Sœurs de la Charité. Marguerite recueille de plus en plus de pauvres et de déshérités : vieillards, handicapés mentaux, prostituées... Elle prie l'évêque d'accepter les règles de la communauté de même que le costume : « ample robe grise que retient une étroite ceinture en drap noir; capote noire formant bonnet et pèlerine qui cachent les servantes des pauvres au regard d'un monde indiscret. »

Saviez-vous que...

Ce n'est qu'en 1735, après un incendie qui détruisit 46 maisons, que Montréal mit sur pied son premier corps de sapeurs-pompiers. Formé de volontaires parmi les ouvriers du bâtiment, le corps disposait de 80 seaux de cuir, 200 seaux de bois, 100 haches, 100 pelles, 24 gaffes, 12 échelles et 12 béliers.

TOUTE UNE FEMME D'AFFAIRES !

La communauté des Sœurs grises est fondée. L'Hôpital général de la rue Saint-Pierre renaît. Marguerite d'Youville est une femme d'affaires remarquable. Les sœurs ne refusent aucun contrat ; elles confectionnent des habits pour les soldats, des chapeaux, des tentes, des objets de fantaisie, des ornements d'église, des hosties, des cierges. En 1754, on entoure l'hôpital d'un mur de 3000 pieds de circonférence. Les religieuses transportent elles-mêmes les pierres. Pour ramasser des fonds, elles sèment du tabac et exploitent de grandes carrières sur leur propriété. Elles transforment les arbres en bois de construction. Elles louent les champs inexploités pour les pacages. En août 1760, Amherst s'emparera de la ville, mais protégera l'hôpital. Cinq ans plus tard, le feu le réduira en cendres. En Angleterre, on s'émouvra. On organise une souscription. L'Hôpital général renaît. Les sœurs ayant acheté la seigneurie de Châteauguay au lendemain de la Conquête, sœur D'Youville y élève un second moulin, une grange, une boulangerie, une vaste écurie et une résidence de deux étages.

Le 23 décembre 1771, Marguerite d'Youville a une attaque de paralysie ; elle reçoit les derniers sacrements et s'éteint lentement, entourée de ses religieuses. En 1871, les Sœurs grises quittent l'ancien édifice des frères Charon. Elles s'installent dans le vaste établissement de la rue Guy, à Montréal. Les Sœurs grises ont essaimé partout, au Québec et dans le Canada tout entier, jusqu'à l'océan Arctique. Voilà l'œuvre d'une veuve d'ici, pauvre mais remplie d'amour pour autrui, de dévouement, de courage, de don de soi et d'humilité. Marguerite d'Youville a été béatifiée en 1959 et canonisée le 9 décembre 1990 par le pape Jean-Paul II. C'est la première sainte québécoise.

24 LE TRAGIQUE DESTIN DE L'ACADIE

On pense généralement que les Acadiens ont de tout temps habité le Nouveau-Brunswick, puisque c'est dans cette province que se trouve le plus gros noyau de cette population. On se trompe. C'est plutôt en Nouvelle-Écosse que les premiers postes acadiens furent fondés.

C'est Jean Cabot qui découvre cette région en 1497, mais ce sont des colons français qui l'explorent, l'habitent et la baptisent Acadie. En 1604, Pierre de Quast, sieur de Monts, et le navigateur et cartographe Samuel de Champlain s'installent à Port-Royal (aujourd'hui Annapolis Royal) et fondent le premier établissement français. C'est un endroit stratégique dans la région nord de l'Atlantique, et rapidement les Anglais de la Nouvelle-Angleterre veulent s'en emparer. La colonie naissante ne peut résister aux attaques constantes de ces prédateurs. En 1621, le roi Jacques Ier d'Angleterre la cède à William Alexander, un poète écossais, tuteur des enfants royaux ; elle prend alors le nom de Nova Scotia, Nouvelle-Écosse.

UNE COLONIE BALLOTTÉE...

En 1632, le traité de Saint-Germain-en-Laye redonne l'Acadie à la France. Mais elle tombe de nouveau aux mains des Anglais en 1654. Le traité de Bréda, en 1667, fait de nouveau de l'Acadie une colonie française. Puis les Anglais, en la personne du colonel Nicholson, reviennent à la charge en 1710 et reprennent l'Acadie.

En 1713, cependant, c'est terminé pour la France. En effet, le traité d'Utrecht cède définitivement le territoire de l'Acadie à l'Angleterre. La France ne conserve que l'île Royale (aujourd'hui île du Cap-Breton), sur laquelle on érige la célèbre forteresse de Louisbourg, réputée imprenable... mais qui ne résistera pas longtemps à la guerre de Sept Ans. Elle est en effet rasée par le conquérant en 1758...

UN PEUPLE DÉPORTÉ

Les Acadiens avaient accepté de ne pas prendre part au conflit entre les Français et les Anglais. Cela ne les protégera pas pour autant. En effet, à partir de 1749, les Anglais essaient de les convertir au protestantisme. Mais ils ne se laissent pas convaincre. Le conquérant, redoutant alors ces descendants de

Français, veut les obliger à prêter serment d'allégeance au roi d'Angleterre. On connaît la suite.

Devant le refus des Acadiens, on ordonne leur déportation en 1755. Entre 13 000 et 18 000 personnes – hommes et femmes séparés, familles divisées – sont embarquées sur des bateaux et déportées sur les côtes de la Nouvelle-Angleterre et jusqu'en Louisiane. Cette déportation dure sept ans. Jamais, dans notre histoire, ces actes despotiques ne seront oubliés...

Des Acadiens se cachent dans les bois ou se sauvent vers la Gaspésie, les îles de la Madeleine ou ailleurs au Québec. Certains ne réussissent pas à semer les maîtres et sont faits prisonniers à Halifax ou encore condamnés aux travaux forcés. En 1664, sous condition qu'ils prêtent le serment d'allégeance, le gouvernement anglais consent à leur remettre quelques terres dans des bourgs éloignés. Après la Conquête, les Acadiens de Nouvelle-Écosse ne peuvent même pas avoir leurs écoles. Heureusement, des religieux s'occupent de l'éducation des enfants. Il leur faudra attendre 1864 pour que soit adoptée une loi, le *Free School Act,* qui établit l'école publique. Mais c'est une école neutre et anglophone. De 1864 à 1902, les Acadiens de la Nouvelle-Écosse essaient dans l'illégalité de propager par l'éducation leur culture française. En 1902, une commission d'enquête réclame des concessions. Les Acadiens pourront, à partir de ce moment, recevoir l'enseignement de certaines matières en français jusqu'en neuvième année. L'Université de Sainte-Anne est la seule institution d'enseignement supérieur de langue française en Nouvelle-Écosse.

25 L'INTENDANT BIGOT

Dans l'histoire de tous les peuples, on retrace des hommes et des femmes qui se sont servis de leur pouvoir ou de leur titre pour servir leurs intérêts au détriment de leur nation. Chez nous, François Bigot, le dernier intendant de la Nouvelle-France, profita avec ses amis des malheurs qui affligeaient la colonie à cette époque pour se servir à pleines mains dans ses ressources ténues.

Né à Bordeaux vers 1699, Bigot était apparenté à plusieurs fonctionnaires supérieurs, dont le maréchal d'Estrées, qui fut le premier président du Conseil de la Marine, et le comte de Marville. En 1731, le ministre Maurepas le nomme commissaire de la marine à Rochefort, à la demande du comte de Marville. En 1739, Bigot arrive en Nouvelle-France à titre de commissaire ordonnateur à Louisbourg, ce qui fait de lui le subdélégué de l'intendant de la Nouvelle-France à l'île Royale. Il s'implique rapidement dans le commerce. Profitant de nombreuses relations avec les Antilles, il exploite les mines de houille et favorise la mise sur pied de la construction navale. Connaissant l'importance de la main-d'œuvre dans ces colonies lointaines, il attire les colons en grand nombre à l'île Saint-Jean. À cette époque, les fonctionnaires mal rétribués profitaient de leur situation pour accroître leur fortune personnelle. La colonie était si loin de la mère patrie que celle-ci ne pouvait exercer de contrôle sur ces situations. Bigot avait déjà mauvaise réputation. On rapporte même que ces concussions favorisèrent la révolte des soldats de Louisbourg en 1745; ce qui contribua à sa chute. Mais Bigot continua à toucher ses appointements et reçut encore des félicitations même après que les Anglais se furent emparés de l'île Royale.

En 1746, le duc d'Auville reçoit de la France une puissante escadre. On veut reconquérir l'Acadie perdue aux mains des Anglais en 1713. Bigot est nommé intendant de cette grande flotte. Après d'innombrables désastres et aventures plus ou moins connues, l'expédition échoue. Bigot est par la suite nommé intendant de la Nouvelle-France le 1er janvier 1748. Il remplace Gilles Hocquart qui, tout comme Jean Talon, avait bien administré la colonie. Reconnaissant les talents de Bigot dans la marine, la métropole lui demande de reprendre le plus tôt possible l'île Royale. Mais il s'intéresse davantage à ses affaires personnelles. Entre 1748 et 1756, les dépenses de la colonie montent en flèche. L'intendant fréquente ses amis et fait des affaires. Voici d'ailleurs une missive que l'intendant envoie à l'un d'eux: «Profitez, mon cher Vergor de votre place; taillez, rognez, vous avez tout pouvoir afin que vous puissiez bientôt me venir joindre en France et acheter un bien à portée de moi. » Entouré de subordonnés malhonnêtes, il se fait un point d'honneur de les soutenir. Bigot fréquente les bals, les femmes, il adore le jeu et les soupers. Plusieurs Canadiens le dénoncent en 1753 mais François Bigot a des amis influents en France : les lettres de doléances sont interceptées et ne se rendent jamais au ministre après un court voyage à Paris, il revient à Québec avec toute la confiance du ministre.

En 1758, le vent tourne, Berryer est nommé ministre de la Marine en charge des colonies. Mais en Nouvelle-France, c'est la pagaille. La guerre fait rage. Bigot s'acoquine avec les Anglais. Il prépare déjà la transition en enrichissant les futurs maîtres de la colonie. Il envoie son ami Péan à Paris pour qu'il tente de lui rallier Berryer. Mais celui-ci a déjà colligé des pièces à conviction importantes contre l'administration en Nouvelle-France. Après la défaite et la perte de la colonie, Bigot et ses complices sont emprisonnés à la Bastille. L'intendant avait quitté Québec le 18 octobre 1760. Le 17 décembre 1761, un procès est annoncé contre des individus impliqués dans des malversations au Canada durant les dernières années du Régime français. Une commission composée de 27 juges est mise sur pied et siège pendant 15 mois. Bigot est condamné à « 1000 livres d'amende, à un million et demi de restitution, à la confiscation de ses biens et au bannissement ». On pense que Bigot, réfugié en Italie, y mourut deux ans plus tard.

26 LES RAISONS DE LA DÉFAITE

À l'automne 1759, sur les plaines d'Abraham, le Français Montcalm perd la bataille contre l'Anglais Wolfe, et Québec capitule. Au printemps suivant, c'est au tour de Montréal de se rendre. Le sort en est jeté : la Nouvelle-France doit s'incliner devant le conquérant. Le pays, ses richesses et ses habitants passent sous gouvernement britannique. La situation est officialisée en 1763 par la Proclamation royale. Que s'est-il donc passé ? Pour comprendre les raisons de la défaite, il faut tracer le portrait de la

France et de l'Angleterre en Amérique du Nord. Suivons les jalons que propose Joseph Rutché dans son *Précis d'histoire du Canada*.

DES LACUNES DANS LES MÉTHODES DE COLONISATION ET DE PEUPLEMENT DE LA NOUVELLE-FRANCE

Au début de la guerre de Sept Ans, en 1756, 80 000 habitants sont installés en Nouvelle-France, en comparaison de 1 200 000 dans les colonies anglaises, ce qui fait une bonne différence dans les effectifs des troupes coloniales. Le Canada a reçu de la France moins d'immigrants que la Nouvelle-Angleterre de la Grande-Bretagne. Pourquoi les Anglais viennent-ils en Amérique en plus grand nombre ? Parce que leur patrie est plus petite et moins riche que celle des Français. Ils vont ailleurs chercher la richesse. De plus, à la fin du XVIᵉ siècle et au début du XVIIᵉ, la Réforme divise les croyances religieuses en Grande-Bretagne. Il faut se souvenir que le pouvoir politique est alors aussi l'autorité religieuse suprême. Les dissidents ne sont donc pas les bienvenus. Beaucoup émigrent pour pouvoir pratiquer librement leur religion.

En revanche, la France est riche et nourrit bien ses habitants. Les questions de religion ne sont pas aussi violentes et l'ordre religieux est vite rétabli. C'est plus l'élite française que le peuple qui s'intéresse à la colonie d'outre-Atlantique.

LE MODE D'ADMINISTRATION

En Nouvelle-France, c'est Versailles qui mène la barque. Le gouvernement est donc centralisé à outrance. Ce qui se traduit par lenteur et stagnation. En Nouvelle-Angleterre, c'est différent. La métropole connaît déjà le parlementarisme, de sorte que ses colonies d'Amérique possèdent leur propre assemblée délibérante et pourvoient elles-mêmes à leurs besoins.

LES GUERRES CONTINUELLES DE LA FRANCE EN EUROPE

Même quand les guerres apportent la victoire, elles usent rapidement un pays, car elles mobilisent entièrement l'attention du gouvernement. De plus, elles coûtent extrêmement cher. Par suite des guerres de Louis XIV, les finances de la France sont dans un état déplorable. Sous Louis XV, les problèmes causés par le manque d'argent sont omniprésents et le roi lui-même, personnage insouciant, ne pratique aucune politique économique sérieuse.

LA SITUATION INTERNE
Dans la colonie, trois faits importants expliquent la défaite.

La personnalité de l'intendant Bigot
Voilà un personnage malfaisant, profiteur et voleur. Ce fonctionnaire cherche dans le pouvoir l'occasion de faire fortune et de s'amuser. Moyens illicites, fraudes, vols, profits illégaux sur les fournitures et le matériel de l'armée et sur la traite des fourrures; François Bigot se permet tout et n'importe quoi. Il accapare les denrées et les revend à l'État avec 150 % de profit. Sous l'intendance de cette crapule, un climat de corruption règne dans toute la colonie.

La rivalité entre les chefs
Il s'agit de celle qui sévit entre le chef du gouvernement, Vaudreuil, et celui des armées, Montcalm. Elle est sans doute explicable, mais n'en sera pas moins nuisible. L'armée française est composée de soldats qui ont fait leurs preuves sur les champs de bataille d'Europe; à leurs yeux, les miliciens canadiens, qui ne connaissent guère la discipline militaire, ne valent pas grand-chose. Vaudreuil prend leur défense, ce qui travaille le grand Montcalm. Résultat: impossible pour les autorités de s'entendre sur les plans de batailles.

La famine
L'hiver 1756-1757 a réduit à néant les récoltes et c'est dans le plus grand dénuement que s'engage le combat. La famine a ruiné les forces, au sens propre comme au sens figuré.

Cette guerre marquera la fin de la colonie française d'Amérique. Les Canadiens français commenceront alors leur résistance pour conserver leur identité...

Le Régime
anglais

Rappelons-nous ici certains faits de notre histoire. À partir de 1608, une poignée de Français défrichent à la sueur de leur front cette terre immense qui, avant la Conquête, occupait la partie la plus importante de l'Amérique du Nord.

L'habitant canadien est loin d'inspirer la pitié comme le paysan européen. Il est propriétaire de sa terre, pour laquelle il n'a à payer au seigneur que de légères redevances. Il sait lire, écrire et compter, car à l'exception des endroits très isolés, il y a des écoles un peu partout sur le territoire. D'après les documents d'époque, 80 % des adultes possèdent au moins assez de rudiments d'instruction pour pouvoir signer leur nom, ce qui n'est pas le cas en France à la même époque.

Tous de langue française à l'époque, nos ancêtres forment théoriquement une nation nouvelle, à la fois semblable et différente de la nation mère dont ils sont originaires.

Les Samuel de Champlain, Paul de Maisonneuve, Jeanne Mance, Marguerite Bourgeoys, Jean Talon comme les Frontenac, Marquette, LaSalle ou D'Iberville ont fondé et fait grandir en Amérique du Nord une société coloniale étonnamment vivante, mais surtout, quoi qu'en disent ceux qui prêchent encore le contraire, ces Français du Canada ont donné naissance à un peuple, le nôtre.

L'ANGLICISATION

Puis vient 1760... C'est le début de la descente vers l'assimilation. La Conquête et la Proclamation royale de 1763 amputent à notre pays une partie de son territoire : le Labrador, l'île d'Anticosti, les îles de la Madeleine, l'île Saint-Jean et celle du

Cap-Breton, la région sud des Grands Lacs. Le reste de l'est du pays est nommé *Province of Quebec*.

L'ordre d'angliciser est donné : serment du Test, lois civiles et criminelles anglaises, etc. Le conquérant se prononce ouvertement pour l'assimilation. Les 65 000 Québécois (ils se nomment Canadiens, à cette époque) laissés à eux-mêmes, car leur élite a été étêtée, serrent les rangs autour de leurs clochers. Ils décident de durer à tout prix, de s'affirmer et de se battre s'il le faut. Bien sûr, le conquérant s'empare du commerce et du pouvoir politique ; il domine ! L'ère du porteur d'eau commence.

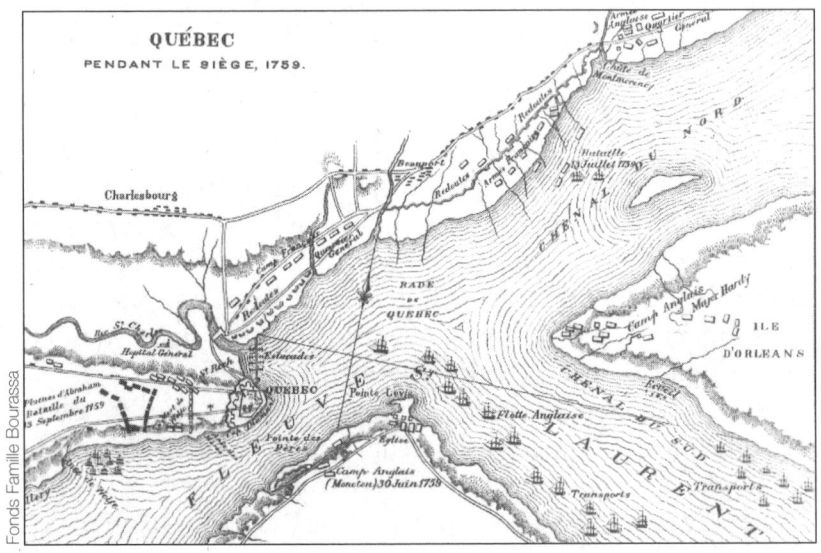

Fonds Famille Bourassa

1774 : L'ACTE DE QUÉBEC

« Parce qu'il y avait eu 1760, dans notre histoire, une race a pu grandir sous le signe de l'impérialisme, tandis que l'autre a dû subir la gêne du colonialisme. Un tel fait ne peut pas ne pas avoir eu chez l'une ou l'autre des répercussions psychologiques profondes. » C'est le grand nationaliste Rosaire Morin qui parle.

Ayant peur de perdre le Canada devant la menace de la Révolution américaine, le conquérant britannique va se montrer magnanime et changer notre constitution. De toute manière, les Canadiens n'ont pas accepté de changer de culture et de religion. Le 22 juin 1774, une loi impériale, l'Acte de Québec, reconnaît donc l'existence en Amérique du Nord d'un peuple français et catholique : agrandissement du territoire, abolition du serment du Test, droit de dîme, lois civiles françaises, etc. Mais cette constitution ne prévoit pas de Parlement ; le gouvernement détient tous les droits et les 100 000 habitants de l'époque dépendent entièrement du conquérant.

28 L'INSURRECTION DES INDIENS

Pontiac, c'est une marque d'automobiles. Mais c'est d'abord le nom d'un chef amérindien. Dans les documents historiques, on écrit Pondiac, Pondiag, Pondiak, Pontiak et finalement Pontiac. Mais son vrai nom était Obwandiyag. On rapporte que ce très grand chef de guerre des Outaouais de Detroit, né entre 1712 et 1725, aurait pris le nom d'un officier béarnais de l'armée française qu'il admirait particulièrement.

HAUTEUR ET MÉPRIS

Après la Conquête, les nouveaux maîtres du Canada devaient régler bien des problèmes. D'abord celui de la cohabitation avec les colons établis dans le pays conquis, mais aussi celui de la question indienne. Les Hurons et les Algonquins avaient entretenu de très bonnes relations avec les Français. Comment les Anglais allaient-ils se conduire maintenant ? Quelle politique allaient-ils adopter envers les premiers occupants du territoire ? Sans se tromper, on peut dire que l'Angleterre n'a rien fait pour s'attirer l'amitié des Indiens...

Les nouveaux conquérants se montrent hautains et méprisants envers eux au lieu de leur témoigner de la compréhension, du respect et de la bonté. De plus, très rapidement, ils reprennent le trafic très lucratif des spiritueux, ce qui déplaît souverainement aux chefs amérindiens. Regrettant les Français, les autochtones décident donc de se débarrasser de l'envahisseur anglais.

PONTIAC ET L'INSURRECTION

C'est le chef Pontiac qui planifie l'insurrection. Il veut réunir toutes les tribus de la région des Grands Lacs ; et, comme chef d'une Confédération libre des nations indiennes, établir sa capitale à Detroit. Il rassemble 50 000 guerriers, finance les opérations en imprimant des billets de crédit portant son sceau, et part à l'assaut des postes anglais. Il réussit à s'emparer de huit forts dans la région de Niagara et remporte plusieurs victoires à l'issue de sanglantes batailles.

LA RÉACTION DES CANADIENS

Le rôle des Canadiens dans cette insurrection aurait pu être déterminant. Un petit nombre d'entre eux se joint en effet à Pontiac, mais la majorité se tient en dehors du mouvement, jugeant qu'il tient à des raisons strictement amérindiennes. Nombreux même sont ceux qui, estimant qu'il vaut mieux se résigner aux réalités de la capitulation, se rangent du côté des Anglais, les nouveaux maîtres.

Durant un très long siège à Detroit, le général Gladwin résiste à Pontiac, mais le chef indien ne se résigne pas. Il s'acharne au combat, repousse les premières troupes de renfort, les attire dans une embuscade à Bloody Bridge.

Amherst, gouverneur de la colonie depuis la Conquête, décide d'en finir à tout prix. Il envoie d'autres renforts, sous la direction du général Bradstreet, du brigadier Bouquet et du major Wilkins. Tous les moyens sont mis en œuvre pour mettre fin à l'escalade. On va même jusqu'à distribuer des couvertures contaminées dans les camps indiens ! Pontiac recule, mais poursuit le combat durant près d'un an. En 1765, le brigadier Bouquet force les Indiens à signer la paix, après la défaite de Edge Hill et grâce aux remontrances françaises.

DES CONSÉQUENCES MULTIPLES

Finalement, ce soulèvement n'aura avantagé personne. Et il aura coûté très cher en vies humaines. Environ 800 soldats auront été tués, plusieurs marchands massacrés, des propriétés ravagées. Plusieurs colons anglais quitteront la région, ce qui fera un tort énorme au développement. Des familles françaises fuiront vers le sud, franchiront le Missouri et iront jeter les fondements de la future ville de Saint-Louis.

Défait, Pontiac erre de tribu en tribu, toujours bien accueilli par les Français et par ses compatriotes, toujours considéré comme un héros. Il se retire finalement chez les Illinois. En 1769, il est assassiné par un membre de cette tribu, soudoyé par un marchand anglais. Les Britanniques tireront leçon de cette insurrection. Désormais, ils se montreront plus humains envers les autochtones. Attitude profitable : apprivoisés, les Indiens ne se feront pas prier pour servir fidèlement les nouveaux maîtres dans les guerres de 1775 et de 1812.

29 PREMIÈRE CONSTITUTION

Nous entendons encore aujourd'hui des politiciens clamer à tout vent, dans le but inavoué de nous faire oublier certaines malhonnêtetés politiques, que le peuple en a assez d'entendre parler de constitution, et qu'il préférerait que ses dirigeants l'entretiennent de choses pratiques ! Énoncer des affirmations semblables, c'est dire que le simple citoyen est trop bête pour comprendre ses droits et ses devoirs, ou en décider. Car la constitution d'un pays représente la base de la démocratie. Elle représente l'ensemble des valeurs qui régissent la vie d'une société, qui fondent son développement. C'est son présent et son avenir.

Après la conquête de la Nouvelle-France par les Britanniques, deux documents importants vont devenir la base de notre première constitution. Ils changeront complètement la vie quotidienne de nos ancêtres.

LE TRAITÉ DE PARIS

Trois ans après la capitulation, le 10 février 1763, la France et l'Angleterre signent le traité de Paris, qui met fin à leur guerre de Sept Ans. Ce qui reste de l'Acadie, le Canada, la rive gauche du Mississippi... bref toute l'Amérique française, sauf les îles Saint-Pierre et Miquelon, passe à l'Angleterre.

Quant aux Canadiens (à cette époque, l'appellation « Canadiens » désigne les habitants de la Nouvelle-France), ils ont 18 mois pour décider de quitter le pays ou d'y demeurer.

LA PROCLAMATION ROYALE

La Proclamation royale, qui entre en vigueur le 10 août 1764, détermine les frontières : la *Province of Quebec* est limitée à la vallée du Saint-Laurent et on crée un territoire amérindien – ce sera tout le bassin des Grands Lacs.

On assiste à la création d'un premier gouvernement civil. Le *gouverneur,* nommé par le roi, est responsable de la colonie. Il peut faire des lois, imposer son veto, établir des cours de justice, lever des troupes, etc. Le *conseil,* nommé par le gouverneur, est composé de 12 membres, tous des Anglais. Si le gouvernement le juge opportun, il pourra établir une Assemblée élue.

Le système juridique est changé. Dorénavant, les lois civiles et criminelles anglaises remplacent les lois civiles et criminelles françaises.

La Proclamation royale impose aussi le serment du Test, par lequel un Canadien doit renier sa religion s'il désire devenir fonctionnaire. La religion catholique peut se pratiquer, mais il est devenu impossible de faire venir des prêtres de l'extérieur. Mgr de Pontbriand étant décédé en 1760, il n'y a plus d'évêque pour consacrer de nouveaux prêtres. Le conquérant interdit la dîme, ce qui a pour but d'asphyxier les paroisses.

Cette première constitution vise à angliciser les Canadiens, à les exclure de tout emploi public et à limiter la pratique de leur religion. Bien sûr, on favorise et on stimule l'immigration anglaise. L'Angleterre souhaite l'assimilation du peuple canadien.

Collection initiale

TOUTE LA VIE CHANGE...

Cette première constitution, qui établit officiellement le Régime anglais, attache les mains du peuple. En effet, la Conquête de 1760 avait fait très mal. Bien des Canadiens avaient perdu leur maison, leurs meubles et leurs outils au cours des bombardements de Québec. L'armée avait réquisitionné leur bétail, leurs fermes avaient été incendiées, surtout à Québec, dans le bas Saint-Laurent et dans la région de Sorel. Une bonne partie de l'élite française avait fui. Rapidement, des profiteurs venus d'Angleterre ou des colonies anglaises s'emparent de toutes sortes de façons des ressources commerciales.

30 | JAMES MURRAY

L e premier à représenter le roi dans la colonie est Jeffrey Amherst. C'est le chef des armées anglaises de Louisbourg et de Ticonderoga. Il administre la colonie sous le régime militaire (de 1760 à 1763). Son successeur, le premier gouverneur de la colonie, James Murray, s'efforce de comprendre et d'administrer avec justice les nouveaux sujets britanniques.

Murray est un militaire, brigadier général et commandant de l'aile gauche dans l'armée de Wolfe à la bataille des plaines d'Abraham. Après la victoire anglaise, il est nommé gouverneur de la ville de Québec, sous l'autorité d'Amherst. Au départ de ce dernier, Murray est nommé gouverneur de la nouvelle colonie, le 10 août 1764. Il s'entoure de sept conseillers anglo-protestants et d'un huguenot. Son mandat est très délicat.

MURRAY S'INTERPOSE...

Murray, se rendant compte de la situation et des injustices flagrantes qu'une poignée de personnes font subir au peuple conquis, s'interpose. Il écrit au gouvernement de Londres, en 1764 : « Peu, très peu suffira à contenter les nouveaux sujets, mais rien ne pourra satisfaire les fanatiques déréglés qui font le commerce, hormis l'expulsion des Canadiens, qui constituent la race la plus brave et la meilleure du globe peut-être, et qui, encouragés par quelques privilèges que les lois anglaises refusent aux catholiques romains en Angleterre, ne manqueraient pas de vaincre leur antipathie nationale à l'égard de leurs conquérants... »

Murray attaque de front « ces aventuriers de basse éducation ou vieux faillis en fuite, tous avides de faire fortune sans grand souci des moyens qui les y conduisent ». Il refuse de se plier aux caprices de ces nouveaux spéculateurs. Rapidement, ces *Montrealers*, nouveaux arrivants qui se sont fixés à Montréal, se liguent contre lui. Ils l'accusent de prendre position en faveur du peuple conquis ; de ne pas faire respecter la constitution ; et surtout, de ne pas prôner la cause du protestantisme anglais.

... ET LE PAIE CHER

Ces fanatiques demandent le rappel du gouverneur. James Murray doit donc regagner l'Angleterre en 1766. Mais une fois là-bas, il va continuer de défendre la cause des Canadiens.

Loyal, il adopte le même discours que dans ses lettres, et lance cette terrible condamnation : « La plupart des Anglais sont venus à la suite de l'armée, gens de peu d'éducation ou soldats licenciés... Tous ont leur fortune à faire et je crains que plusieurs ne soient guère scrupuleux quant aux moyens d'y parvenir. » Mais les mises en garde de Murray n'empêchent pas les assoiffés de la nouvelle colonie de faire leur œuvre. Londres finit par désavouer Murray. Il est remplacé par Guy Carleton.

James Murray peut être considéré comme un personnage honnête qui, voyant la situation dans la nouvelle colonie anglaise, n'hésita pas un instant à remettre les pendules à l'heure. « Je me fais gloire d'être accusé d'avoir accordé une ferme et chaleureuse protection aux sujets canadiens du roi et d'avoir fait tout ce que je pouvais pour gagner à mon royal maître les affections de ce peuple brave et vigoureux dont l'émigration, si jamais elle se produisait, serait une perte irréparable pour cet empire. »

Saviez-vous que...

La première célébration de la Saint-Patrick au Québec eut lieu à Québec le 17 mars 1765. En effet, les officiers et soldats d'origine irlandaise fixés à Québec après la Conquête ont honoré leur saint patron en ce jour. C'est aussi à Québec que le premier défilé s'ébranle, le 17 mars 1819. Enfin, le 17 mars 1834, les Irlandais fondaient la St. Patrick's Society, à Montréal.

 31   LES CANADIENS APRÈS 40 ANS DE RÉGIME ANGLAIS

En 40 ans, il s'en est passé des choses dans l'ancienne colonie française ! Après la Conquête et le traité de Paris de 1763, après avoir choisi de résister à l'appel américain, de rester sujets britanniques et de profiter de l'Acte de Québec de 1774, les Canadiens se voient imposer, en 1791, l'Acte constitutionnel. Cette loi divise la colonie en deux provinces, le Haut-Canada et le Bas-Canada, et donne à chacune un Parlement distinct. Le nouveau Parlement n'a pas encore la responsabilité ministérielle, mais les futurs députés canadiens élus pourront défendre les droits de leurs concitoyens du Bas-Canada, ce qu'ils feront avec acharnement. Voyons dans quel contexte s'inscrivent leurs interventions.

À cette époque, soit au début du XIXe siècle, l'Angleterre possède sept colonies indépendantes les unes des autres en Amérique du Nord : Haut-Canada, Bas-Canada, Nouvelle-Écosse, Nouveau-Brunswick, Terre-Neuve, Cap-Breton, Île-du-Prince-Édouard. Le reste du territoire est géré par la Compagnie de la baie d'Hudson, qui règne sur les deux tiers du pays tel que nous le connaissons. Vers 1784, environ 250 000 habitants vivent dans le Bas-Canada et 70 000 dans le Haut-Canada. Pour leur part, le Nouveau-Brunswick et la Nouvelle-Écosse comptent 100 000 habitants. Terre-Neuve, l'Île-du-Prince-Édouard et le Cap-Breton en comptent environ 30 000. Sur l'ensemble du territoire, les Canadiens d'origine française sont majoritaires.

DANS LE BAS-CANADA

Les Canadiens français vivent pour la plupart dans le Bas-Canada, près des cours d'eau. De la frontière ouest du Bas-Canada jusqu'aux environs de Rimouski, des fermes, des villages, des églises surmontées d'un clocher couvert de feuilles de fer-blanc se succèdent. Çà et là, des agglomérations modifient quelque peu ce paysage. Montréal joue à la ville avec ses 15 000 habitants ; Québec, qui est le siège de l'administration, s'enorgueillit de ses 18 000 citadins et Trois-Rivières réunit 200 âmes. Il y a un grand vide entre Rimouski et la Gaspésie, qui, elle, grâce à la pêche, nourrit au moins 3000 habitants à la baie des Chaleurs.

LA HAUTE SOCIÉTÉ

Albert Tessier, dans son *Histoire du Canada*, nous raconte que depuis la Conquête de 1760, tout gravite autour de la capitale,

Québec. En effet, le gouverneur y habite, son château domine la ville et attire les grands et importants de l'époque. Le haut clergé, en particulier celui de l'évêché, côtoie les administrateurs. La majorité des bureaux militaires et civils y sont établis. Être invité chez le gouverneur, à son château, surtout pour dîner, c'est l'honneur suprême. Plusieurs notables et seigneurs donnent l'impression d'être à genoux devant les conquérants. Les bonnes affaires, les relations effacent souvent les péchés mortels de l'histoire. Comme aujourd'hui, le prestige personnel et les relations payantes font oublier rapidement les combats pour la liberté. Nos dirigeants, collés à ce pouvoir, changent un peu de mentalité.

À Montréal, la situation est différente. C'est la vie économique qui mène le bal. Les magnats anglais et écossais de la fourrure dominent la scène. Leurs cercles privés, comme le Beaver Club, et leurs salons sont fort courus. Entre eux, ils font des affaires, soupèsent leurs profits, élaborent des stratégies pour s'enrichir davantage. Quelques Canadiens sont acceptés dans ce cercle fermé et riche, à condition d'exercer leurs talents au profit de la classe dirigeante. Dans ces salons, on assiste à des banquets somptueux, on danse, on joue aux cartes ; l'hiver, des excursions sont organisées, où le plaisir se mêle aux échanges pas toujours recommandables.

À Trois-Rivières, c'est un peu plus tranquille. La famille Hart et celle de Matthew Bell, qui exploite les forges du Saint-Maurice, dominent la vie mondaine. Les Hart, arrivés avec les armées d'invasion de 1760, se sont installés à Trois-Rivières et monopolisent tout : fourrures, fabrication et vente de bière, potasse, perlasse, importations, exportations, prêts d'argent... On raconte que des seigneurs voisins, qui éprouvaient des difficultés financières, ont emprunté de l'argent aux Hart et que ceux-ci finiront par mettre la main sur une partie de leurs propriétés, car ils s'avèrent incapables de les rembourser. En 1807, les gens de Trois-Rivières élisent Ezekiel Hart comme député. Il devient ainsi le premier juif élu député de l'Empire britannique.

LES HABITANTS

Bien sûr, les grands bourgeois canadiens-français courtisent les nouveaux maîtres; ils aiment être accueillis par eux, souper dans leurs merveilleuses résidences. Ils les envient et désirent leur ressembler. Dans cette classe sociale, l'anglomanie règne en maître (cela n'a pas beaucoup changé!). À côté de cette minorité, les classes inférieures, qui composent 90 % de la population, vivent à la campagne. En général, ces gens simples sont peu exigeants; ils se sont forgé une philosophie de vie qui leur permet d'être heureux.

George Hériot, un voyageur, note que «le contentement d'esprit et la douceur semblent être les traits dominants de leur caractère». Albert Tessier rapporte, dans ses notes historiques, la réponse que donne un Canadien à un voyageur américain qui l'interrogeait sur sa situation: «Monsieur, le Canada est un pays charmant pour la misère. Les hommes comme les chevaux sont obligés de donner plus que leur mesure ici. Les Anglais sont passables mais ils ne sont pas polis comme les Français et ils se mettent souvent en colère sans savoir pourquoi.» Quoi qu'il en soit, les voyageurs de l'époque sont unanimes à décrire le paysan canadien comme un être affable, poli, doux et avenant.

L'HABITATION RURALE

Albert Tessier nous brosse un tableau de la maison d'antan:

> Les maisons d'autrefois accrochées à nos villages sont semblables. Elles ont un étage et sont coiffées d'un pignon pointu. Bâties avec des troncs d'arbre équarris posés les uns sur les autres, elles sont matelassées à l'intérieur par des planches de sapin. Au lieu d'utiliser de la peinture, les anciens Canadiens enduisent leur maison de chaux, plus économique et, dit-on, plus agréable à l'œil. Si on entre à l'intérieur de ces maisons, on remarque rapidement les énormes poutres du plafond. La pièce d'entrée du rez-de-chaussée, qui occupe la moitié de la surface, sert à la fois de cuisine, de salle de travail et de chambre des maîtres.

Gérard Filteau, dans son ouvrage intitulé *La naissance d'une nation,* décrit aussi très bien la maison de 1800:

L'œil va d'abord à la cheminée, véritable monument de pierre à l'ouverture béante, au foyer de pierres plates avec la crémaillère, les chenets, la pelle à feu. De chaque côté, rangés sur des tablettes ou suspendus à des fiches, les chaudrons, marmites, poêlons, le gril; sur la corniche, les fers à repasser, le fanal de fer-blanc, des chandeliers de bois ou une lampe de fer qui brûle de l'huile de loup-marin. Un buffet ou un dressoir porte la vaisselle, plats et assiettes de grès, de faïence, de terre cuite, d'étain ou même de bois suivant la fortune de l'occupant. Dans un coin s'élève le métier à tisser, véritable charpente qui monte jusqu'au plafond. Dans l'autre angle, lui faisant pendant, s'élève un autre monument, le lit des parents avec son baldaquin. Il est parfois installé dans la chambre voisine.

On pourrait continuer longtemps ces descriptions qui s'accrochent à nos mémoires. Je terminerai en disant que cette maison est chauffée au moyen d'un poêle installé au centre de la pièce. Des accessoires et des décorations fabriqués par nos ancêtres demeurent encore populaires: catalognes, tentures indiennes, banc des seaux. À côté de la pièce principale se trouvent d'autres chambres, meublées de lits et de berceaux. Tous ces articles sont fabriqués par l'habitant habile avec des matériaux communs et des outils moyenâgeux.

32 UN VILLAGE TYPE EN 1800

Au milieu du village se dresse l'église, fière, autoritaire. C'est le centre de la collectivité, le lieu de rassemblement, le rendez-vous, de la naissance à la mort. Tout près, la demeure du curé et de ses vicaires, le presbytère, le plus souvent la plus belle résidence de l'agglomération. Le manoir, les boutiques des artisans, les études des professionnels, les maisons des marchands et de quelques rentiers se pressent près d'elle.

La population s'installe d'abord près d'un cours d'eau pour ensuite se déployer dans les rangs. Dans son *Histoire du Canada*, Albert Tessier a recueilli les détails fournis par Jacques Viger, historien et maire de Montréal de 1833 à 1836, sur l'agglomération de Boucherville en 1811. Il rapporte que cette paroisse, beaucoup plus riche que la moyenne, possède un « village » imposant : 91 maisons, dont 25 en pierre ; quelques rentiers de l'ancienne noblesse y ont élu domicile et forment une société aux allures aristocratiques d'un ton un peu discret, mais pleine de dignité et de saveur. Curé, notables, négociants, aubergistes, hommes de métier, officiers à la retraite composent une population de 580 âmes sur un total de 2300. Dans cette localité d'exception, qui ne cache pas ses prétentions au titre de petite ville de province, les agriculteurs représentent 75 % de l'ensemble.

Saviez-vous que…

Autrefois, lorsqu'on offrait un pot-de-vin à quelqu'un, on lui payait vraiment à boire pour le remercier d'une faveur. Payer à boire, dans la culture française, est le symbole par excellence de l'avantage supplémentaire accordé à quelqu'un.

Viger continue sa description : « Les artisans groupés au village se répartissent comme suit : 6 forgerons, 5 tisserands, 2 tonneliers, 8 menuisiers, 1 horloger, 5 bouchers, 1 charron, 2 maçons, 2 boulangers, 6 cordonniers dont un cumule les fonctions de sellier, de charpentier et de biberon émérite. Ajoutez à cette collection 6 marchands et 3 aubergistes et vous avez un visage complet de ces artisans et marchands au service de la population. » Jacques Viger termine sa description de Boucherville en mentionnant la présence de moulins à eau, qui servent à moudre le grain et à scier le bois de service. Le « village » possède un couvent des Dames de la Congrégation, que fréquentent

54 jeunes filles, dont 30 pensionnaires qui paient 40 $ par année. Pour finir, l'historien fait remarquer que deux associations pieuses stimulent les habitants : la congrégation de la Sainte-Famille et la confrérie du Sacré-Cœur. Merci Viger. Je n'ai pas besoin d'ajouter que la majorité des habitants, installés dans des fermes rectangulaires disposées par bandes parallèles, vivent en retrait du village, mais que toutes les occasions sont bonnes pour s'y retrouver.

Mgr Tessier poursuit :

On a souvent remarqué et étalé les costumes paysans de l'époque. Soulignons simplement que ceux-ci sont fabriqués par eux. Plus résistants qu'élégants, on ne craint pas de donner du ton à ces rugueux vêtements : bien sûr, la somptueuse ceinture fléchée, la tuque de laine, bleue à Montréal, rouge à Québec et blanche à Trois-Rivières. Le costume des femmes est agrémenté de mantelets, de coiffes, de mouchoirs au col soigneusement choisis. Leur coiffure est soignée. Pour protéger leur visage exposé au vent et au soleil, plusieurs d'entre elles utilisent du jus de betterave [colorant naturel qui a l'avantage de ne rien goûter]. Chaque regroupement vit indépendamment. Il trouve l'essentiel chez eux. Ces habitants vivent « sans sortir du bourg ». Ils se méfient des étrangers et repoussent toute idée de changement. Descendants des Percherons têtus et de Normands roublards, nos ancêtres ont tout de même, par cette attitude, repoussé les tentatives d'assimilation anglicisantes.

Pour compléter ce portrait des villages de jadis et de leurs habitants, on peut ajouter que la religion imprègne alors chacun, fondée sur l'autorité suprême et sans faille du curé. Tous fréquentent l'église et chaque étape de la vie est marquée par celle-ci. Nous tenons de nos ancêtres le plaisir de la fête : repas, veillées, baptêmes, mariages, fêtes de Noël, du jour de l'An et autres. Toutes ces occasions réunissent les habitants comme autant de membres d'une même grande famille. Les corvées de construction, ainsi que toutes les autres activités semblables, resserrent les liens de ce peuple qui a besoin de se sentir uni et de se protéger.

Un mot, pour finir, sur les moyens de transport et les voies de communication qui, au début du XIXe siècle, ne sont pas tellement développés. Bien sûr, il existe le chemin du Roy, inauguré en 1734, qui relie Québec et Montréal, mais le voyage n'est pas de tout repos. En effet, pour se rendre d'une ville à l'autre, il faut changer de voiture 29 fois et traverser 16 rivières en bac ou sur des ponts aménagés « à la bonne franquette ». Cela sans parler de l'état des routes et des sauts périlleux imposés aux calèches! Cette randonnée dure de trois à quatre jours. Et ça n'est pas donné! Seuls les gens à l'aise et les riches visiteurs étrangers peuvent se payer cette aventure qui leur coûte au moins 25 $.

Vers 1800, un service de diligence s'ajoute au régime des calèches. Une diligence part désormais de chaque ville tous les jours de l'année. Quatre bons chevaux la tirent et, l'hiver, la caisse de la voiture est placée sur un traîneau. Le prix est plus élevé, mais ce moyen de transport est plus commode et les endroits où l'on fait halte sont plus avantageux. Cependant, même à cette époque, la voie de communication la plus achalandée et la plus habituelle reste le fleuve. Voiliers et goélettes transportent les marchandises nécessaires. Les familles habitant le long du fleuve et de ses affluents possèdent des canots, des bateaux plats ou des barques pointues. Plusieurs goélettes acceptent des passagers, mais il ne faut pas être trop pressé!

À l'automne 1809, les habitants voient arriver un nouveau mode de transport sur le fleuve. En effet, le premier bateau à vapeur construit par John Molson, l'*Accommodation,* commence à circuler sur le fleuve, laissant échapper une épaisse fumée noire. Il mesure 85 pieds de long sur 16 de large et peut atteindre la vitesse de 5 milles à l'heure. Il part de Montréal à 14 h 30 le 1er novembre 1809 et arrive à Québec à 8 h, le 4 novembre. Au retour, naviguant contre le courant, le bateau suffoque un peu plus. Pendant huit jours, il crache encore plus de fumée pour atteindre Montréal. Mais c'est un début. Pour 8 $, il transporte un voyageur de Montréal à Québec ou l'inverse, nourriture et couchette fournies, et il peut prendre 20 passagers. En 1825, sept bateaux à vapeur seront en service sur le fleuve Saint-Laurent. Bientôt, les chemins de fer s'ajouteront. Le *Quebec Mercury,* un journal de l'époque, qui relate le premier voyage de l'*Accommodation,* conclut: « L'immense avantage d'un bateau de ce genre, c'est que la durée du voyage peut être calculée avec une certaine précision, ce qui n'est absolument pas le cas pour un bateau à voiles. » Signalons enfin que les moteurs de l'*Accommodation* avaient été construits aux forges du Saint-Maurice et qu'ils « développaient une force de six chevaux-vapeur ».

33 | LA NAISSANCE DES PARTIS POLITIQUES

Avec la Constitution de 1791, pour la première fois de notre histoire, nous pourrons élire une Chambre d'Assemblée. Mais il se passera plusieurs années avant que les parlementaires ne se regroupent à l'intérieur de partis politiques officiels.

LE PARTI TORY

Les luttes électorales et parlementaires vont réunir des élus selon les mêmes intérêts, les mêmes sympathies, les mêmes préoccupations. Les gens qui possèdent le vrai pouvoir, c'est-à-dire les membres des Conseils législatif et exécutif, les députés anglais, les fonctionnaires, les commerçants et marchands de Montréal, de Québec et de Sorel, vont rapidement comprendre que pour faire face à la majorité canadienne-française élue, il leur faudra absolument se regrouper pour défendre leurs intérêts.

Leur parti, auquel les Canadiens donnent le nom de « parti des bureaucrates », est le Parti tory. La majorité française n'étant pas familière avec la démocratie, elle met du temps à s'organiser. Au début, les Canadiens se laissent tondre. En effet, aux premières élections de 1792, ils élisent dans le Bas-Canada, c'est-à-dire au Québec, 15 députés anglais qui représentent le tiers de la députation totale. Montréal et Québec élisent trois députés anglais sur quatre, malgré une population majoritairement francophone !

LE PARTI CANADIEN

Le Parti tory, avec la force que lui donnent le pouvoir et l'argent, ne se gêne pas pour attaquer les députés francophones en les traitant de grossiers ignorants, de députés déloyaux. Il va sans dire que les Canadiens français se sentent vite bafoués au Parlement. Ils vont donc se créer un parti politique, pour se donner les moyens de se défendre et de faire front commun face au pouvoir. C'est ainsi que naîtra le Parti canadien.

Aux élections de 1808, le Parti tory est battu. Pour la première fois, les Canadiens, unis au sein d'un même parti, font élire à la Chambre 15 avocats, 14 agriculteurs et quelques seigneurs. Le clergé, pour sa part, restera à l'extérieur de la scène politique. Il sera cependant omniprésent en coulisses. Et lorsqu'un conflit se présentera, comme celui du soulèvement des Patriotes, il prendra position pour le Parti tory.

NOUVEAUX PARTIS

Après la défaite des Patriotes, le rapport Durham proposera une nouvelle constitution. Ce sera l'Acte d'Union, imposé en 1840, qui réunira le Haut et le Bas-Canada en une seule Chambre d'Assemblée. C'est à cette époque que naîtront de nouveaux partis politiques.

Dans le Bas-Canada, l'alliance entre deux chefs politiques, La Fontaine et Baldwin, permettra de leur donner la majorité au Parlement. Le nouveau parti ainsi formé est le Parti réformiste. Ses membres sont des modérés, des petits bourgeois qui se battent pour un gouvernement responsable. Ils partagent le pouvoir avec les tories (marchands et colons anglais) et les rouges, héritiers des Patriotes et anticléricaux qui dénoncent l'Union. Les tories et les modérés vont finir par s'unir pour former les bleus, avec Augustin-Norbert Morin et George-Étienne Cartier à leur tête.

Dans le Haut-Canada, les réformistes de Baldwin représentent la petite bourgeoisie. Les tories défendent les intérêts des administrateurs et des marchands. Et les *clear-grits*, des fermiers radicaux, s'opposent aux intérêts des villes, exigent des écoles non confessionnelles, veulent l'élection du gouverneur, sont anti-Canadiens et proposent le *Rep by Pop* (*representation by population*). Naturellement, ils n'avaient pas fait cette demande lorsqu'ils étaient minoritaires... Comme dans le Bas-Canada, les réformistes et les tories d'Ontario vont former ensemble le *Liberal Conservative Party* sous la gouverne de John A. Macdonald. Les mêmes intérêts réuniront les bleus et les *Liberal Conservative*, et tout ce beau monde formera la grande famille conservatrice. Les rouges deviendront pour leur part le Parti libéral.

Fonds Famille Bourassa

JOHN A. MACDONALD

34 LA RÉVOLUTION AMÉRICAINE

En 1774, l'Angleterre possède 13 colonies au sud de l'Amérique du Nord britannique. Ces colonies sont devenues de plus en plus autonomes. Elles élisent des députés et font du commerce indépendamment de leur mère patrie. Mais l'Angleterre sort de la guerre de Sept Ans tellement endettée, qu'elle désire mettre à contribution ses colonies d'Amérique pour l'aider à payer ses dettes. Alors elle resserre l'étau sur le commerce de ses colonies afin d'éviter la concurrence, et surtout, elle leur impose des taxes.

AGITATION DANS LES COLONIES
ANGLO-AMÉRICAINES

Les coloniaux réagissent violemment : « No *taxation without representation!* » La résistance s'organise. On boycotte les produits venant d'Angleterre, des émeutes éclatent, on assiste à un massacre à Boston... Les colonies menacent l'Angleterre de se séparer et de devenir souveraines.

En 1774, entre le 5 septembre et le 26 octobre, elles se réunissent en congrès pour la première fois, à Philadelphie. À cette occasion, elles invitent clairement les Canadiens français à se joindre à elles dans cette marche vers la libération, par l'intermédiaire de représentants élus. Les Canadiens restent muets.

Les colonies américaines continuent de protester auprès de Londres qui, disent-elles, les saigne à blanc en leur imposant des taxes injustifiées. Peine perdue. On convoque donc un deuxième congrès, toujours à Philadelphie. Cette fois, on décide de prendre les grands moyens : les colonies se dotent d'une armée, sous la direction de George Washington. On lance encore une fois un appel aux Canadiens. C'est le silence.

POURQUOI CE MUTISME ?

Les Canadiens sont encore sous le coup de la Conquête. Ils se sont battus durant sept ans dans une guerre qui les a ruinés et meurtris. Le conquérant anglais les a ligotés dans une constitution sévère, et le peuple ronge son frein depuis 1763.

Mais en 1774, conscient que le mouvement révolutionnaire qui bouillonne au sud pourrait bien attirer le petit peuple du nord dont il a absolument besoin s'il ne veut pas que toute l'Amérique du Nord lui échappe, le gouvernement de Londres va lui faire un cadeau extraordinaire : une nouvelle constitution. C'est l'Acte de Québec.

S'il ne donne pas un régime démocratique au peuple canadien (le gouverneur Carleton reste en place), le maître britannique va tout de même s'arranger pour plaire à ceux qui le dirigent...

D'abord, il agrandit le territoire, ajoutant la région des Grands Lacs, la rive nord de l'Ohio, Anticosti et le Labrador, ce qui permettra à la minorité anglophone du Québec de conserver économiquement sa domination sur les Canadiens français. Ensuite, il rétablit les lois civiles françaises, ce qui plaît aux seigneurs qui reprennent ainsi leurs privilèges. La religion retrouve aussi ses droits : le serment du Test est aboli, la dîme est permise et le rôle de l'évêque reconnu. Enfin, même s'il n'y a pas de Chambre d'Assemblée, les Canadiens ont accès au Conseil législatif.

Après avoir reçu ces jolis cadeaux, il devient bien difficile pour les Canadiens de répondre aux appels enflammés des futurs Américains. D'autant plus que vivant sous le Régime anglais, ils ne peuvent pas compter sur une élite politique, ni, désormais, sur les seigneurs ou sur l'Église, trop reconnaissants envers le colonisateur pour ne pas collaborer avec les autorités anglaises.

L'ARMÉE AMÉRICAINE ENVAHIT LE CANADA

Constatant la neutralité des Canadiens, deux armées américaines marchent sur la *Province of Quebec* en août 1775. Sur leur route, elles s'emparent de quelques forts. L'armée du général Arnold échouera devant Québec. Mais celle de Montgomery prend Montréal en novembre, et s'y installe. Les Américains tentent encore de rallier par la douceur les Canadiens. Par exemple, ils distribuent des tracts publiés ici par un imprimeur de Philadelphie venu avec sa propre presse, Fleúry Mesplet, un ami de Benjamin Franklin. Mais ses écrits ne convainquent personne. Les Canadiens n'offrent pas de résistance et restent neutres. À leur avis, le conflit regarde l'Angleterre et ses colonies anglo-américaines, et ils n'ont pas à se mouiller.

Une année plus tard, les envahisseurs seront refoulés... Le bon peuple gardera le silence, attendant peut-être d'autres invitations. Quant aux Américains, ils déclarent leur indépendance le 4 juillet 1776.

L'ACTE CONSTITUTIONNEL DE 1791

Quinze ans après la Déclaration d'indépendance, la Révolution américaine aura une conséquence directe très lourde chez nous : une nouvelle constitution.

Certains Américains refusent l'indépendance des colonies. Ce sont des monarchistes qui veulent rester fidèles à la Couronne britannique. On les appelle les « loyalistes ». Considérés comme des traîtres chez eux, ils doivent fuir leur pays. Certains retournent en Angleterre ou partent s'établir dans d'autres colonies anglaises. Mais plusieurs restent en Amérique du Nord. Ils vont s'installer dans les Maritimes ou viennent ici, dans les Cantons-de-l'Est. Cependant, plusieurs de ces loyalistes ne veulent pas vivre dans une province où la religion est catholique et les lois civiles, françaises. C'est donc pour eux qu'en 1791 Londres octroie l'Acte constitutionnel, qui divise le territoire de la province en deux parties : le Bas-Canada (Québec) et le Haut-Canada (Ontario). Chacune des parties obtient sa Chambre d'Assemblée. C'est le début du parlementarisme chez nous. Cependant, on ne leur accorde pas la responsabilité ministérielle. Le gouverneur demeure le chef véritable. Il choisit les membres du Conseil exécutif et du Conseil législatif. De plus, il a un droit de veto. Ce sera le commencement d'une lutte dans le Bas-Canada entre le Parti canadien et le Parti tory. Le Parti canadien, représentant la majorité, aura plus tard à sa tête Louis-Joseph Papineau et se battra pour protéger la nation canadienne. Le Parti tory, représentant les habitants d'origine britannique, a pour but de réaliser, par l'immigration et par un système scolaire anglophone, l'assimilation des Canadiens français. Afin d'atteindre cet objectif tout en favorisant le développement économique, le Parti tory va proposer l'union du Bas et du Haut-Canada.

35 — L'ATTITUDE DES CANADIENS FACE À L'INDÉPENDANCE AMÉRICAINE

On a déjà dit quelque part que le Canada est resté attaché à l'Angleterre en cette occasion grâce aux seigneurs et au clergé. L'affirmation est exacte. Bien sûr, lorsque les Canadiens reçoivent l'invitation des Américains à se joindre à eux dans la révolution, plusieurs sont tentés. Ils se souviennent de 1760 et du régime qui a suivi, de 1763 à 1774. Le désir d'une revanche occupe une bonne partie de leur cœur. Surtout que la France, elle, se lance à fond de train aux côtés des révolutionnaires. D'ailleurs, plusieurs Canadiens s'enrôlent dans les troupes américaines. Mais la masse reste neutre. Le clergé et les seigneurs y veillent, car leurs intérêts sont en jeu. Ils dominent la majorité de la population.

Laissons Yves Bourdon et Jean Lamarre nous guider dans cette histoire. Bien sûr, le clergé et les seigneurs connaissent les véritables enjeux. Ils ont de la difficulté avec le Congrès. D'une part, les Américains dénoncent à grands cris l'Acte de Québec, favorable aux Canadiens catholiques, et, d'autre part, ils les invitent à partager leur couche. Le clergé sait surtout que ces puritains ne tolèrent même pas une église épiscopalienne et n'ont, de plus, jamais voulu permettre à un évêque anglican de poser le pied en sol américain. Comment peuvent-ils alors inviter des catholiques à danser le menuet? Sur le plan politique, ces colons virginiens avaient combattu le « péril français » en 1760 et dénigré les Canadiens. Le clergé et les seigneurs répandent l'idée que si les Canadiens acceptent d'entrer dans leur confédération, ils seront rapidement assimilés dans une population 30 fois plus nombreuse et dépouillés de toutes leurs traditions et de leur droit civil français que rétablit l'Acte de Québec de 1774. Et cela sans parler de la langue… Il faut choisir entre l'anglicisation possible à long terme ou l'américanisation dans un proche avenir. Les Américains critiquent l'Acte de Québec et disent aux Canadiens que cette loi est un leurre, que Londres a fait des concessions à seule fin de les empêcher de se soulever eux aussi contre la mère patrie. Ils n'ont pas tout à fait tort. Mais que serait-il advenu de l'Acte de Québec après une téméraire union?

L'argument le plus convaincant pour ces Canadiens colonisés de l'époque vient de Mgr Briand, ami du colonisateur. En effet, dans un mandement important, il ordonne à ses ouailles de rester fidèles au roi d'Angleterre, ce gentil monarque qui, avec l'Acte de Québec, a consenti à ce que les Canadiens puissent pratiquer en toute liberté leur religion. « Fermez donc les oreilles et n'écoutez pas les séditieux, qui cherchent à étouffer dans vos cœurs les sentiments de soumission à vos légitimes supérieurs. »

LES HOSTILITÉS

Le jour même de l'ouverture de la deuxième séance du Congrès de Philadelphie, les Américains s'emparent des forts de Carillon et de la Pointe-à-la-Chenelière. Ils se retirent après avoir attaqué Saint-Jean. Mais c'est à l'automne 1775 qu'ils attaquent officiellement le Canada. On veut absolument prouver aux Canadiens que les Américains sont fort nombreux, bien armés et, surtout, irrésistibles. Deux armées sont en route: l'une a à sa tête Philip John Schuyler et l'autre, Benedict Arnold. L'objectif: Québec. Schuyler doit passer par la vallée du Richelieu, Montréal et Trois-Rivières. Arnold emprunte les rivières Kennebec et Chaudière. Schuyler attaque d'abord le fort Saint-Jean, où le major Charles Preston tient bon durant 45 jours. La capitulation du fort Chambly, le 18 octobre 1775, donne des armes aux Américains, qui enlèvent finalement Saint-Jean. L'armée américaine fonce sur Montréal. C'est maintenant Richard Montgomery qui la dirige, Schuyler lui en ayant confié le commandement. Le 13 novembre, les troupes sont dans Montréal. La colonie de Montréal tombe. Le gouverneur, Guy Carleton, bat en retraite vers Québec. Les nombreuses défections chez les Canadiens, surtout dans les régions de Sorel et de Chambly, l'inquiètent énormément. Sans les Canadiens, Carleton sait que la victoire est impossible. Il y a trop peu de soldats britanniques pour sauver la colonie. Il arrive à Québec le 19 novembre. Arnold y est installé depuis le 14. Montgomery le rejoint au début de décembre. Carleton organise la défense. Des centaines de bourgeois et de marchands anglais s'acheminent vers Québec. Les Canadiens répondent en masse de bon cœur à l'appel de Carleton. On veut sauver Québec. Le siège commence le 6 décembre. Les attaques se succèdent. Le 31 décembre, des Américains attaquent les deux extrémités de la basse ville : Près-de-Ville et Sault-au-Matelot. On résiste. Le capitaine Chabot repousse les Américains. Montgomery est tué. Le capitaine Dumas résiste au Sault-au-Matelot. Carleton achève la victoire. Jusqu'au printemps, rien ne se règle définitivement. Finalement, en mai 1776, près de 10 000 hommes, sous la direction du général John Burgoyne, arrivent à Québec. On attaque les conquérants et on les chasse du territoire du Canada. La colonie anglaise du Canada est sauvée.

36 JAMES CRAIG

S'il existait un trophée du pire gouverneur du Régime anglais, ou de l'échec politique le plus monumental de cette époque, c'est à James Craig qu'on l'accorderait. Il le mérite de bien des façons : par ses agissements, sa personnalité, sa violence verbale et par sa vanité !

Ce militaire raide, orgueilleux et fat arrive à Québec en 1807. Il a 58 ans. Les Britanniques, qui le connaissent, l'ont baptisé « *the little king* ». Il a vu le jour à Gibraltar. Il arrive donc dans la colonie avec l'idée de remettre ces Canadiens à leur place. Ryland, son secrétaire, ne perd pas de temps pour le hérisser contre ces « conquis ignorants, insoumis et grossiers ».

À cette époque, même si les Canadiens sont majoritaires à la Chambre, les députés sont souvent absents des débats, car leur situation financière ne leur permet pas d'aller siéger. Les représentants du peuple, en effet, ne sont alors pas rémunérés. Aussi, à la session de 1808, le Parti canadien propose-t-il un projet de loi par lequel une indemnité parlementaire serait versée aux députés des secteurs les plus éloignés de la capitale. Le juge De Bonne s'élève contre cette loi. Il n'en faut pas plus pour que les députés du Parti canadien proposent une autre loi, celle-là visant à rendre les juges inéligibles à l'Assemblée. Votée par les députés, cette motion est rejetée par le Conseil législatif. Les élections sont déclenchées...

Saviez-vous que...

Le premier gouverneur anglais à mourir au Canada est Charles Lennox, quatrième duc de Richmond et Lennox. Il a connu une fin tragique. En mai 1819, alors qu'il est de passage à Sorel, il est mordu par un renard. Sans se préoccuper de la morsure, qui semble bien se cicatriser, il poursuit sa tournée. Le 20 août, il est à Kingston. Quatre jours plus tard, il ressent des douleurs terribles à l'épaule et à la gorge. Le 25 août, se dirigeant vers Montréal par la rivière des Outaouais, il est pris de spasmes et convulsions. Il meurt le 28 dans la maison où on l'a transporté. Le 30, sa dépouille arrive à Montréal. Son corps est ensuite ramené à Québec, où il est inhumé, le 4 septembre, dans la cathédrale anglicane.

CAMPAGNE ÉLECTORALE

La campagne électorale est violente. *Le Canadien,* journal francophone, mène le bal contre le parti anglais, qu'il accuse d'être l'outil du gouverneur. Puis le journal dévoile un scandale dans lequel le gouverneur est pris la main dans le sac: Craig concéderait des terres à des Américains dans les *townships*. Fou de rage, le gouverneur visé destitue plusieurs députés et fonctionnaires qui travaillent à la rédaction du

Canadien : Pierre Bédard, Jean-Antoine Panet, Jean-Thomas Taschereau, François Blanchet... Et d'autres. Le secrétaire Ryland se jette dans la bataille et accuse le Parti canadien de vouloir avilir le gouvernement de Sa Majesté. Les Canadiens se battent durement et sont réélus avec une grosse majorité. Cependant, le juge De Bonne et un juif du nom de Hart sont aussi réélus.

À la première session de 1809, la Chambre vote pour l'expulsion du juge, ramenant la loi concernant l'inégibilité des juges. Du même coup, on conteste le droit de siéger à Ezekiel Hart, le premier député juif à être élu non seulement au Canada, mais dans tout l'empire britannique. Notre bon gouverneur se cabre et semonce les décisions de la Chambre.

Jacques Viger, témoin de ces faits, rapporte : « Il leur a chanté une gamme, il leur a monté une garde à les faire écumer de rage ou à les faire sourire de pitié l'un ou l'autre. » Il proroge la Chambre. Il faut refaire des élections !

ENCORE !

Elles ont lieu en octobre 1809. Encore une fois, le Parti canadien est réélu avec une grosse majorité. Hart s'est retiré, le juge De Bonne est réélu. Mais cette fois, Londres donne raison au Parti canadien sur les deux litiges. En effet, la métropole entérine la décision des députés de ne donner le droit de siéger ni aux juges ni aux juifs. La Chambre exige donc l'application de la décision de la mère patrie et somme De Bonne de se retirer. Craig fulmine à nouveau, annonce la dissolution de la Chambre et commande d'autres élections ! Il court partout dans la province, ordonne à l'évêque de se mettre au service de l'État, fait saisir le journal *Le Canadien* et emprisonne l'imprimeur Charles Le François. Une vingtaine de personnes sont arrêtées et les presses, saccagées. Les députés Bédard, Blanchet et Taschereau sont emprisonnés.

Malgré tout, en 1810, le Parti canadien est reporté au pouvoir, et avec une plus grande majorité encore ! Même les députés prisonniers sont réélus. Pauvre Craig ! Encore une fois perdant. Lui, ses alliés bureaucrates, des membres du clergé soumis à ses décisions, tout un joli monde docile qui gravite autour de lui, dont quelques Canadiens français, ne sont pas venus à bout de la volonté du peuple. Comme il est alors impensable de mettre les Canadiens en minorité dans cette Chambre d'Assemblée reconnue par la Constitution de 1791, le roitelet n'a d'autre choix, en 1811, que de retourner chez lui bredouille et sûrement dégoûté.

37 L'INSTITUTION ROYALE

Nous voilà au début du XIXe siècle. Trois personnages vont inspirer une recrudescence de la francophobie. Depuis 1791, l'Acte constitutionnel a divisé la colonie du Canada en deux. Même si on y trouve une Chambre d'Assemblée, c'est-à-dire des députés élus par le peuple, il s'agit d'un gouvernement qu'on dit « non responsable », puisque les vrais dirigeants sont encore nommés par la Couronne britannique. Je résume ici les propos de l'historien Albert Tessier qui nous expose si bien la situation.

LE TRIO FRANCOPHOBE

Dans le Bas-Canada, Jacob Mountain, évêque anglican, Jonathan Sewell, procureur général, juge en chef, président des Conseils exécutif et législatif, et Hermann Wilsius Ryland, secrétaire civil du gouverneur et greffier du Conseil exécutif, emploient leur influence à opprimer les francophones, à bafouer leurs droits et à les soumettre à la minorité anglophone.

JACOB MOUNTAIN

Ainsi Ryland écrit, en 1804 : « J'appelle papiste le clergé de cette province pour le distinguer du clergé anglican et pour exprimer mon mépris envers une religion qui abaisse et dégrade l'esprit humain et qui est une malédiction pour tout pays où elle prévaut... Il faut s'efforcer, par tous les moyens conformes à la prudence, de saper graduellement l'influence et l'autorité des prêtres catholiques romains. »

Sewell, lui, rêve tout bonnement de faire disparaître les paroisses catholiques et d'intensifier l'immigration anglophone pour « noyer » les Canadiens français.

Quant à l'évêque Mountain, il désire surtout stopper l'expansion du catholicisme. Comment ? Il planifie de commencer par les écoles. En 1779, dans un mémoire qu'il fait parvenir au gouverneur Robert Shore Milnes, il se pose des questions sur l'instruction publique dans le Bas-Canada. Il fait remarquer au gouverneur que « les Canadiens ne font aucun progrès dans la connaissance de la langue du pays (l'anglais, bien sûr) sous le gouvernement duquel ils ont le bonheur de vivre ». Et il obtient l'accord du Conseil exécutif en faveur d'un projet de loi d'écoles gratuites avec des instituteurs anglais payés par le gouvernement !

Ce nouveau système faciliterait, juge-t-il, la formation « d'une nouvelle race d'hommes [...] formée au pays, supprimerait l'ignorance, stimulerait l'industrie et confirmerait la loyauté du peuple par l'introduction graduelle des idées, coutumes et sentiments anglais [...] le mur qui sépare Canadiens et Anglais serait abattu ».

LE PROJET DE LOI

Sewell et Ryland entrent dans la campagne du prélat et, en 1801, Robert Shore Milnes présente aux députés un projet de loi, le *Royal Institution for the Advancement of Learning*. Les députés approuvent le projet sans se rendre compte de sa portée, même si Joseph-François Perrault prépare sans succès une autre loi pour la contrer. Bien sûr, des subsides seront accordés uniquement aux écoles de l'Institution royale, à même les biens des Jésuites, confisqués en 1800. Bien entendu, ces écoles devront être non confessionnelles. On ne se gêne pas : même Mgr Plessis est invité à faire partie du comité présidé par Mountain ! Naturellement, il refuse.

DES ÉCOLES DE FABRIQUES

L'Institution royale profitera à la population anglophone du Bas-Canada, mais les Canadiens français la bouderont. En

25 ans, à peine 22 écoles ouvriront leurs portes. En 1824, pour contourner les méfaits que pouvait engendrer cette loi, les catholiques, grâce à des démarches du supérieur du Séminaire de Québec, feront voter une loi dite *des écoles de fabriques*. Par cette loi, les fabriques paroissiales pourront, à même leurs revenus, ouvrir des écoles. En quatre ans à peine, on en ouvrira 48. En 1829, une nouvelle loi sera votée et sept ans plus tard, 1500 écoles, baptisées par le peuple « écoles de l'Assemblée législative », ouvrent leurs portes. Les tentatives d'anglicisation de Mountain, Sewell et Ryland auront échoué.

On ne peut s'empêcher de rappeler qu'à cette époque et sans appui officiel, des collèges classiques dirigés par le clergé se mettent à pousser un peu partout : Nicolet (1803), Saint-Hyacinthe (1811), Saint-Roch-de-Québec (1818), Chambly (1825), Sainte-Thérèse (1825), Sainte-Anne-de-la-Pocatière (1829) et L'Assomption (1832). Se peut-il que le trio Ryland, Mountain et Sewell se soit un peu trompé sur les valeurs éducatives des Canadiens « papistes » ?

38 | SIMON McTAVISH

En 1804, McTavish meurt de chagrin. Marie-Marguerite Chaboillez, sa femme qui lui a donné quatre enfants, l'a quitté pour s'installer en Angleterre, le jugeant trop tyrannique. Mais la North West Company, la compagnie de fourrures qu'il a créée, règne toujours sur la ville de Montréal. Le regretté Louis Martin Tard nous renseigne sur ce tyran dans une chronique parue dans *L'actualité* en 1991.

VENU D'ÉCOSSE

En 1750, Simon a 13 ans à peine. Il quitte l'Écosse pour gagner l'Amérique. Il s'installe à Albany, où il s'engage comme commis dans la traite des fourrures. Il fait plusieurs voyages aux Grands

Lacs à partir de la Nouvelle-Angleterre. À 25 ans, il vient s'installer à Montréal. Déjà les colonies américaines menacent de se soulever contre la mère patrie, mais Simon McTavish se sent plus à l'aise dans la province du Canada qui restera attachée à l'Angleterre.

Avant la Conquête, les Canadiens français régnaient sur des réseaux de traite qui s'étendaient de Montréal au lac Arthabaska et qui pouvaient s'ouvrir plus encore vers le nord-ouest. Ce sont des experts dans ce domaine.

Simon McTavish connaît bien cette main-d'œuvre canadienne. Pourquoi ne pas l'exploiter ? Robustes, passés maîtres dans le commerce avec les Amérindiens, ces gens possèdent déjà de petites compagnies qui ont survécu à la Conquête. Peut-être pourraient-elles être fusionnées à celles que des Anglo-Saxons créeraient ? L'idée est bonne. Il ne restera plus qu'à monter une flotte de voiliers transatlantiques pour transporter les fourrures si recherchées à Londres, et faire de Montréal la capitale internationale de la fourrure, fermant ainsi la porte à la Hudson's Bay Company de Londres, fondée en 1670...

LA FONDATION DE LA NORTH WEST COMPANY

Simon McTavish, les frères Frobisher et plusieurs magnats écossais de Montréal, dont James McGill, fondent alors la North West Company. Mais le vrai patron de l'entreprise, c'est McTavish. Combien de fois ce bonhomme autoritaire et hautain, assis dans son canot propulsé par 14 voyageurs canadiens-français qui chantent leurs chansons à ramer, va-t-il se rendre de Lachine à Thunder Bay, à l'extrémité du lac Supérieur ! Travailleur acharné, entrepreneur radin et vicieux en affaires, il réussira à tenir son bout et à faire de sa compagnie la reine des pelleteries. Avec son cousin John Fraser, il agrandit encore son champ d'action en formant à Londres la McTavish Fraser of London. Cette compagnie transporte des marchandises provenant de contrées aussi lointaines que la Chine et les Indes.

Il a 50 ans. C'est le plus gros employeur de Montréal. En 1798, dans son entrepôt de la rue Saint-Paul, on comptabilise les fourrures de 106 000 castors, 25 000 ours, 32 000 martres, 17 000 rats musqués, 1650 chevreuils, 700 élans et 500 bisons...

LE BEAVER CLUB

À cette époque de grand luxe, McTavish et ses amis bourgeois se réunissent régulièrement au Beaver Club, club sélect et fermé. C'est là que se règlent les disputes concernant leurs affaires. N'entre pas au Beaver Club qui veut. Pour en être membre et porter la médaille Fortitude dans le péril, il faut avoir voyagé dans l'Ouest en canot et y avoir passé au moins un hiver. Bon vivant, McTavish s'offre des boissons de luxe, se régale de fine cuisine et apprécie la compagnie des jolies dames. On le surnomme « Le Premier » ou encore « Le Marquis ».

Cependant, ni l'argent, ni les amis, ni la notoriété ne réussiront à le rendre heureux. McTavish claironne au Beaver Club qu'il est l'un des plus riches de la ville. N'a-t-il pas acheté la seigneurie de Terrebonne ?

Loyaliste invétéré, il organise en 1798 une campagne de financement pour aider l'Angleterre dans sa lutte contre la France. À sa mort, en 1804, il laisse une fortune de 125 000 livres. Le château qu'il rêvait de se faire construire à la limite nord du Golden Square Mile ne sera jamais bâti. Il fait partie des *Montrealers,* ces marchands anglophones de Montréal qui contrôleront l'activité politique et économique de la province de Québec durant toute cette période. Une rue et un réservoir municipal portant son nom nous rappellent sa mémoire.

39 LA GUERRE DE 1812

Il nous est difficile aujourd'hui d'imaginer que le Canada puisse être en guerre contre les États-Unis. Cependant, dans notre histoire, les Américains ont envahi le pays deux fois, espérant rallier les Canadiens à leur cause ; en 1775, au moment de leur révolution, comme nous l'avons vu ; et plus tard, en 1812, alors que Madison, président des États-Unis, déclare la guerre à l'Angleterre, et donc, au Canada.

UN BLOCUS CONTINENTAL
En 1803, l'Angleterre et la France sont de nouveau en guerre. Napoléon est au sommet de sa gloire. Les vieilles chicanes se réveillent et les Américains rêvent à nouveau de s'emparer du Canada. Napoléon décrète un blocus continental en réponse au blocus maritime de l'Angleterre. Par ces blocus, les deux ennemis se donnent la permission de visiter tous les bateaux. Dans le but de garder de bonnes relations avec les Américains, l'empereur des Français ménage les vaisseaux américains, contrairement aux Anglais qui mettent un surcroît de zèle à fouiller les navires de l'oncle Sam.

En 1807, le *Léopard*, un navire appartenant à l'Angleterre, arraisonne un bateau américain, le *Chesapeake*. Les Anglais prétextent devoir s'emparer de quatre déserteurs qui se cacheraient dans la frégate. Cette intrusion cause cependant la mort de trois matelots américains. L'incident échauffe l'opinion publique. Le président Jefferson fait voter un embargo sur le commerce venant de l'extérieur.

ÉLECTIONS AMÉRICAINES
Lors des élections de 1808, les Américains remplacent leurs dirigeants. Une équipe très nationaliste, dirigée par Madison, prend le pouvoir. Elle cherche à agrandir le territoire. Au sud, on pourrait annexer la Floride, qui appartient aux Espagnols, alliés de l'Angleterre ; et au nord, bien sûr, le Saint-Laurent, voie d'eau très importante pour le commerce, est bien tentant. Déjà en 1803, on a acheté la Louisiane ; on contrôle donc le Mississippi. Alors pourquoi ne pas foncer vers le Canada et punir ainsi l'Angleterre, cette ancienne mère patrie qui se permet, par toutes sortes de moyens, de violer la neutralité américaine ?

C'EST LA GUERRE

Le 1er juin 1812, le président Madison déclare la guerre à l'Angleterre. À cette époque, la population du Canada est de 500 000 habitants; celle des États-Unis est de 7 millions... Toutes proportions gardées, le Canada ne peut donc opposer qu'environ 12 000 hommes à 150 000 Américains. La victoire des États-Unis semble certaine, même si leurs soldats sont mal entraînés, faibles et indisciplinés.

Trois armées attaquent en 1812. Une à Detroit, une autre dans la région de Niagara. La troisième vise Montréal, via le lac Champlain. Comme en 1775, les Américains invitent les Canadiens à joindre leurs rangs, leur promettant « les avantages inestimables de la liberté ». Peine perdue. À Detroit, le général Hull se rend au lieutenant-gouverneur Isaac Brock et le Michigan devient possession britannique. Au centre, les Américains s'emparent de Queenston mais, mollement dirigés par le général Alexander Smith, chef incapable et sans talent, ils rebroussent chemin. En apprenant la nouvelle, le général Dearborn, qui doit marcher vers Montréal, retourne aussi chez lui. Les Américains penauds n'ont rien gagné.

DEUXIÈME ATTAQUE

En 1813, ils récidivent. L'armée de l'Ouest reprend le territoire du Michigan, au centre, et remporte la victoire. En effet, York (Toronto), la capitale du Haut-Canada, est brûlée. Le Haut-Canada est perdu. Ils sont 20 000 Américains qui foncent vers Montréal. Mais, surprise! l'armée venant du lac Ontario est mise en pièces par les troupes de Harrisson. Une autre armée de 7000 hommes venant du lac Champlain et commandée par Hampton rencontre, à Châteauguay, Charles-Michel de Salaberry et ses 300 voltigeurs, aidés de 600 miliciens. Les tactiques du « Léonidas canadien » vont faire battre en retraite l'armée de Hampton après quatre heures de combat.

En 1814, une troisième attaque s'organise. Sans succès. Sur le Vieux continent, la défaite de Napoléon permet à l'Angleterre d'envoyer des troupes en Amérique. Elles marchent sur Washington et incendient le Capitole, mais sont repoussées à Baltimore. Le

24 décembre 1814, après plusieurs combats, la paix européenne est signée à Gand, en Belgique. France et Angleterre acceptent de revenir à la situation d'avant-guerre... Trois ans de combat, résultat nul, des milliers d'hommes tués ou blessés...

LES CONSÉQUENCES

La guerre de 1812 va permettre de sauver la *British North America*, car le Canada va éviter l'annexion aux États-Unis. Les Britanniques qui vivent ici vont se sentir plus Canadiens que Britanniques, et l'idée d'unir toutes les colonies d'Amérique du Nord britannique va commencer à faire son nid dans la population. Les Canadiens français commencent à voir plus clairement la différence entre l'annexion aux États-Unis et leur appartenance à l'empire.

40 | LAURA SECORD

Si vous lisez ce qui suit, vous vous souviendrez, quand vous offrirez ou dégusterez de délicieux chocolats Laura Secord, de l'héroïne qui leur a donné son nom. Nous sommes en 1812. Les États-Unis sont en guerre contre les colonies anglaises du Nord. C'est surtout dans le Haut-Canada, dans l'Ontario, que les combats ont lieu. À ce moment-là, plusieurs des Canadiens établis dans cette région sont d'anciens habitants des États-Unis venus s'installer après la Révolution américaine de 1775. Ce sont les loyalistes. Laura Ingersoll est l'une des leurs.

Laura a uni sa vie à James Secord, un colon américain venu s'établir à Queenston. Les Secord ont encore beaucoup de parenté aux États-Unis, mais ont décidé d'émigrer dans la colonie anglaise du Canada parce qu'ils sont très attachés à la Couronne britannique et bien déterminés à défendre leurs possessions.

L'ENVAHISSEUR CHEZ LAURA

Les Américains ont donc envahi la région et investi, un peu partout, les maisons des colons. Le 21 juin 1813, chez les Secord, plusieurs officiers américains sont là, installés comme chez eux. Rustres conquérants, ils ordonnent à Laura de leur apporter à dîner. Rapidement, la jeune femme effrayée exécute les ordres de ses geôliers et leur prépare un festin à s'en lécher les babines. Volailles, boudin, ragoûts arrosés de vin s'étalent sur la table. Les militaires s'empiffrent. Le vin aidant, les conversations deviennent plus libres et le ton plus élevé. Les officiers relâchent leur vigilance. Ils discutent des plans envisagés pour venir à bout de la résistance des armées britanniques installées près de la région de Beaver Dams.

S'appliquant à laver la vaisselle dans la pièce à côté, Laura entend : « Nous attaquerons Fitzgibbon par surprise à Beaver Dams. Nous détruirons le quartier général et capturerons tout le détachement. » N'en croyant pas ses oreilles, Laura échappe le bol qu'elle tenait dans ses mains. Son mari, assis près d'elle, se tait. Six mois plus tôt, il a été blessé lors d'une embuscade et ne peut plus marcher. Leurs regards se croisent. Que faire ? Ne pas agir, si Fitzgibbon ne se méfie pas déjà, pourrait équivaloir à livrer toute la région du Niagara aux conquérants. Alors Laura prend sa décision.

L'EXPLOIT DE LAURA

Le lendemain matin, au lever du jour, elle sort de la maison par-derrière. Vêtue comme d'habitude, elle laisse croire qu'elle vaque à ses occupations quotidiennes. Seau en main, elle quitte le terrain de sa concession et s'engage en pleine forêt. Des soldats cachés un peu partout surveillent les alentours. (N'oublions pas qu'à cette époque, un espion est fusillé sur-le-champ.) Enjambant les troncs d'arbres, traversant les ruisseaux, évitant les pièges, Laura se rend à la maison de son beau-frère. Seule sa nièce Elizabeth est présente ; mise au courant, elle décide d'accompagner sa tante dans son périlleux voyage. Mais 30 kilomètres les séparent du quartier général du lieutenant Fitzgibbon. Après trois heures de marche, Elizabeth, exténuée, perd conscience. Réanimée, la petite retourne chez elle, et Laura continue seule sa folle randonnée.

La chaleur l'accable. Elle arrive au marais Black. Humidité, ronces, lacérations… rien ne vient à bout de sa détermination. Elle doit joindre à tout prix le quartier général. Elle franchit le marais. La peur des loups, nombreux dans les environs, l'arrête un instant. Il fait nuit. Elle se sent poursuivie. Elle escalade la falaise, traverse un sous-bois et débouche dans une clairière. Et se retrouve encerclée par des Iroquois! Elle s'évanouit de peur. À son réveil, elle croit percevoir de la compassion dans le regard que les Amérindiens portent sur elle. Elle leur explique l'importance de sa mission. Les Iroquois délibèrent, puis, peut-être impressionnés par le courage de cette femme, l'accompagnent jusque chez Fitzgibbon. Une fois son message livré, Laura tombe, épuisée. Le lieutenant évitera la catastrophe.

En 1860, le prince de Galles, lors d'une visite au Canada, remet à la courageuse Laura, alors âgée de 85 ans, une somme de 100 livres en guise de remerciement.

41 DES JOURNALISTES PIONNIERS : PIERRE-STANISLAS BÉDARD ET ÉTIENNE PARENT

édard a laissé sa marque dans notre histoire comme l'un des fondateurs du premier journal voué à la défense des droits des Canadiens français. *Le Canadien* publie son premier numéro le 23 novembre 1806.

UN HOMME POLITIQUE

Né à Charlesbourg, près de Québec, le 14 septembre 1762, Pierre-Stanislas Bédard entreprend ses études au Séminaire de Québec. Il étudie ensuite le droit et s'inscrit au Barreau le 6 novembre 1796.

Cinq ans plus tôt, le 26 décembre 1791, l'Acte constitutionnel avait divisé le territoire de la *Province of Quebec* en deux:
le Haut et le Bas-Canada. Le Bas-Canada était à son tour divisé
en comtés: 6 urbains et 21 ruraux. En 1792, aux premières
élections permises par la nouvelle constitution, Bédard se présente dans le comté de Northumberland. Il est élu. Il siégera
à l'Assemblée législative jusqu'en 1812. D'une éloquence vive
et foudroyante, il est surnommé le «lion canadien». Dès son
élection au premier parlement, il se fait l'un des plus grands défenseurs de la langue française comme langue législative, avec
les Chartier de Lotbinière, Bourdages, Borgia et Papineau père.
Lorsque le despote Craig arrive comme gouverneur, Bédard
devient l'âme dirigeante de son peuple devant l'insolence des
fanatiques anglophones au pouvoir qui s'unissent pour assimiler les Canadiens français.

Ainsi, un journal anglais, le *Quebec Mercury,* publie des
articles de propagande pour l'assimilation. En 1806, on pourra
lire dans ses colonnes, par exemple: «Cette province est déjà
beaucoup trop française pour une colonie britannique...
Lorsque la France travaille de tout son pouvoir à franciser
le monde, c'est pour nous un devoir urgent de manifester un
zèle égal pour l'angliciser... Il faut faire en sorte que l'administration des affaires publiques soit conduite en anglais par des
Anglais ou des hommes de principes anglais.»

UN JOURNAL DE COMBAT

C'est pour répliquer à ce genre d'attaque virulente que le
journal *Le Canadien* voit le jour. Ses journalistes mènent un
combat épique contre les «anglicisateurs» de tout acabit et
le gouverneur James Craig, leur chef de file, en particulier.
En mars 1810, ce dernier, irrité par des articles du *Canadien,*
décide de faire arrêter et jeter en prison, sans procès, messieurs
Bédard, Blanchet et Taschereau. Craig ordonne d'autres élections. Or, même en prison, Bédard et Blanchet sont réélus! Un
peu plus tard, on libère Blanchet et Taschereau, gravement
malades. Bédard insiste pour être jugé officiellement, mais le
gouverneur s'y oppose.

Un an plus tard, on décide de libérer Bédard. Mais le député refuse de sortir de prison sans procès. Après 10 jours, le geôlier, impatienté, le force à quitter les lieux. Bédard retourne au Parlement, reprend la défense des intérêts de ses concitoyens.

Craig est rappelé en Angleterre. Un gouverneur plus tolérant à la cause des Canadiens français, Prevost, le remplace. Le nouveau gouverneur reconnaît rapidement les mérites de Bédard et le nomme juge à Trois-Rivières. C'est là qu'il meurt, le 26 avril 1829. Un autre grand journaliste, Étienne Parent, dira de lui : « Bédard fut un profond penseur ; froid logicien, esprit lucide, intelligence rigoureuse… c'était surtout dans la réplique que ses moyens oratoires se manifestaient. »

TEL PÈRE TEL FILS : ELZÉAR BÉDARD

L'un des fils du célèbre patriote, Elzéar, étudiera lui aussi au Séminaire de Québec, et comme son père, se dirigera vers le droit et se lancera en politique. En 1830, il sera défait à Kamouraska, mais il sera élu député de Montmorency en 1832. Conseiller municipal de la ville de Québec en 1833, il en deviendra le premier maire la même année. Il participa à l'élaboration des 92 Résolutions en 1834 mais, dès le début de 1835, il se séparera de Louis-Joseph Papineau, trop radical à ses yeux. En 1836, toujours comme son père, il sera nommé juge, par Lord Gosford. En remerciement ?

ÉTIENNE PARENT

C'est en 1801, à la ferme paternelle de Beauport, près de Québec, qu'Étienne Parent voit le jour. Il fait ses études au collège de Nicolet et au Séminaire de Québec, puis retourne à la maison aider son père durant deux ans. On raconte qu'un jour, trop pauvre pour s'acheter un livre qu'il convoite, il le copie entièrement à la main. Attiré par le journalisme, il entre au service du journal *Le Canadien* dont il devient rédacteur en chef en 1822. Le journal disparaît en 1825. Parent entre en droit, puis est admis au Barreau. En 1832, il ressuscitera

Le Canadien. Sa devise : « Nos institutions, notre langue, nos droits. »

ÉTIENNE PARENT
Journaliste

À cette époque, les francophones du Bas-Canada sont sérieusement menacés dans leurs droits. En effet, on concocte en haut lieu un projet d'union des deux Canadas. Si cette décision était entérinée par Londres, les acquis de l'Acte constitutionnel seraient en danger. Parent s'élève contre ce qu'il appelle « un système parlementaire truqué ». Effectivement, même si les Canadiens majoritaires votent des lois à l'Assemblée, le gouverneur, par son droit de veto, peut en tout temps empêcher une loi d'être adoptée, même si elle est jugée importante par les députés, pour le bien des Canadiens français. On doit s'accommoder d'un gouvernement non responsable. Les élus ne détiennent pas un vrai pouvoir. Ils n'ont de plus rien à dire concernant l'économie et les finances de la colonie.

AVEC, PUIS SANS PAPINEAU

En 1830, le Parti canadien a à sa tête Louis-Joseph Papineau. Étienne Parent monte dans le bateau. « C'est le sort du peuple canadien d'avoir non seulement à conserver la liberté civile, mais aussi à lutter pour son existence comme peuple. » Avec acharnement, il transmet l'actualité, il travaille à faire prendre conscience aux Canadiens français qu'ils forment un peuple et il demande justice pour ce peuple. Il devient le conseiller de Papineau et c'est à sa suggestion que Ludger Duvernay fondera la Société Saint-Jean-Baptiste.

Mais vers 1835, Étienne Parent prend une décision qui le marquera. Trouvant le Parti « patriote » et son chef, Papineau, trop révolutionnaires, il les abandonne et se range du côté des modérés. À Montréal, Duvernay, qui publie le journal *La Minerve*, renie Parent et son journal. Il devient son ennemi acharné.

On connaît la suite politique : les 92 Résolutions, la réponse de Russell et de l'Angleterre, la révolte des Patriotes, les soulèvements de 1837-1838. Au cours de ces années, Parent souffre. Il espère que son peuple va résister, mais refuse la violence : « Nous ne sommes pas prêts pour l'indépendance : prenons patience, faisons nos preuves, la législation reprendra son cours... » Déchiré, il est honni, et par les Patriotes, et par les amis du pouvoir qu'il ne cesse d'invectiver par ses écrits virulents contre le despote Colborne. On l'emprisonne. Dans son cachot, il continue son travail de journaliste, grâce à la complicité d'un gardien.

L'HOMME POLITIQUE

Une fois le cynique rapport Durham adopté et l'Acte d'Union des Canadas accepté, le rêve d'autonomie politique du peuple canadien-français se dissipe. Parent devient fataliste. Mais il s'acharne toujours à mettre le peuple en garde contre l'assimilation : « Nous demandons que la majorité qui va se trouver dans la législature unie traite la langue française comme la majorité française qui se trouvait dans la Chambre d'Assemblée du Bas-Canada sous l'ancienne constitution traitait la langue anglaise. »

L'Union instaurée, Papineau est remplacé par Louis- Hippolyte La Fontaine, qui invite Parent à se présenter comme député. Ce qu'il fait. Élu député de Saguenay le 6 avril 1841, il démissionne l'année suivante, atteint de surdité. Il continue de servir le gouvernement à différents postes importants tout en se consacrant à des travaux sur l'histoire, la sociologie et l'économie politique. Nommé sous-secrétaire d'État à Ottawa, il se retire en 1872 et meurt dans la capitale canadienne en 1874.

42 JACQUES VIGER

J'ai commencé ma carrière de prof à la fin des années 1950, dans le quartier Saint-Henri, à Montréal. J'enseignais à l'école primaire Jacques-Viger, rue Saint-Philippe, au sud de la rue Notre-Dame. Cette école, hélas! comme plusieurs bâtisses historiques de ce quartier, a été rasée pour faire place au progrès.

Désigné en 1833, réélu en 1834 et en 1835, Jacques Viger assainit la ville. En 1834, il devient le premier président de la Société Saint-Jean-Baptiste de Montréal. Fondateur de la Société historique de Montréal, il consacre sa vie à la recherche archéologique et historique. Son père, qui est député du comté de Kent, qui recevra plus tard le nom de Chambly, siégera à l'Assemblée législative de Québec. Jacques est le quatorzième enfant de la famille et naît à Montréal le 7 mai 1787.

JOURNALISTE, MILITAIRE, ARCHIVISTE...

C'est comme journaliste au journal *Le Canadien,* de Québec, que Jacques Viger commence sa vie publique. L'année suivante, il revient à Montréal et s'enrôle dans le célèbre régiment des Voltigeurs canadiens commandé par Michel de Salaberry. Rapidement, il est nommé lieutenant, puis capitaine, quand en 1812 éclate la guerre contre les Américains qui tentent d'envahir le Canada. C'est à la tête de sa compagnie qu'il participe à la bataille de Sackett's Harbour, dans le Haut-Canada, en 1813. À cette occasion, il voisine les régiments suisses de Watterville et de Meuron dont les soldats parlent allemand. De cette langue, il retiendra le mot *sabestashe* (havresac) qui deviendra pour lui « saberdache » quand il cherchera un titre pour désigner l'immense documentation historique qu'il amassera tout au long de sa vie.

Fonds Famille Bourassa

L'HONORABLE JACQUES VIGER
Historien

Au mois d'octobre 1813, le décès de sa mère le ramène à Montréal pour régler les affaires de famille. Le gouverneur Prevost, le traitant comme un déserteur, lui enlève ses grades d'officier. Mais il se rend compte de son erreur et s'amende quelques mois plus tard en le réintégrant comme commandant du 6e bataillon de la milice, du comté de Montréal.

En 1825, il est nommé inspecteur des rues et des chemins de la cité de Montréal, commissaire des routes et inspecteur des ponts et chaussées. Avec l'honorable Louis Guy, il entreprend le recensement de l'île de Montréal. À partir de ce moment, Jacques Viger complète les *Tablettes historiques* du comté de Montréal et sa réputation d'archiviste et d'archéologue dépasse les frontières du pays.

Saviez-vous que...

La devise de Montréal, *Concordia Salus*, et ses armoiries furent adoptées le 19 juillet 1833. Elles étaient l'œuvre du premier maire de Montréal, Jacques Viger.

LES «SABERDACHES»

Ses documents historiques classés et annotés sont réunis dans 44 volumes dont 30 à couverture rouge, *La saberdache rouge*, et 14 à couverture bleue, *La saberdache bleue*. En plus d'être passionné de recherche historique, il est un fin connaisseur de beaux-arts et d'archéologie. Il est sûrement l'homme de son temps le mieux documenté sur l'histoire du Canada, nous dit Léon Trépanier.

Le premier maire de Montréal meurt au 24, rue Notre-Dame à Montréal, le 12 décembre 1858, à quelques pas de l'église Notre-Dame où ont lieu ses funérailles. Mais trois jours plus tard, il est inhumé dans l'église de Notre-Dame-de-Grâce, paroisse où il était propriétaire. En effet, même si ce n'est qu'en 1865 que la paroisse Notre-Dame-de-Grâce sera érigée canoniquement, la fabrique Notre-Dame permet déjà en 1854 l'inhumation sous l'église. De nombreuses personnalités assistent à la cérémonie. Sa femme, Marie-Marguerite, fille du chevalier de la Corne et veuve du major Lennox, ira le rejoindre le 19 octobre 1863. Mgr Bourget, évêque de Montréal, présidera la cérémonie.

LES TROIS VIGER

On regroupe sous ce surnom trois cousins qui ont marqué leur époque : Jacques, dont nous venons de parler, Louis-Michel dit « le beau Viger », organisateur et président de la Banque du

Peuple, avocat et parlementaire, et Denis-Benjamin, aussi cousin de Louis-Joseph Papineau, adoré des Patriotes de 1837-1838, et l'un des plus grands parlementaires de son temps. C'est grâce à la générosité de Denis-Benjamin que fut érigée la cathédrale Saint-Jacques, située à l'époque à l'angle des rues Sainte-Catherine et Saint-Denis. Ces trois cousins remarquables ont laissé leur empreinte dans le ciment de notre histoire.

LOUIS-MICHEL VIGER

DENIS-BENJAMIN VIGER

43 LUDGER DUVERNAY

D ans notre paysage historique, le nom de Ludger Duvernay flotte comme un drapeau. Souvent balayé par le vent au cours de sa vie, Duvernay va et vient tout au long de notre histoire. Typographe, imprimeur, journaliste, patriote, défenseur des droits de son peuple, il fonde une société qui lui survivra: la Société Saint-Jean-Baptiste, une association vouée à la défense des intérêts, de la langue et de la culture des Canadiens français.

Archives nationales du Québec

LUDGER DUVERNAY

SES PREMIERS PAS

Le petit patriote voit le jour à Verchères le 22 janvier 1799. Son père, Joseph Crevier dit Duvernay, et sa mère, Marie-Anne-Julie Rocbert de La Morandière, doivent accepter de le voir quitter la maison familiale à l'âge de 14 ans pour tenter sa chance à Montréal. Il frappe à la porte d'un journal célèbre à l'époque, *Le Spectateur*. L'imprimeur du journal, Charles-Bernard Pasteur, le reçoit avec chaleur et lui apprend le métier de typographe. Rapidement, Ludger devient un passionné de l'imprimerie et de la nouvelle. Quatre ans s'écoulent, puis notre Duvernay se lance lui-même dans l'aventure journalistique. Il a à peine 18 ans lorsqu'il fonde, en 1817, *La Gazette de Trois-Rivières*. À partir de ce moment, c'est la marche en avant. Il assure pendant quelques mois la publication d'un mensuel religieux, *L'Ami de la religion et du roi,* lance le journal *Le Constitutionnel,* puis *L'Argus,* dans lesquels ses propos deviennent de plus en plus violents envers l'oligarchie anglaise du Bas-Canada. Il habite toujours à Trois-Rivières où, pour joindre les deux bouts, il est inspecteur des ponts et chemins et chef des pompiers de la ville.

LE RETOUR À MONTRÉAL

C'est à Montréal que l'action se passe en 1827. Le Parti canadien de Papineau se bat sur tous les fronts. L'ennemi, en l'occurrence le Parti tory et les gouverneurs anglais successifs, attaque d'une façon haineuse le parti des Canadiens français. Ludger Duvernay décide de s'engager dans le combat. Il revient à Montréal au début de 1827 et achète le journal patriote *La Minerve,* fondé par Augustin-Norbert Morin quelques mois auparavant. Pour être assuré d'exercer une influence autant sur les anglophones que sur ses amis canadiens-français, il achète aussi un journal de langue anglaise, le *Canadian Spectator,* dont Jocelyn Waller est le rédacteur en chef. Celui-ci, soit dit en passant, partage les mêmes idées patriotiques que Duvernay.

Saviez-vous que...

Antoine Gérin-Lajoie est l'auteur de la chanson *Un Canadien errant.* En 1842, alors qu'il est étudiant au collège de Nicolet, il compose cette chanson à la mémoire des Patriotes déportés en Australie. Il a alors 18 ans. La chanson fut vite connue dans tout le Bas-Canada.

Malheureusement, leurs idées déplaisent à l'oligarchie. En 1828, nos deux rebelles sont arrêtés et emprisonnés. Pour Duvernay, il s'agit de la première de ses nombreuses incarcérations. En effet, il reverra la prison en 1832 et en 1836. Malgré ces avertissements et ces menaces, Duvernay persiste et continue son combat pour la démocratie et la liberté de son peuple. Il assume la responsabilité de tout ce que publient ses journaux.

LA FONDATION DE LA SOCIÉTÉ SAINT-JEAN-BAPTISTE

L'agitation politique est à son comble. Le Parti tory veut accélérer l'anglicisation du Bas-Canada par l'immigration intensive, un système d'écoles publiques anglaises et surtout par l'union des deux Canadas. Le but avoué : placer les Canadiens en minorité. Le Parti canadien s'oppose à l'immigration britannique et américaine ainsi qu'à la division des terres en lots carrés (*townships*) et refuse de voter des taxes qui ne servent pas les intérêts de la majorité. Il dénonce les tories qui occupent la majorité des postes de l'administration. De plus, il réclame le contrôle des finances, le gouvernement responsable, et surtout, il s'objecte fermement à l'union des deux Canadas. L'idée d'une organisation patriotique comme centre de ralliement des Patriotes commence à germer. Écoutons Benjamin Sulte nous expliquer le sens du mot « patriote » :

> Étaient patriotes ceux qui demandaient des réformes dans le gouvernement de la province, à l'encontre du parti tout-puissant des bureaucrates qui ne voulaient rien céder de leurs privilèges. En d'autres termes, on réclamait des droits, tandis que ceux qui exerçaient le pouvoir par faveur spéciale se cramponnaient à leurs places et ne voulaient rien changer au mode d'administration qui s'était continué depuis la conquête de 1763.

De fait, étroitement liées aux bureaux dont les membres dépendaient de Londres, quelques familles, qui n'étaient aucunement tenues de rendre des comptes au peuple, dirigeaient toutes les affaires du pays. (Je ne citerai aucun nom, mais les choses ont-elles vraiment changé ?) Pour Ludger Duvernay, il devenait urgent de grouper les Canadiens pour leur donner plus de force et leur inspirer une même pensée profonde à propos de leurs racines. Il y voyait un rendez-vous national et politique. Avant lui, bien sûr, d'autres imminents citoyens l'avaient suggéré. Dès 1831, Étienne Parent en parlait dans *Le Canadien* : « Je conseille à mes compatriotes de former une organisation politique pour grouper les Canadiens et en faire une force d'ensemble. » La fête de la Saint-Jean-Baptiste avait résisté au temps. Elle se fêtait toujours. Il lui manquait un cadre. C'est là que Duvernay entre en scène. Il organise un banquet qui a lieu à Montréal le 24 juin 1834, rue Saint-Antoine, dans le jardin de la résidence de John McDonell, un avocat écossais. Soixante personnes sont réunies par Duvernay. On raconte que le restaurateur est un nommé Jehlen et que partout des fleurs embellissent la cour. La musique agrémente la fête et des orateurs y prennent la parole, notamment Jacques Viger, le maire de la ville et le premier président de la Société, John Turney, Louis-Hippolyte La Fontaine, le docteur Edmund B. O'Callaghan, Starow Brown, Charles-Ovide Perreault, George-Étienne Cartier et plusieurs autres. Bien sûr, on fait un lien entre le contexte du moment, le choix de saint Jean-Baptiste comme patron et le fait qu'il a été précurseur du Christ. Tous les convives sont des admirateurs de Papineau, qui vient de déposer les 92 Résolutions (notons que Papineau n'était pas seul dans cette lutte : Joseph Howe, de la Nouvelle-Écosse, William Lyon Mackenzie, du Haut-Canada, et même Daniel O'Connell, l'agitateur de l'Irlande, défendaient des idées semblables). On décide que le banquet sera annuel. La Société Saint-Jean-Baptiste de Montréal était née. Encore aujourd'hui, elle défend les mêmes idéaux, enracinés au plus profond de l'âme du peuple canadien-français.

DÉPUTÉ EN EXIL

En mai 1837, en pleine crise politique, Duvernay est élu député de la circonscription de Lachenaie, mais il doit bientôt s'exiler au Vermont, car il est recherché et sa tête est mise à prix. Même durant son exil, il fonde un journal, *Le Patriote canadien*. De retour au pays en 1842, il relance *La Minerve,* mais sa santé chancelante lui interdit les combats endiablés de jadis. Il s'éteint le 28 novembre 1852, à Montréal. Le 21 octobre 1855, ses restes sont transférés au nouveau cimetière de Côte-des-Neiges, ce qui donne lieu à une grande cérémonie présidée par George-Étienne Cartier, alors président de la Société Saint-Jean-Baptiste. Ludger Duvernay est entré dans notre histoire par la grande porte, celle du combat pour nos droits démocratiques. Il a laissé son nom vivant partout. Il avait épousé Marie-Reine-Anne Harnois de Louiseville le 14 février 1825.

44 LOUIS-JOSEPH PAPINEAU

Lorsqu'on attribue à un homme public le titre du plus grand patriote de l'histoire d'un peuple, il doit y avoir dans son histoire quelque chose d'extraordinaire. En effet, Louis-Joseph Papineau est, pour les Canadiens français, un héros. C'est l'homme qui, pendant plus de 30 ans, durant une période politique dramatique qui va de 1791 à 1837, défendra haut et fort son peuple et ses droits. À cette époque, le gouvernement élu par le peuple n'avait pas la responsabilité ministérielle, car le vrai premier ministre était le gouverneur nommé par l'Angleterre qui désignait également les membres du Conseil exécutif et du Conseil législatif. Par conséquent, même majoritaires, les députés canadiens-français de l'époque ne pouvaient vraiment gouverner leur province. Les partis politiques comme nous les connaissons aujourd'hui n'existaient pas. Les députés canadiens-français élus se rangeaient derrière un chef, qui était élu orateur de la Chambre, et formaient le Parti canadien. Les députés anglophones de la classe dominante faisaient bloc derrière le gouverneur et la « clique du château » et formaient le Parti tory qui, malgré le fait que ses élus étaient minoritaires, exerçait le vrai pouvoir. C'est à cette époque et dans ces circonstances que notre héros va faire son apparition en politique, prendre la tête des députés canadiens-français et devenir le chef incontesté de toute une nation.

LES DÉBUTS DE LOUIS-JOSEPH

Louis-Joseph Papineau naît à Montréal le 7 octobre 1786. Il est le fils de Rosalie Cherrier et de Joseph Papineau, lui-même politicien, seigneur et arpenteur bien en vue dans la société de l'époque. De 1802 à 1804, Louis-Joseph étudie au Séminaire de Québec ; il apprend déjà à vivre la vie de seigneur tout jeune, puisqu'il passe ses vacances dans la seigneurie de la Petite-Nation, à Montebello, que son père vient d'acheter. Sa famille est bien installée dans la petite bourgeoisie de Montréal ; en effet, son cousin Denis-Benjamin Viger y possède une étude d'avocat, et Louis-Joseph y apprend la profession.

Nous sommes en 1809. C'est l'époque où le despote James Craig est gouverneur du Bas-Canada. Louis-Joseph est élu député de Kent (Chambly) et siège en même temps que son père, député de Montréal-Est. Il a 23 ans. En 1812, la guerre anglo-américaine éclate. Les Américains tentent d'envahir le Canada. Louis-Joseph s'enrôle et obtient le grade de capitaine. À la fin de la guerre, revenant dans l'arène politique, il succède à son père comme député de Montréal-Est et, à l'ouverture de la session le 21 janvier 1815, il est élu orateur (président de la Chambre) et devient par le fait même le chef du Parti canadien. Peu après, il achète de son père la seigneurie de la Petite-Nation, ce qui fait de lui un seigneur. L'année 1818 est importante dans la vie de notre héros, car il épouse Julie Bruneau, à Québec.

LOYALISTE ET LIBÉRAL DE DOCTRINE

Dans ce temps-là, Louis-Joseph est très attaché aux institutions britanniques. Il est loyal à l'Angleterre et dévore les ouvrages des encyclopédistes et philosophes anglais. Déjà le mécontentement s'exprime. Une poignée de fonctionnaires anglais exploitent le pays. Les députés canadiens-français se groupent autour de leur chef et les combats commencent. En 1822, les Anglais veulent unir le Haut et le Bas Canada pour en faire une seule colonie et assimiler les Canadiens français. Louis-Joseph et son compagnon John Neilson se rendent à Londres pour empêcher la réalisation de ce projet qui serait fatal pour l'avenir des Canadiens français. Le projet est retiré, mais l'idée sera récupérée après 1838.

En 1825, à l'ouverture de la session, Papineau est réélu président de la Chambre, et le combat reprend contre le gouverneur Dalhousie, qui, à la suite de James Craig, s'engage dans une lutte à finir contre le Parti canadien. C'est là que Louis-Joseph Papineau devient un véritable chef d'État. Son éloquence extraordinaire, sa personnalité très forte et son sens de la politique en font un dieu chez ses compatriotes. Debout face à l'oppresseur, il devient le symbole de la lutte pour la survivance. D'élection en élection, les partisans de Papineau sont de plus en plus forts. Dalhousie, se rendant sûrement compte de la situation, engage le combat directement contre le chef et l'orateur. Par la voix du juge Sewell, il refuse de reconnaître Louis-Joseph comme orateur de la Chambre et dissout le Parlement. C'est la panique dans la population. Émeutes, discours, on délègue à Londres des représentants et on obtient la tête de Dalhousie, qui est remplacé par James Kempt. Sous son administration, le calme se rétablit, mais ce n'est que partie remise. En effet, son successeur, Lord Aylmer, attaque de front Papineau et les membres de son parti qui demandent que le Conseil législatif soit élu. Les députés dénoncent aussi vivement l'emprise d'une compagnie formée à Londres pour coloniser les Cantons-de-l'Est, favorisant ainsi l'assimilation. Les journalistes Duvernay et Tracey, qui critiquent haut et fort les actions du gouverneur, sont arrêtés. En mai 1832, à l'occasion d'une élection partielle dans Montréal, une émeute éclate et trois Canadiens français sont tués par des soldats anglais. La grogne s'intensifie. Au cours de l'été de la même année, une épidémie de choléra sévit, ce qui n'aide en rien à l'établissement d'un climat favorable.

En 1834, la Chambre d'assemblée du Bas-Canada adopte les 92 Résolutions, qui consolident les revendications du parti de Papineau, et les élections consacrent le triomphe de ce dernier. Le peuple est derrière lui. Il désire que les 92 Résolutions soient acceptées par Londres et veut que les membres du Conseil législatif soient élus. Des comités sont formés. Mais la peur s'empare du groupe de Neilson et de Parent, députés de la région de Québec, soutenus par le haut clergé et le journal *Le Canadien*. Tout ce monde favorise la modération, c'est-à-dire la soumission au pouvoir établi. Une brèche s'ouvre dans le camp des Canadiens français, brèche que nous retrouverons constamment dans notre histoire politique. Lord Gosford, qui remplace Aylmer, est chargé d'une commission d'enquête sur la crise dans le Bas-Canada. Il ne faut rien céder à Papineau et à son groupe. La pression grandit quand, en 1836, le Parlement, sur les instances de Papineau, refuse de voter les subsides. En 1837, Londres adopte les résolutions de Russell, qui rejettent les revendications importantes des Patriotes et qui autorisent le gouverneur à dépenser les revenus publics sans le vote de la Chambre. C'est la fin… l'Assemblée est prorogée.

Fonds Famille Bourassa

L'HONORABLE LOUIS-JOSEPH PAPINEAU
Troisième président de l'Assemblée législative

LES FILS DE LA LIBERTÉ

Nous sommes en novembre 1837. Ça brasse dans le pays! Papineau et le Parti « patriote » ont refusé de voter le budget. La Chambre d'Assemblée est dissoute. Le peuple est dans la rue. Le 5 novembre 1837, lors d'une assemblée à l'hôtel Nelson, place Jacques-Cartier, à Montréal, on fonde l'Association des Fils de la Liberté. Robert Nelson, André Ouimet et Édouard Rodier soulèvent la foule. Fanfare en tête, tout ce beau monde va rendre hommage à Louis-Joseph Papineau, le chef incontesté des Canadiens français. Les Fils de la Liberté, c'est une association civile et militaire divisée en deux branches. L'une travaille aux discours et aux écrits, l'autre s'engage à prendre les armes si nécessaire, afin d'obtenir les droits exigés par le Parti « patriote » et refusés par le gouvernement de Londres.

Lors de cette historique assemblée, Thomas Chevalier de Lorimier et George-Étienne Cartier (qui deviendra un des Pères de la Confédération) sont élus secrétaires de l'Association. Ordinairement, les Fils de la Liberté s'habillent d'étoffe du pays. Ils tiennent des assemblées publiques toutes les semaines, pratiquent des exercices militaires, et 500 à 600 d'entre eux paradent tous les mois dans les rues de Montréal au son d'une musique militaire. Ils disposent d'une centaine de fusils de chasse et de bâtons. On parle, à l'époque, d'acheter des armes aux États-Unis, mais Papineau s'y oppose. Leur devise : « En avant ! »

La veille de la grande assemblée que tiendront les Patriotes à Saint-Charles, ils sont 1200 hommes décidés à se rendre à la réunion. Les Anglais, observant cette marée de revendicateurs, prennent peur et les membres du Doric Club, une association anglaise similaire à celle des Fils de la Liberté, décident d'intervenir. Les rues de Montréal deviennent ainsi le terrain des tout premiers combats.

UN HÉROS ABANDONNÉ

Papineau se lance dans une grande tournée d'assemblées populaires. Son éloquence enflammée envoûte le peuple... Partout, il est accueilli comme un sauveur. S'apercevant que les choses peuvent dégénérer, il tente de freiner le mouvement de violence qui s'annonce, mais, contrairement à Papineau, Wolfred Nelson veut la révolte armée. Suivant les conseils de ce dernier, Papineau quitte le pays, sa tête ayant été mise à prix, et s'installe aux États-Unis, où il essaie d'intéresser les Américains à son combat. Ce sera inutile... En 1838, Nelson relance le combat des Patriotes ; Papineau, établi depuis un an à Albany, le désapprouve. L'année suivante, il part pour Paris, où le rejoignent sa femme et ses enfants, sauf Amédée, son fils aîné, qui demeure aux États-Unis.

Il fréquente de grands personnages, comme Laffite, Lammenais et Louis Blanc, rencontre des réformistes et collige des documents d'archives ayant trait à l'histoire du Canada. Il revient au pays en 1845, un an après avoir obtenu son amnistie.

Entre-temps, suivant une des recommandations qu'avait formulées Lord Durham dans son fameux rapport, l'Angleterre a procédé à la réunification des deux provinces. En vertu de l'Acte d'Union adopté par le Parlement britannique en 1840, le Bas-Canada n'existe plus comme entité politique. Il est réuni au Haut-Canada. Dorénavant, on parlera du Canada-Est et du Canada-Ouest et d'une seule colonie.

C'est donc dans ce nouveau contexte que revient Papineau. En exil, il avait durci ses griefs contre le colonisateur anglais et entrepris la rédaction d'un manifeste dans lequel il rejetait l'Union et même le principe de gouvernement responsable. Malgré tout, élu par acclamation député de Saint-Maurice en 1848, il accepte de siéger au Parlement. Il faut dire qu'à cette époque des troubles agitent quelques pays d'outre-Atlantique. Certains craignent ici qu'il ne profite de ce courant révolutionnaire pour soulever la population contre le régime établi. La Fontaine et ses anciens amis réformistes, qui ont de leur côté accepté le nouvel ordre des choses, le combattent. On essaie de l'amadouer en lui promettant un ministère. L'évêque Bourget s'en mêle et adresse une lettre pastorale à ses fidèles : « [...] car enfin, nous sommes tous des enfants du même Père qui est aux cieux, nous vivons tous sous un même gouvernement qui n'a d'autre but que le bonheur de ses sujets et qui doit mettre sa gloire à commander à des peuples parlant toutes les langues du monde. Nous avons tous les mêmes droits. Nous formons la très grande famille du puissant empire britannique ; enfin, nous sommes tous appelés à posséder ensemble la même terre des vivants, après que nous aurons fini notre pèlerinage sur cette terre d'exil. »

Papineau fonde un nouveau parti, le Parti démocratique (les rouges), qui réunit ses amis, des radicaux. Mais le peuple, poussé par le haut clergé, ne le suivra pas. On entend même son fidèle compagnon de jadis, La Fontaine, s'écrier : « Dites-nous donc à quelle époque de notre histoire la nationalité franco-canadienne a été plus brillante, plus honorée, plus respectée à occuper une position plus avantageuse que celle qu'elle occupe aujourd'hui... »

Le peuple ne le suit plus même s'il continue à l'admirer. Ses anciens amis le délaissent et seul un petit groupe gravitant autour du journal *L'Avenir* lui reste fidèle. Il quitte la politique en 1854. Il s'installe dans sa seigneurie. La lecture et ses devoirs de seigneur occupent son temps. Il donne sa dernière conférence à l'Institut canadien en décembre 1867. Il demeure toujours fidèle à ses idées. Le 23 novembre 1871, il meurt dans son manoir, après avoir refusé les derniers sacrements. Louis-Joseph Papineau est entré dans l'histoire de notre peuple... d'autres continueront son œuvre, car nous sommes encore vivants.

45 LA QUESTION DES SUBSIDES

Les rébellions des Patriotes de 1837-1838 ont souvent été analysées par nos historiens. On a écrit que l'obtention d'un gouvernement responsable et d'un conseil législatif élu figurait parmi les demandes des chefs patriotes. Cela résume assez bien les 92 Résolutions présentées à Londres en 1834. Mais bien avant, la guerre législative battait son plein à la Chambre d'assemblée du Bas-Canada. En effet, la guerre des subsides est à l'origine d'un conflit qui va dégénérer. Qu'entend-on par subsides ? Il s'agit, expliquent Joseph Rutché et Anastase Forget, de l'ensemble des sommes d'argent que les citoyens versent à leur gouvernement pour les besoins de l'administration.

À l'époque où l'Acte constitutionnel de 1791 était en vigueur, le gouvernement avait trois sortes de revenus :

1) les revenus des domaines royaux ; ces domaines avaient changé de main après la Conquête. La France les avait cédés à l'Angleterre ;

2) les revenus rattachés à des statuts impériaux, en l'occurrence les impôts prélevés en vertu d'actes émanant du Parlement britannique;

3) les revenus liés à des lois provinciales, soit les impôts prélevés en vertu des lois votées par l'Assemblée législative.

Tous ces revenus servaient à payer les salaires des fonctionnaires et les dépenses des entreprises nationales. Pour bien comprendre le dilemme, il est bon de savoir que l'ensemble des salaires des fonctionnaires était appelé « liste civile ».

CE QUE VEUT L'ASSEMBLÉE

Les députés, majoritairement canadiens-français, qui doivent voter les subsides prétendent exercer un contrôle sur les finances. Ils veulent savoir quel usage est fait des fonds qu'ils votent, connaître les comptes des recettes qui proviennent des domaines royaux et le total des impôts prélevés en vertu des statuts impériaux. S'il y a des déficits à combler, ils désirent en connaître les causes. L'Assemblée ne veut pas que le Conseil législatif nommé ait le droit de modifier les lois relatives aux subsides qu'elle a adoptées. D'ailleurs, les députés de la Chambre d'assemblée ne font qu'exiger ce qui a cours en Angleterre.

LES CONSEILS S'OPPOSENT

Bien sûr, les conseils législatifs de chacune des deux provinces ne pensent pas de cette façon. Ils veulent disposer à leur guise des revenus domaniaux et des impôts prélevés en vertu des actes impériaux. Ils s'appuient sur l'Acte du revenu de la législation d'Angleterre, qui cependant avait depuis peu cédé ce privilège au Parlement. Les deux conseils demandaient aussi que la liste civile (salaire des fonctionnaires) soit votée. Ils ne voulaient pas être obligés, disaient-ils, de quémander chaque année la rémunération des officiers et de soumettre des comptes. C'était avilir la Couronne. « La race supérieure ne voulait en rien dépendre de la race inférieure, vaincue, ignorante, faite pour obéir. »

Archives nationales du Québec

LORD DORCHESTER

LORD DORCHESTER INTERVIENT

Lord Dorchester, un des plus brillants gouverneurs que le Bas-Canada ait connus, avait compris le rôle de la Chambre d'assemblée et, dès 1795, il lui présente un budget détaillé. Mais hélas, tous ceux qui lui succéderont n'agiront pas de la même façon. Ils n'auront pas le même sens de l'équité. Un jour, on demande à l'Assemblée de combler le déficit. Elle accepte, mais, rapidement, le déficit augmente, car les dépenses augmentent. Le Conseil exécutif se tourne encore vers l'Assemblée et demande que les nouveaux crédits requis soient inscrits au chapitre des « Extraordinaires de l'armée ». Pour la première fois, les représentants du peuple se cabrent et exigent le contrôle du budget.

Saviez-vous que...

Durant le Régime français, il n'y a pas d'avocats en Nouvelle-France ; ils y ont été interdits de pratique, le roi les trouvant trop chicaniers. Il faut attendre 1765 pour que les disciples de Thémis soient représentés au pays. François Lemaître-Lamorille, Antoine-Jean Saillant, Guillaume Guillimin et Jean-Baptiste Lebrun seront les premiers avocats francophones à être autorisés à exercer leur profession.

CRISE AIGUË (1820-1830)

Deux gouverneurs arrogants et sans aucune prudence politique se succèdent à la tête du Bas-Canada. En effet, Richmond et Dalhousie tiennent absolument à ce que les revenus provenant des domaines royaux et ceux qui découlent des actes impériaux soient contrôlés uniquement par le gouverneur. L'Assemblée, sentant la ruse et le favoritisme, insiste pour connaître la valeur et l'emploi de ces revenus. Nos deux gouverneurs poussent encore plus loin leur audace et exigent que la liste civile soit votée en bloc et d'une façon permanente. L'Assemblée refuse et déclare qu'elle tient à voter le budget chaque année et à contrôler, article par article, l'usage des crédits votés. Évidemment, le Conseil législatif est du côté des gouverneurs et s'oppose aux lois sur les subsides adoptées par l'Assemblée. Celle-ci tient bon. Le gouvernement change de ton et dissout plusieurs fois le Parlement. Les députés et le peuple sont exaspérés, surtout qu'un scandale vient d'éclater : le receveur général, Sir John Caldwell, aurait détourné 96 000 livres appartenant au Trésor. On est en 1823.

LE PROJET D'UNION

Le parti anglais, qui représente les intérêts de la minorité anglophone, propose à la métropole d'unir les deux provinces afin que, dans un proche avenir, les Canadiens se retrouvent en minorité. C'est dans le plus grand secret que le projet est élaboré et présenté au gouvernement britannique. Malgré tout, on demande l'avis des représentants du peuple.

Heureusement pour les Canadiens, les habitants du Haut-Canada s'opposent eux aussi au projet. Munis d'une pétition de 69 000 noms, Louis-Joseph Papineau et John Neilson se rendent à Londres et présentent les objections à George IV. Le projet est abandonné, mais il va reparaître en 1840. Ce sera la sanction infligée pour les rébellions de 1837-1838.

46 LES PATRIOTES

Trahis par les autorités ecclésiastiques, écartés du pouvoir politique par la mère patrie qui favorise la classe dirigeante anglophone en refusant aux francophones le gouvernement responsable qu'ils réclament, ces valeureux patriotes vont se battre pour la liberté et la démocratie. Plusieurs d'entre eux y laisseront leur vie ou paieront le prix de la déportation.

UN ÉTAT SOUVERAIN

En 1830, Lord Aylmer, le gouverneur britannique fraîchement arrivé, se montre prêt à faire des concessions aux Canadiens. Mais il s'agit de points de détail, et le problème, c'est-à-dire l'absence de pouvoir des élus face aux représentants de la Couronne, reste le même. Louis-Joseph Papineau refuse ces mesures, qu'il juge insuffisantes au point d'en être insultantes. Cette décision du chef va toutefois diviser le Parti canadien : les modérés choisiront John Neilson comme chef, et les radicaux suivront Papineau. Ceux-là estiment que le peuple est prêt à prendre son destin en mains, en se débarrassant du joug de la domination anglaise et en se donnant un État souverain.

Pour cela, nous dit Léandre Bergeron, les Canadiens devront se réapproprier deux pouvoirs : celui de l'argent et celui de la pensée. D'une part, on fonde la Banque du Peuple qui, en concurrençant la Bank of Montreal, une création de Molson et McGill, donnera aux Canadiens le contrôle de leur économie. Et, d'autre part, on s'éloigne du clergé, qui fricote avec le pouvoir anglophone et dont l'ascendant sur les esprits ne suscite plus que la méfiance.

L'ESCALADE

À partir de 1832, une série d'événements va petit à petit chauffer les esprits et mener tout droit à l'affrontement. D'abord, lors d'une élection partielle à Montréal, des soldats anglais tuent trois manifestants canadiens. Les responsables de ce carnage sont acquittés, et le gouverneur Aylmer maintient le jugement. Le peuple est en colère.

L'année suivante, le parti de Papineau réclame une loi qui rendrait le Conseil législatif électif, ce qui signifierait la fin des nominations partisanes. La proposition est refusée. De plus, lors de cette session, le budget n'est pas voté. C'est le blocage. Le gouverneur profite de ses pouvoirs pour se voter quand même son salaire et celui des autres administrateurs.

Les Canadiens sont conscients de la politique d'assimilation de l'Angleterre : chaque année, 50 000 immigrants viennent dans le Bas-Canada grossir les rangs des anglophones. De plus, l'épidémie de choléra déclenchée par l'arrivée massive d'Irlandais malades tue 3000 personnes ! Pour ne rien arranger, cette même année, le gouverneur met sur pied la British American Land Co., fondée à Londres dans le but d'établir 600 000 Britanniques dans les Cantons-de-l'Est et dans l'Outaouais. C'est la panique chez les Patriotes. Surtout que la situation économique est très mauvaise.

Finalement, en 1834, le Parti « patriote » va proposer ses 92 Résolutions, qui exigent ni plus ni moins que la responsabilité ministérielle. Pour le gouvernement britannique, cela est

inacceptable : donner tous les pouvoirs à l'Assemblée, comme
elle le souhaite, c'est laisser le Bas-Canada devenir indépendant ! Papineau force le combat. Il demande aux Canadiens de
boycotter les produits anglais et de retirer leurs économies de
la Quebec Bank et de la Bank of Montreal.

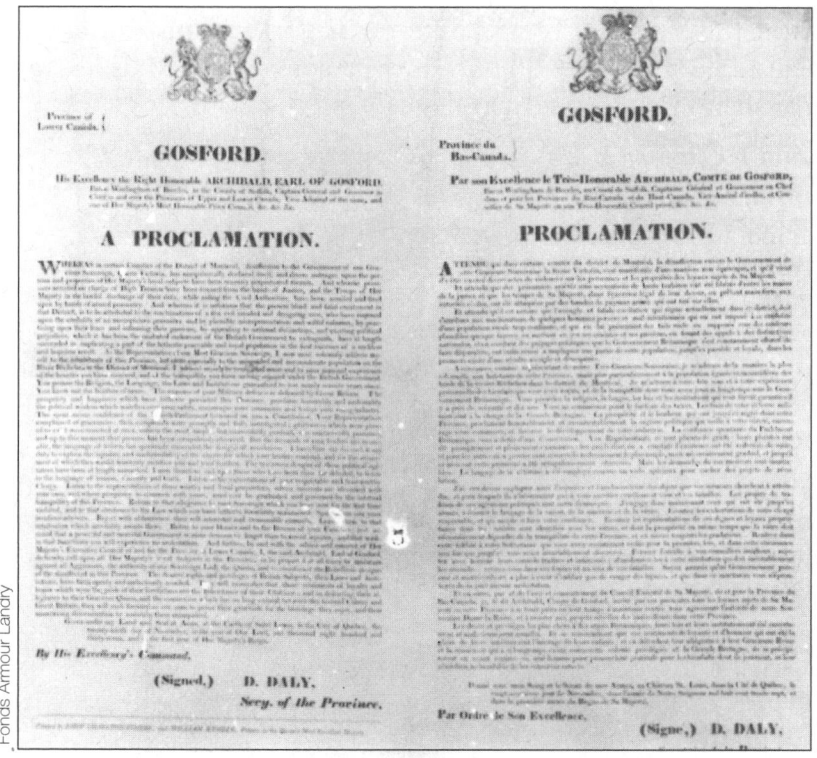

En 1835, Londres envoie un nouveau gouverneur, Lord
Gosford, avec un mandat de conciliation. Il doit essayer de
neutraliser les Patriotes en travaillant avec les modérés. Il fait
appel au calme. Peine perdue, même s'il réussit à attirer
quelques Patriotes dans le groupe des modérés.

En 1837, Lord Russell, le secrétaire aux colonies, rejette
officiellement depuis Londres les 92 Résolutions. C'est l'im-
passe… Les Patriotes répondent à leur façon, en organisant des
assemblées populaires un peu partout. Des résolutions sont
adoptées, puis publiées dans les journaux comme *La Minerve*
et le *Vindicator*. Le gouverneur intervient, interdit les assemblées

populaires… qui continuent. Mgr Lartigue, évêque de Montréal, entre dans la danse et prend position en faveur de Gosford et du pouvoir britannique. Lors d'un discours public, il menace d'excommunication tous ceux et celles qui désobéiront au gouvernement. Il se sert du journal *L'Ami du peuple* pour répandre ses menaces. En 1837, quand la reine Victoria monte sur le trône, les évêques font chanter le *Te Deum* dans toutes les églises du Québec en l'honneur de la souveraine. Mais les paroissiens exaspérés sortent des églises.

Fonds Famille Bourassa

WOLFRED NELSON, M.D.
Commandant en chef à St-Denis,
le 23 nov. 1837.

On met sur pied un groupe paramilitaire, les Fils de la Liberté, en riposte aux attaques d'un groupe anglais semblable, le Doric Club. Le 23 octobre 1837, 5000 personnes se rassemblent à Saint-Charles. Papineau leur conseille de ne pas prendre les armes, mais le patriote Wolfred Nelson n'est pas d'accord : « Le temps est arrivé de fondre nos plats et nos cuillers d'étain pour en faire des balles », clame-t-il. Mgr Lartigue publie une lettre pastorale. Les Canadiens dénoncent leur chef spirituel en défilant devant la cathédrale Saint-Jacques, à Montréal. Les jeux sont faits. Le 6 novembre, le Doric Club et les Fils de la Liberté s'affrontent à Montréal. On saccage l'imprimerie du *Vindicator,* on met le feu à la maison de Papineau. Le gouverneur Gosford écrit à Londres pour réclamer la loi martiale. Des régiments anglais arrivent en renfort. On recrute des anti-patriotes à Montréal et à Québec. John Colborne (qu'on surnommera le Vieux Brûlot) est nommé commandant en chef. Les assemblées sont interdites, des mandats d'arrêts sont émis. Papineau et d'autres fuient par la rivière Richelieu, atteignent Saint-Hyacinthe et, de là, passent aux États-Unis.

LES COMBATS

Le 22 novembre, partis de Chambly, la Montreal Volunteer Cavalry commandée par le lieutenant-colonel Wetherall rejoint à Saint-Denis, pour une attaque surprise, les cinq compagnies du colonel Gore, parties celles-là de Sorel. Mais les Patriotes les attendent et les soldats anglais sont épuisés. Les Canadiens l'emportent, mais ce sera leur seule victoire. À Saint-Charles, les 200 Patriotes réfugiés dans le manoir du seigneur Debartzch, sous la direction de T. S. Brown, attendent Wetherall de pied ferme. Mais l'artillerie anglaise détruit le manoir en quelques heures.

Le 1er décembre, Gore retourne à Saint-Denis prendre sa revanche. Ses soldats profanent l'église, pillent et incendient le village. Le 5 décembre, le gouverneur Gosford décrète la loi martiale. Les curés menacent des tourments de l'enfer les Canadiens qui appuient les Patriotes. Deux curés sympathisants sont relevés de leurs fonctions. Le 14 décembre, à Saint-Eustache, Colborne, à la tête de 2000 hommes bien armés, ne fait qu'une bouchée des 250 Patriotes commandés par le Dr Chénier. Après avoir brûlé l'église, son armée se répand dans la région, volant, violant les femmes, brûlant les maisons, massacrant les animaux.

PATRIOTES
Avance de l'armée de Wetherall, 1837

LES FRÈRES CHASSEURS DE 1838

Au printemps 1838, Lord Durham, nommé gouverneur général et haut-commissaire, débarque au Bas-Canada. Que faire
des Patriotes ? Il décide d'exiler 8 de leurs chefs aux Bermudes,
et d'interdire l'entrée au pays à 16 d'entre eux qui se sont
enfuis.

Parmi ces interdits, Robert Nelson, installé aux États-Unis, proclame la République du Bas-Canada le 28 février. Il recrute une armée, les Frères chasseurs, et se prépare à attaquer le Canada. Il espère que sur sa route des soulèvements populaires répondront à son appel. Erreur... seul le sud de Montréal s'organise. C'est la débandade. Colborne ayant repris du service après le départ de Durham, mettra fin à l'idéal patriote avec une armée de 6000 hommes. Le Vieux Brûlot achève son boulot; il incendie et détruit tout sur son passage, fait 753 prisonniers, dont 99 seront condamnés à mort par la Cour martiale. Adam Thom, du *Montreal Herald,* suggère qu'on les exécute le plus tôt possible : « Il serait ridicule d'engraisser cela tout l'hiver pour les conduire plus tard à la potence. »

Fonds Amour Landry

ROBERT NELSON

Douze Patriotes sont pendus au Pied-du-Courant, 58 sont déportés en Australie, deux sont bannis à vie, 27 sont libérés sous caution. Colborne disait qu'il fallait faire des exemples.

47 LE RAPPORT DURHAM

Si un rapport a fait du bruit dans notre histoire, c'est bien celui de Lord Durham! Mais qui est donc ce monsieur? Son vrai nom est John George Lambton. C'est un Anglais, fils d'un député de la cité de Durham aux Communes britanniques. En 1813, il imite son père, se lance en politique et se fait élire député de Durham. Adversaire des tories, il se fait l'avocat de maintes réformes. C'est un homme intelligent et orgueilleux, colérique au point de ne se dominer que difficilement. Rapidement, il trace son chemin à travers le labyrinthe de la politique. Sa vanité est comblée par les honneurs : il est élevé à la pairie en 1828, puis ennobli au rang de comte. Et quand il se marie avec la fille de son chef de parti, Lord Grey, il devient l'un des libéraux les plus influents.

À l'issue des soulèvements de 1837-1838, Londres veut une enquête, un rapport sur le conflit et des recommandations. On confie la tâche à Durham, avec les titres de haut-commissaire et de gouverneur général. Aussi bien dire qu'il détient le pouvoir absolu, puisque la Constitution du Bas-Canada a été suspendue. Il débarque à Québec le 29 mai 1838. Un mois plus tard, le 28 juin, il forme un Conseil spécial qui forcera à l'exil les chefs patriotes qui avaient déjà fui le pays, ce qui devait les empêcher de revenir. Mais le même conseil décrète aussi une amnistie générale pour les autres citoyens ayant pris part aux soulèvements. Grave erreur : on est mécontent de sa décision et Londres le désavoue. Lord Durham doit donc retourner en Angleterre. On est en novembre 1838.

En janvier 1839 son rapport, qui deviendra si célèbre, est divulgué. Que dit-il? Il affirme que le conflit est racial, pas constitutionnel. « Je m'attendais à trouver un conflit entre un gouvernement et un peuple : je trouvai deux nations se faisant la guerre au sein d'un seul État... »

Que pense-t-il des Canadiens? « Ils sont un peuple sans histoire ni littérature, ils s'attachent aux anciens préjugés, aux anciennes lois avec la ténacité irraisonnée d'un peuple ignare et stationnaire... Ils sont d'une infériorité sans espoir : je ne connais pas de distinction nationale marquant et continuant une infériorité plus désespérée, la langue, les lois et le caractère du continent sont anglais, et toute autre race que la race anglaise apparaît dans un état d'infériorité. C'est pour les tirer de cette infériorité que je désire donner aux Canadiens notre caractère anglais. »

Il loue l'impérialisme britannique. « Les Anglais ont mis en valeur les ressources du pays, ils ont construit ou amélioré ses moyens de communication, ils ont créé son commerce extérieur et intérieur, les fermes les plus florissantes... La grande masse de la population ouvrière est française à l'emploi des capitalistes anglais... [lesquels] ont pour eux une incontestable supériorité d'intelligence ; ils ont la certitude que la colonisation doit augmenter leur nombre jusqu'à devenir une majorité [...] ils appartiennent à la race qui détient le gouvernement impérial et qui domine sur le continent américain. »

Et que propose Lord Durham ? L'assimilation des francophones par l'union des deux Canadas et la responsabilité ministérielle. « Je n'entretiens aucun doute au sujet de la représentation nationale qui doit être donnée au Bas-Canada [...] Le premier et ferme dessein du gouvernement britannique doit être à l'avenir d'établir dans cette province une population anglaise, avec des lois et la langue anglaises, et de ne confier son gouvernement qu'à une législature décidément anglaise ».

48 | L'ACTE D'UNION

À la suite du rapport de Lord Durham, le gouverneur Sydenham, sans consultation auprès du peuple, fait approuver une nouvelle constitution. À cette époque, la population totale des deux Canadas dépasse légèrement le million. Le Bas-Canada compte 650 000 habitants, et le Haut-Canada, 450 000.

Pour les Canadiens, cette nouvelle constitution équivaut à une nouvelle Conquête. En effet, elle leur fait perdre leur propre

Chambre d'Assemblée et, malgré leur supériorité en nombre dans le Bas-Canada, leur donne le même nombre de députés que les Anglais : 42. On ne peut donc pas parler de représentation proportionnelle... (Naturellement, quand les anglophones surpasseront en nombre les Canadiens, en 1851, ils réclameront à tue-tête, avec comme chef de file le fondateur du *Globe and Mail* et chef du Parti *clear-grits,* George Brown, le *Rep by Pop,* qui leur sera accordé avec la Confédération de 1867.)

La question de la nouvelle constitution suscite de nombreux débats, surtout dans le Haut-Canada. Dans cette province à majorité anglaise, on veut, par exemple, que seule la langue anglaise soit officielle ; et aussi que la tenure seigneuriale reste limitée aux rives du Saint-Laurent. Quoi qu'il en soit, la reine Victoria, souveraine britannique, signe, le 23 juillet 1840, la nouvelle loi de l'Union, qui entrera en vigueur le 10 février 1841.

Saviez-vous que...

Qui étaient les célèbres *shiners* qui régnaient en maîtres dans la petite ville de Bytown, aujourd'hui Ottawa, de 1840 à 1850 ? Laissons Benjamin Sulte répondre : « Ces hommes dangereux étaient des nouveaux venus dans le pays. Ils traquaient les Canadiens dans les bois, sur les rivières, en pleine ville et les assassinaient sans merci. Irlandais catholiques et orangistes se liguaient contre nous. Ces bandes de tueurs se donnaient le nom de *shiners,* ceux qui brillent par leurs exploits. *We are the shiners of the Ottawa,* nous sommes les radieux vainqueurs de ce pays. » Sulte ajoute : « Il était presque impossible à nos compatriotes de Bytown de se déclarer Canadiens français, on en faisait un crime. On avait organisé une sorte de police secrète qui avait pour but de détruire le nom français dans la vallée de l'Ottawa. » C'est contre eux que le Québécois Jos Montferrand s'est illustré.

LA LOI DE L'UNION
Que dit cette loi qui crée une toute nouvelle constitution, c'est-à-dire une toute nouvelle façon de vivre pour la société des Canadiens ?

D'abord, la loi de l'Union crée la *Province of Canada*. Ensuite, elle stipule l'union du Bas et du Haut-Canada sous un seul gouvernement. Ce gouvernement est composé d'un gouverneur (ce sera Lord Sydenham), d'un Conseil exécutif, d'un Conseil législatif et d'une Chambre d'Assemblée. Le gouverneur a un droit de veto, il peut créer des comtés et y nommer des représentants personnels, et se réfère directement au parlement britannique. (Lequel refuse pour l'instant d'accorder la responsabilité ministérielle. Quant à la reine, elle peut bloquer une loi pendant deux ans!) Le Conseil exécutif, recruté parmi les députés, est nommé par la Couronne. Le Conseil législatif compte 24 membres nommés à vie (pas élus). Enfin, l'Assemblée, élue, est composée de 42 membres du Haut-Canada et de 42 membres du Bas-Canada.

L'anglais est la seule langue officielle et on met en commun les dettes et les revenus. Cette dernière mesure est indigne pour le Bas-Canada, dont la dette est de 90 000 livres, alors que celle du Haut-Canada s'élève à 1 200 000 livres! En réalité, la faillite du Haut-Canada est imminente et les banquiers de Londres qui y ont investi ont fait d'énormes pressions pour sauver leur mise. Le *Union Bill*, personne n'est dupe, est d'abord et avant tout une affaire d'argent.

Dans son journal *Le Canadien* (l'un des rares encore autorisés), Étienne Parent analyse jour après jour le texte de la nouvelle constitution, ses implications, ses conséquences. Le peuple est consterné, découragé, démoralisé. Il sort à peine des grands espoirs et des grandes frayeurs des soulèvements, il vient d'essuyer les insultes du rapport Durham qui le traite de race inférieure et retardataire... Et voilà que le *bill* de l'union veut le soumettre encore! «Nous avions pensé survivre, écrit Étienne Parent démobilisé, c'est bien fini... Anglicisons-nous au plus tôt!»

Mais nos Canadiens ont la couenne dure. Ils vont résister.

49 LOUIS-HIPPOLYTE LA FONTAINE

On ne manque pas de lieux pour nous rappeler le rôle prépondérant que le nom de Louis-Hippolyte La Fontaine a joué dans notre histoire : tunnel reliant les deux rives du Saint-Laurent, hôpital psychiatrique de pointe à Montréal, parc renommé en plein centre-ville...

Le grand homme est le fils d'Antoine Ménard et de Marie Fontaine-Bienvenue, cultivateurs de Boucherville. Le grand-père avait été actif sur la scène politique de 1796 à 1804. Louis-Hippolyte laissera plus tard tomber le nom Ménard, et adoptera le surnom de La Fontaine. Après ses études au collège de Montréal, il devient avocat et professe dans cette ville. Il entre en politique à un moment très difficile de l'histoire du Bas-Canada. La lutte parlementaire qui s'amorce alors entre le Parti canadien et l'oligarchie anglaise à l'Assemblée dégénérera bientôt en lutte armée : ce sera le soulèvement de 1837.

Fonds Famille Bourassa

SIR LOUIS-HIPPOLYTE LA FONTAINE

La Fontaine est l'un des principaux lieutenants de Louis-Joseph Papineau, bien que dès ce moment, on note une différence entre la pensée des deux hommes. Papineau est très conscient du pouvoir de l'Église auprès des autorités et il agit de façon à ne pas l'affronter; tandis que La Fontaine a des opinions plutôt gallicanes, c'est-à-dire qu'il considère que l'Église n'a pas à se mêler de la chose politique. Il n'a pas la langue dans sa poche. En 1834, par exemple, il s'attaque violemment à deux membres du Parti « patriote » qui ont changé de camp et accepté des postes au Conseil exécutif. En 1837, il participe à une tournée d'assemblées populaires avec Papineau. Quand les événements commencent à se précipiter, il se déclare contre toute action armée et tente de convaincre le gouverneur Gosford, à Québec, de convoquer l'Assemblée. Mais Gosford refuse et La Fontaine, qui craint d'être arrêté, se réfugie en Angleterre, puis en France.

En 1838, il revient au Canada où Colborne le fait emprisonner à la prison de Montréal durant un mois. Il est libéré après avoir insisté pour qu'on lui fasse un procès équitable. En 1840, c'est l'Acte d'Union. Tout en s'opposant à cette Constitution inique, La Fontaine croit que les Canadiens n'ont pas le choix et qu'ils doivent lutter pour en tirer le meilleur parti. C'est à ce moment de l'histoire qu'il devient le chef de file de ses compatriotes.

Il revient en politique et s'attaque directement à Sydenham, le nouveau gouverneur qui ne recule devant rien pour annihiler le peuple canadien et mettre en application le rapport Durham. Une alliance politique importante se réalise alors entre Baldwin, le chef réformiste du Haut-Canada, et La Fontaine. Les deux hommes deviennent les figures dominantes de la politique canadienne.

À la session de 1842, La Fontaine, malgré l'interdiction du français à l'Assemblée, prononce son premier discours en français. On veut l'interrompre. Il s'écrie : « Je fais mon premier discours dans la langue de mes compatriotes canadiens-français pour protester solennellement contre cette cruelle injustice de l'Acte d'Union... » En 1848, après des années de batailles et grâce à l'appui du comte d'Elgin, nouveau gouverneur du Canada, les réformistes triomphent aux élections dans le Bas et dans le Haut-Canada, et obtiennent enfin le gouvernement responsable qu'ils réclamaient depuis si longtemps. Dorénavant, c'est le chef du parti majoritaire qui devient le premier ministre et le chef réel du pouvoir exécutif.

Au cours de la session de 1849, le Parlement adopte 190 projets de lois, dont celui du *bill* d'indemnité qui soulève les passions populaires. C'est que huit ans plus tôt, en 1841, le gouvernement avait indemnisé les citoyens du Haut-Canada pour les pertes subies lors des soulèvements de 1837-1838. La Fontaine a simplement voulu que les citoyens du Bas-Canada bénéficient du même avantage. La réaction des tories est excessive. Débats, déchaînement inouï de violence verbale ! La *Montreal Gazette* lance une édition spéciale qui contient ni plus ni moins qu'un appel à l'émeute. Manifestations sur le Champ-de-Mars, discours virulents, actes de vandalisme. On met le feu à l'édifice du Parlement. La maison de La Fontaine est pillée, le premier ministre passe près d'être assassiné... Mais le gouverneur et son premier ministre se tiennent debout, consacrant ainsi la responsabilité ministérielle.

L'ampleur de ses tâches, une santé précaire, le dégoût des divisions et des intrigues incitent Louis-Hippolyte La Fontaine à renoncer à la politique le 26 septembre 1851. « La politique use et use vite », déclare-t-il. Nommé juge en chef de la Cour du Banc de la Reine en 1853, il est nommé baronnet en 1854. Il meurt à Montréal en 1864.

50 JAMES BRUCE (LORD ELGIN)

Ce grand gouverneur arrive dans la colonie le 1er octobre 1846. Nous sommes au début de l'Acte d'Union, cette « deuxième Conquête », comme l'a appelée le chanoine historien Lionel Groulx. Rappelons-nous que la nouvelle constitution réunit en un seul Parlement le Bas et le Haut-Canada, à qui on a accordé chacun le même nombre de députés (42), même si le

Bas-Canada compte 200 000 habitants de plus que le Haut-Canada. La Chambre d'Assemblée n'a pas obtenu la responsabilité ministérielle tant demandée par les réformistes des deux côtés.

Sydenham, gouverneur en poste en 1840, a tout fait pour réaliser le contenu de l'Acte d'Union. Il a été remplacé par Bagot. Mais conciliant et diplomate, Bagot a été attaqué de toutes parts par la presse anglaise tory et les loyalistes qui le trouvaient trop mou envers les Canadiens français, et le traitaient de tous les noms : traître, vendu, mollasson… Bagot est mort en 1843. Son successeur, Charles Metcalfe, est revenu à la ligne dure. Il est parti en guerre contre la Chambre d'Assemblée, appuyé par les orangistes fanatiques. Il a nommé des employés publics à des postes stratégiques, sans l'accord des chefs La Fontaine et Baldwin qui ont alors démissionné. Mais cela n'a pas fait lâcher Metcalfe. Il s'est simplement entouré de nouveaux hommes : Denis-Benjamin Viger, pourtant un patriote intègre, qui a succombé à l'attrait du pouvoir, et Denis-Benjamin Papineau, le propre frère du grand Louis-Joseph. Grâce à ces nouvelles recrues, Metcalfe espérait former un ministère, car il comptait déjà des supporteurs importants chez les anglophones : Draper et Daly. Mais à l'élection de 1844, après une campagne électorale portant sur le gouvernement responsable, le parti de La Fontaine l'a emporté. Metcalfe a pu survivre quelque temps mais il a démissionné, malade, en 1845.

UN LORD À L'ESPRIT OUVERT

Voilà donc James Bruce qui arrive dans la colonie. Il a 35 ans. Né à Londres en 1811, il est le fils de Thomas Bruce, comte d'Elgin et de Kincardine. Il appartient à la vieille noblesse écossaise. Après des études au collège aristocratique d'Eton, il décroche son diplôme à Oxford. Il entre en politique comme député de Southampton. En 1842, il est nommé gouverneur de la Jamaïque. En 1845, Lord Grey, son oncle, lui demande de venir diriger l'administration du Canada.

Racé, éloquent, intelligent, courageux et honnête, le gentilhomme entre en fonction au début de 1847. Il connaît bien la situation du Canada : il vient d'épouser Mary Louisa Durham, fille de l'auteur du fameux rapport.

Deux sujets entretiennent alors l'opinion publique : le gouvernement responsable et le libre-échange. Aux élections de 1847, les électeurs accordent leur confiance au nationaliste La Fontaine et au réformiste Baldwin. Respectant le choix du peuple, Elgin demande aux deux élus de former le gouvernement. En 1848, dans son discours du trône, il ouvre la porte à la reconnaissance de la responsabilité ministérielle : « Toujours disposé à écouter les avis du Parlement, dit-il, je prendrai sans retard des mesures pour former un nouveau Conseil exécutif. » En 1849, il va encore plus loin.

L'INCENDIE DU PARLEMENT

En 1849, la capitale du Canada-Uni est située à Montréal. Une loi vient d'être votée par les parlementaires. Elle indemnise les habitants du Bas-Canada pour les pertes subies lors du soulèvement de 1837, comme cela avait été fait plusieurs années auparavant dans le Haut-Canada. La mesure n'a pas l'heur de plaire à certains Anglo-Canadiens fanatiques, qui s'en sont pris au gouverneur, et dont le journal *The Gazette* continue d'attiser les ardeurs : « Quand Lord Elgin (il ne mérite plus le nom d'Excellence) reparut en ville, peut-on y lire, il fut reçu par les sifflets, les grognements et les cris [...] on lui lança des œufs pourris, toute la voiture fut couverte du contenu des œufs et de boue [...] on se servit de pierres pour saluer son départ [...] une multitude doit s'assembler sur la place d'Armes, ce soir à 8 heures. Anglo-Saxons, au combat, l'heure est arrivée ! » Mais malgré l'émeute et, pire, l'incendie de l'édifice du Parlement, Elgin se tient debout et il n'intervient pas...

Il vient de consacrer spectaculairement la responsabilité ministérielle. Par son attitude et son intelligence, Lord Elgin donne à la colonie une vraie démocratie. Quelle récompense pour tous ceux qui, depuis des décennies, se sont battus en faveur d'un gouvernement responsable !

51 L'INFLUENCE DE L'ÉGLISE APRÈS LES PATRIOTES DE 1837-1838

Léandre Bergeron a bien analysé cette période historique et je résume ici sa pensée.

L'échec des Patriotes de 1837-1838, qui avaient à leur tête la petite bourgeoisie professionnelle du pays, doit être vu comme une deuxième conquête. En effet, le Bas-Canada perd alors son Assemblée législative et, à la suite du rapport de Lord Durham, notre peuple va être fortement assimilé par le Haut-Canada. L'influence directe va passer entre les mains de l'Église catholique pour plus de 100 ans, c'est-à-dire jusqu'à la Révolution tranquille. L'évêque Lartigue s'était d'ailleurs opposé de toutes ses forces à la rébellion, allant même jusqu'à excommunier ceux qui y prenaient part. Les membres du clergé constituent la seule élite capable de rassembler le peuple. Très près du conquérant anglais, l'Église catholique devient très puissante. Plusieurs avantages matériels vont lui être concédés : octroi de terrains, exemption de taxes, subventions, etc. En outre, elle aura la haute main dans plusieurs domaines que la Loi constitutionnelle de 1867 laissera aux provinces le soin de gérer. Ignace Bourget, qui succède à Mgr Lartigue comme évêque de Montréal, prône la domination de l'Église sur le pouvoir civil. C'est l'ultramontanisme. S'associant aux conservateurs (les bleus), il combat toutes les idées nouvelles. En plus de s'opposer à la séparation de l'Église et de l'État, ces nouveaux chefs combattent ardemment le vote des femmes, la liberté de presse et, surtout, les idées libérales. L'étau se resserre autour des libertés. Les hommes politiques subissent des pressions, les journaux sont contrôlés, les menaces de censure et d'excommunication pèsent sur ceux qui veulent lancer le débat.

C'est à ce moment de notre histoire que l'Église met en place, pour les 100 ans à venir, le système d'éducation. Tout sera religieux et catholique, de l'école de rang à l'Université Laval (1852), en passant, bien sûr, par les collèges classiques. Un surintendant, qui obéit au Comité catholique composé pour moitié d'évêques, va tenir en laisse le système. Le clergé s'oppose même à la création d'un ministère de l'Éducation. Les politiciens plus libéraux devront s'écraser face au clergé tout-puissant. La proportion d'enseignants religieux passera de 10 à 44 % de 1853 à 1896. Dans le domaine social, c'est encore l'Église qui dirige les hôpitaux, les hospices, les orphelinats. Même le domaine de la charité publique, à défaut de « bien-être social », lui échoit. Le curé est l'homme le plus influent et le plus important de la paroisse. Les vocations religieuses foisonnent : de 1850 à 1890, le rapport prêtre/fidèles passe de 1 pour 1080 à 1 pour 510. Les religieuses deviennent omniprésentes, leur nombre grimpe de 650 à 6628. Qu'advient-il de ceux et celles qui essaient de changer les choses ?

Après l'échec révolutionnaire, les chefs politiques qui restent se font silencieux. Le peuple se sent trahi. Il se tait. C'est lui surtout qui a payé les pots cassés. Quelques leaders ont été pendus, certes, mais presque tous sont sortis indemnes des rébellions ; certains ont été condamnés à l'exil, d'autres se sont réfugiés aux États-Unis. Ceux qui restent, assagis de force, devront se faire tout petits et laisser à l'Église toute la place. Le clergé, bien sûr, s'empressera d'établir sa domination sur ce peuple. Le parti rouge, avec les Dorion en tête, va essayer de garder la lampe allumée, mais le clergé s'emploiera vite à l'éteindre. Ce parti, loin du peuple, réunissant des intellectuels de moins en moins radicaux, n'a plus la cote auprès de la population. Des journaux comme *L'Avenir, Le Pays, Le Défricheur* se battront contre le rapport Durham, contre l'Union, contre les réformistes, contre la Confédération. L'Institut canadien de Montréal, une association littéraire et scientifique fondée en 1844, s'est vite imposé comme le centre de rassemblement de jeunes intellectuels francophones, qui sont toujours sans université laïque française (les Anglais de Montréal ont déjà l'Université McGill depuis 1821). Les jeunes rouges lisent Voltaire, Lamartine, Pascal, et d'autres, au grand dam du clergé qui les menace d'excommunication. Les 700 membres de l'Institut ne peuvent accepter l'Index, le catalogue des livres dont Rome interdit la lecture. En 1869, Mgr Bourget réussit à faire mettre l'annuaire de l'Institut à l'Index. Le clergé pousse encore plus fort, crée des instituts qu'il encourage. Ainsi naissent L'Œuvre des bons livres et le Cabinet de lecture paroissial. Le nœud se resserre encore. Même les rouges pâlissent.

Un autre exemple nous démontre clairement l'emprise qu'exerce l'Église sur les intellectuels du temps. En 1845, François-Xavier Garneau publie le premier volume de son *Histoire du Canada*. Bien vite, le clergé lui reproche de ne pas faire ressortir le caractère religieux de la colonisation. En 1859, la troisième édition sera soumise à la censure du clergé, qui coupera des paragraphes entiers et demandera même à l'auteur de récrire certaines pages. Notre « historien national » s'y soumettra. Voilà un exemple éloquent. L'Église veut donc s'emparer du nationalisme du peuple ; elle veut le diriger, même dans son patriotisme. On peut aussi citer l'abbé Casgrain, l'influent Casgrain, qui écrivait : « Si, comme cela est incontestable, la littérature est le reflet des mœurs, du caractère, des aptitudes, du génie d'une nation, la nôtre sera grave, méditative, spiritualiste, religieuse, évangélisatrice comme nos missionnaires. Généreuse comme nos martyrs, énergique et persévérante comme nos pionnières d'autrefois. Mais surtout elle sera essentiellement croyante et religieuse. C'est la seule condition d'être : elle n'a pas d'autre raison d'existence. »

Petit à petit, le nationalisme des Patriotes change de cap. Sous l'influence de l'Église et de sa propagande, un nationalisme tourné vers le passé commence à s'imposer. On peut en voir une manifestation dans l'accueil que fit la population à *La Capricieuse*, le premier bateau français à entrer dans un port du Saint-Laurent depuis la Conquête. À son arrivée, en 1855, ce fut l'allégresse. « La France est revenue ! » Ne nous avait-elle pas rejetés ? Léandre Bergeron déclare à propos de cette visite :

La Capricieuse était venue faire une visite d'amitié après que la reine Victoria avait fait une alliance avec Napoléon III, empereur des Français. La France n'était pas revenue. Elle faisait une petite visite. On moussait chez le colonisé canayen une dépendance vis-à-vis une « mère » qu'il ne pourrait jamais revoir mais dont on lui montrait quelques portraits. En fait, on développait chez lui le colonialisme culturel vis-à-vis la France en le maintenant dans l'ailleurs dans des rêves de grandeur passée quand la France dominait le Canada. De cette façon, on empêchait le colonisé canayen de s'identifier à l'homme d'ici, colonisé certes mais prêt à lutter contre ce colonialisme. On essayait de le maintenir dans l'enfance. Le clergé infantilisait le peuple, le gardait dans l'ignorance la plus crasse et la dépendance la plus aveugle pour établir sa domination totale sur lui.

Que penser par ailleurs de la levée des zouaves pontificaux, qui commence en 1867, l'année même où le clergé et les petits-bourgeois comme George-Étienne Cartier enfermaient le Québec dans la Confédération? Cette période est cruciale dans la compréhension de l'histoire de notre peuple. De peuple prêt à se soulever pour être reconnu comme nation démocratique, il devient peu à peu, sous la tutelle du clergé et de la nouvelle élite politique, faiblard dans ses revendications, acceptant même la domination totale du conquérant et son assimilation à long terme. Que sont devenus les Cartier, Laurier et autres qui avaient pourtant combattu pour la liberté d'un peuple? Mais l'histoire n'est pas si simple...

D'un autre côté, on peut se demander ce que seraient devenues la langue, la culture du peuple québécois sans le clergé. Nos peintres, nos architectes, nos musiciens qui travaillaient à l'intérieur de nos églises? Qui aurait formé nos médecins, avocats, penseurs, chercheurs de toutes sortes? Qui nous aurait gardés en vie? L'histoire n'est pas toute noire ou toute blanche. Certes, il nous faut expliquer et raconter ce qui est arrivé; le passé vécu par un peuple demeure au cœur même de son identité. Ceux qui ont pris la relève des Patriotes se sont emparés de l'âme et des mœurs des Canadiens français. Leur but était sûrement noble. Par leur action, ils les ont, bien sûr, encouragés à suivre leur idéologie, croyant que c'était la seule façon de sauver la nation. Ne tapons pas sans discernement sur le clergé ultramontain du temps. Il a fait faire des pas culturels importants aux Canadiens français. Depuis, le peuple a grandi. Il a découvert et exploré d'autres sentiers.

Pour vous permettre de vous faire une idée de la position du clergé à cette époque, mais en gardant à l'esprit que tous ses membres ne pensaient pas de la même façon, je vous propose la lecture qui suit. Il s'agit d'un sermon prononcé dans l'église de Sainte-Anne-des-Plaines par le curé Isidore Poirier, le 11 novembre 1838.

Vous ne sauriez ignorer, mes frères, quels sont les devoirs que vous devez rendre à César, c'est-à-dire au roi, ou à la puissance souveraine ; depuis un an surtout, on vous les a expliqués amplement... Cependant comme il y a encore parmi vous des têtes dures, qui font semblant de ne rien comprendre, pour se livrer sans remords à la fureur de leurs passions, je profite de ces dernières paroles de notre évangile, pour vous remettre de nouveau sous les yeux la vérité sous tout son jour.

C'est Jésus-Christ lui-même, qui vous assure que toute puissance vient de Dieu, et que celui qui résiste à la puissance qu'il a établie résiste à Dieu même et se damne. La puissance ne vient donc pas du peuple, comme vos prétendus grands hommes ont malheureusement réussi à vous le faire croire, mais elle vient de Dieu seul qui la communique à qui il lui plaît ; toute autre puissance ne saurait venir que de l'enfer ; seriez-vous donc assez aveugles pour vouloir prendre le parti des puissances infernales ? C'est ce que vous feriez certainement si vous aviez le malheur de manquer au respect et à l'obéissance que vous devez au gouvernement sous lequel nous avons le bonheur de vivre.

Rappelez-vous encore ce que notre évêque nous a écrit l'année dernière. Je vais vous en répéter quelques mots... Tous ceux qui meurent les armes à la main contre leur souverain sont réprouvés de Dieu et condamnés à l'enfer. L'Église a tant d'horreur d'une insurrection qu'elle refuse d'enterrer dans les cimetières ceux qui s'en rendent coupables ; qu'on ne peut être absous, ni recevoir aucun autre sacrement, sans faire un énorme sacrilège...

Vous allez me faire une objection : nous voudrions bien la paix, dites-vous, mais ce n'est pas aisé dans le temps où nous sommes ; on nous commande, on nous force de marcher, et si on refuse on nous menace de nous fusiller ; que pouvons-nous faire ? À cette objection, qui ne doit être de nulle valeur chez les chrétiens, voici comment je réponds :

si vous êtes dans un danger éminent (*sic*) de perdre la vie et que vous ayez le temps de vous sauver, prenez aussitôt la fuite et mettez-vous à l'abri de la violence des rebelles; que si vous êtes pris au dépourvu, sans pouvoir échapper, souvenez-vous que vous êtes des enfants des martyrs, et qu'en cette qualité la crainte de la mort ne doit pas vous porter à trahir votre gouvernement. Si donc vous vous trouvez dans la circonstance que je viens de dire, ne craignez rien, marchez en héros, la mort est un gain à qui sait l'accepter; il vaut mieux mourir innocent que de vivre coupable, et perdre la vie pour la cause de Dieu, ce n'est pas la perdre, mais la changer en une autre meilleure.

Pour moi, mes frères... je me sens aujourd'hui doublement fortifié et disposé à affronter plus hardiment que jamais les périls de la prison et de la mort.... Sans doute, si je prévoyais un danger de mort évident, je prendrais la fuite pour ne pas m'exposer volontairement, mais si j'étais surpris dans ma maison, ou ailleurs, et qu'il se trouvait parmi vous des gens assez gâtés pour me menacer de la mort en disant: Écoutez, vous voyez bien que vous nous faites du tort en vous déclarant si hautement contre nous en toute occasion, il faut que vous changiez et que vous soyez de notre parti, autrement nous allons vous ôter la vie; je vous répondrais sans crainte: fusille, tue, massacre; ta fureur m'ouvre le ciel et te plonge dans l'abîme, mais ne crois pas jamais intimider un serviteur de Dieu.

Il faut bannir pour jamais du milieu de vos familles ce détestable mot de patriote, pour lequel vous marquez un si honteux attachement. Je ne crains pas de le dire: si vous aimez encore le titre de patriote, vous aimez votre destruction et celle de vos enfants.

C'est vous, au contraire, patriotes insensés, qui voulez, malgré le gouvernement, détruire notre sainte religion sous le prétexte mensonger de la rétablir. Quoi! Vous dites que vous êtes attachés à votre patrie, que vous travaillez pour le soutien de la religion et par le plus fanatique et le plus aveugle de tous les entêtements, vous détruisez la patrie et la religion. Vous forcez le gouvernement de brûler les églises, les villages et les campagnes; vous vous vantez d'être des patriotes religieux et vous ne parlez que de tuer, fusiller, massacrer les prêtres, les évêques, et tout ce qu'il y a dans le pays de citoyens respectables. Quel affreux patriotisme! Quelle affreuse religion! L'enfer a-t-il jamais inventé rien de plus horrible, de plus exécrable?

Pauvres brebis égarées... entrez dans la voie de la soumission et de la subordination aux autorités légitimes: rendez à César ce qui appartient à César, soyez obéissants, respectueux, soumis et reconnaissants envers les puissances que Dieu a établies pour vous gouverner[2]...

52 MONSEIGNEUR IGNACE BOURGET

Nous ne pouvons rejeter du revers de la main l'apport essentiel de l'Église dans notre histoire. Durant 300 ans, tant sous le Régime français que sous le Régime anglais et même jusqu'en 1960, on lui doit la survie de notre culture et de notre langue, l'éducation du peuple et la mise en œuvre des politiques sociales. On peut aujourd'hui remettre en question son action; il reste qu'en histoire, il faut toujours apprécier les gestes des personnes dans le contexte de leur époque.

À partir de 1840, un personnage mérite une mention toute spéciale: c'est celui de Mgr Ignace Bourget, évêque de Montréal. Né en 1799 à Saint-Joseph-de-Lévis, il est le onzième enfant d'une famille de 13. Le petit Ignace est vif et intelligent, mais sa santé est faible. Son père, qui est cultivateur, l'envoie faire son cours classique au Séminaire de Québec. Ignace prend la soutane à 18 ans et tout en enseignant la grammaire, il complète ses études théologiques à Nicolet.

---

2. Gilles Boileau, « Une Église soumise et servile », *Histoire Québec,* vol. 6, n° 3, mars 2001. Sur Internet: www.histoirequebec. qc.ca/publicat/vol6num3/ v6n3_6eg.htm.

S. G. Monseigneur Ignace Bourget
Archevêque de Marianopolis

Puis il devient secrétaire de Mgr Lartigue, qui vient d'être sacré évêque auxiliaire de Québec, avec résidence à Montréal. Ignace Bourget remplit cette fonction durant 15 ans. En 1836, Mgr Lartigue devient évêque en titre à Montréal. Il nomme alors son secrétaire, tout récemment sacré évêque titulaire de Telmesse, coadjuteur du diocèse. À la mort de Mgr Lartigue, au printemps 1840, Mgr Bourget accède donc au trône épiscopal de la métropole.

UN CRÉATEUR D'INSTITUTIONS

À 40 ans, il a souvent des problèmes de santé. Mais c'est un intraitable ultramontain, c'est-à-dire un partisan du pouvoir absolu du Vatican, et il rêve de faire de Montréal « une petite Rome ». À cette époque, la société canadienne-française est trop faible pour résister à ses dirigeants bourgeois ou pour contester un clergé omniprésent qui condamne et excommunie à qui mieux mieux. C'est dans ce cadre que Mgr Bourget, s'appuyant sur le Syllabus de Pie IX, publié en 1864 et qui condamne les « erreurs modernes », va renforcer sa domination sur les catholiques de son diocèse. L'emprise de ce pouvoir religieux durera 100 ans : il faudra attendre la Révolution tranquille pour que les Canadiens français repensent leur système de valeurs.

Mgr Bourget assure sa mission. Avec un zèle unique, il va encadrer ses ouailles de piliers dévoués comme Émilie Gamelin, fondatrice en 1843 des Sœurs de la Providence qui se spécialisent dans le soin des malades, des vieillards, des pauvres et des orphelins. Comme Eulalie Durocher, fondatrice, aussi en 1843, des Sœurs des Saints-Noms-de-Jésus-et-de-Marie, qui s'occupent de l'éducation des jeunes filles. Comme Rosalie Jetté, fondatrice, en 1848, de la communauté des Sœurs de la Miséricorde, qui se consacrent au salut des enfants trouvés. Comme mère Marie-Anne, fondatrice, en 1850, des Sœurs enseignantes de Sainte-Anne.

En plus de coordonner toutes ces fondations, l'évêque fait venir de France les Sœurs du Sacré-Cœur, celles du Bon Pasteur, de Sainte-Croix ; il ramène les Jésuites au Canada en 1842, et les Clercs de Saint-Viateur, les Pères de Sainte-Croix, les Frères de la Charité répondent aussi à son appel. C'est encore lui qui invite les Oblats de Marie-Immaculée à venir œuvrer au Canada ; et cette congrégation enverra ses missionnaires dans toutes les directions.

C'est à l'instigation de Mgr Bourget que s'ouvriront des dizaines et des dizaines de paroisses en région de colonisation, comme dans les Cantons-de-l'Est. C'est encore lui qui pose, le 28 août 1870, la première pierre de la cathédrale de Montréal, sur le modèle, il fallait s'y attendre de la part d'un ultramontain, de la basilique Saint-Pierre de Rome... Mgr Bourget se retire en 1876 et meurt au Saut-au-Récollet en 1885.

La Confédération

53 LA CONFÉDÉRATION

Confédération: Association d'États souverains qui ont délégué
certaines compétences à des organes communs.

Le Petit Larousse

Depuis 1867, malgré les amendements de 1982, cette
bonne dame Confédération en a pris pour son rhume.
Surtout que dans l'une des provinces fondatrices, le Québec,
nombreux sont ceux qui veulent revenir sur la notion même
de confédération et demander la souveraineté. Revoyons
donc comment on en est arrivé à cette Constitution de 1867.

En réalité, il y a belle lurette que l'idée de se réunir en
fédération trotte dans la tête des penseurs politiques des différentes provinces. Selon Joseph Rutché, déjà en 1789, le juge
en chef William Smith en parlait sérieusement avec Lord
Dorchester, gouverneur du Canada. En 1851, Henry Sherwood
publiait un projet de confédération. Et en Nouvelle-Écosse,
le chef libéral de cette province, Joseph Howe, faisait à ce
sujet un discours resté très important et suivi même de l'adoption en Chambre d'une résolution exprimant le vœu de la
formation d'une confédération des provinces canadiennes.

En 1867, les colonies anglaises de l'Amérique du Nord
britannique sont indépendantes les unes des autres. Quelles
sont-elles? D'abord l'Ontario et le Québec, qui forment le
Canada-Uni, puis la Nouvelle-Écosse, le Nouveau-Brunswick,
Terre-Neuve et l'Île-du-Prince-Édouard.

LES FACTEURS FAVORABLES À UNE FÉDÉRATION

Au Canada-Uni, les choses vont très mal. L'instabilité politique
règne. De 1854 à 1864, 10 gouvernements se succèdent, car

aucun des partis politiques ne réussit à obtenir une majorité absolue. De plus, depuis 1852, la population du Canada-Ouest dépasse celle du Canada-Est de 60 000 âmes. Bien sûr, les Anglais trouvent rapidement que la représentation de leur province n'est plus suffisante et se mettent à crier « *Rep by Pop* » *(representation by population)*, ce qui devient le thème du Parti *clear-grits* dirigé par George Brown. Pourtant, en 1840, alors que les francophones étaient majoritaires dans le Canada-Uni, avec 200 000 habitants de plus, ces mêmes partisans acceptaient avec bonheur la représentation égale...

Mais les colonies commencent à ressentir le besoin de se rapprocher. La cause en est la menace américaine. Il faut se souvenir qu'à cette époque les Américains ont acheté ou pris par la force d'immenses territoires. Où s'arrêtera leur ambition ? On peut s'inquiéter. De plus, au moment de la guerre de Sécession, l'Angleterre a appuyé les sudistes, défaits par les nordistes. Cette situation peut être menaçante pour elle. Aussi le gouvernement britannique est-il favorable à une union de toutes ses colonies.

Finalement, on ne s'en surprendra pas, c'est surtout l'économie qui va suggérer à nos élites du temps de créer une grande fédération canadienne. Le traité de réciprocité avec les États-Unis n'est pas renouvelé en 1864, et la solution la plus envisagée est de créer un marché est-ouest, protégé par des tarifs sur les produits étrangers et pouvant compter sur un gouvernement central fort, capable de négocier avec les autres puissances.

Pour ce faire, on lancera le grand projet d'un chemin de fer est-ouest qui relierait les colonies entre elles. Les leaders politiques se réunissent une première fois à Charlottetown, en septembre 1864. Ils réussissent à convaincre les délégués des Maritimes, qui discutaient déjà d'une union entre eux, de la nécessité d'une union élargie. Lors d'une rencontre à Québec un mois plus tard, Macdonald se montre heureux de l'approbation d'un gouvernement central fort, Brown obtient son *Rep by Pop,* et ils décident de construire l'Intercolonial. Londres accepte la nouvelle constitution en février 1867. L'Île-du-Prince-Édouard et Terre-Neuve se retirent du projet, mais ce dernier est imposé à la population du Canada par l'intermédiaire de sa Chambre d'Assemblée. Bien sûr, les citoyens ne sont pas consultés. Il n'y a pas de référendum. Quelques hommes d'affaires et quelques dirigeants politiques associés les uns aux autres et appuyés par la Grande-Bretagne vont imposer au peuple leur conception d'un nouveau pays. C'est un mariage de raison auquel les Amérindiens ne sont pas invités.

54 GEORGE-ÉTIENNE CARTIER

Lorsqu'on songe à la fondation du Canada, trois noms sont inscrits dans la mémoire de notre histoire : John A. Macdonald, George Brown et George-Étienne Cartier. Ils ont permis la naissance d'un nouveau pays en 1867.

C'est George-Étienne Cartier qui a défendu cette idée dans le Canada-Est (le Québec). Cartier, de l'avis de tous ses biographes, était tout un numéro. Bien sûr, on le connaît comme chef du parti bleu et chef d'État, mais on a peut-être oublié qu'il pouvait aussi être chanteur, conteur et danseur à ses heures. Bref, que c'était un bon vivant.

Ceux qui l'ont côtoyé nous le décrivent comme un homme assez fortement constitué, mais plutôt osseux et pas très grand. Sa démarche et ses mouvements sont nerveux, vifs et légers. Il a le visage ouvert ; le front, les pommettes et la mâchoire sont larges, et le regard est mobile, plein de feu et d'intelligence.

C'est à Saint-Antoine-sur-Richelieu qu'il naît, en 1814. Il étudie au collège de Montréal, travaille chez Édouard Rodier, patriote puissant, et est admis au barreau en 1835. Encore étudiant il prend part, en 1834, à la fondation de la Société Saint-Jean-Baptiste. C'est au cours du banquet de lancement de l'organisme qu'il chante sa célèbre composition – qui fera le tour des maisons canadiennes –, Ô *Canada, mon pays, mes amours*.

Fonds Famille Bourassa

SIR GEORGE-ÉTIENNE CARTIER

Rapidement, le jeune avocat va se mêler aux Patriotes et en même temps que Thomas Chevalier de Lorimier devenir secrétaire des Fils de la Liberté. Il participe à la bataille de Saint-Denis et sa tête est mise à prix. Il gagne les États-Unis pour se mettre à l'abri, mais peut revenir à Montréal quelque temps après, en août 1838. Il se joint au parti de Louis-Hippolyte La Fontaine et se présente aux élections de 1843 contre Denis-Benjamin Viger, qui a changé son fusil d'épaule en s'associant au gouverneur Metcalfe. Il est battu. Mais en 1848 il est élu député dans le comté de Verchères. Durant ce temps, son chef occupe la place centrale en politique. George-Étienne Cartier se fait tout petit et apprend dans l'ombre le métier d'homme d'État.

Rapidement, il tisse des liens avec des politiciens de son parti et des hommes d'affaires qui s'intéressent surtout à la rentabilité de l'industrie ferroviaire… C'est là que le rôle de Cartier dans l'histoire est moins séduisant qu'on a voulu nous le laisser voir.

POLITIQUE ET FINANCIER

Léandre Bergeron insiste sur le fait que Cartier père est l'un des fondateurs de la Bank of Montreal et du chemin de fer Saint-Laurent-Lac Champlain, et que déjà le grand-père était engagé dans le commerce du sel, du blé et du poisson. George-Étienne vient donc d'une famille très à l'aise, bien implantée dans le monde des affaires. Et comme à cette époque c'est avec les Anglais que se font les affaires, Cartier a aussi ses entrées chez eux. Actif en politique, il est de plus au bon endroit pour exercer les pressions nécessaires... Et tout comme plusieurs marchands anglais de l'époque, Hincks, Galt et Merrit, par exemple, il joue sur les deux tableaux, politique et financier. C'est ainsi qu'il obtiendra l'aide de l'État pour la compagnie St. Lawrence and Atlantic Railway dans laquelle sa famille a des intérêts. Plus tard, il deviendra même l'avocat attitré de la compagnie de chemin de fer Grand Tronc.

Une fois La Fontaine retiré de la vie politique, Cartier prend du galon. Secrétaire provincial, procureur général, il devient chef du Parti libéral-conservateur. Il s'associe à Macdonald en 1858 et forme trois ministères de 1858 à 1867.

Les deux hommes participent à la décision de former une confédération. Le rôle de Cartier consiste aussi à faire accepter ce projet politique aux Canadiens français avec l'aide du haut clergé, sur qui il peut s'appuyer. Il prend part aux trois conférences qui préparent la naissance du Canada.

En 1867, il devient le plus puissant politicien du Québec à Ottawa quand il est nommé ministre de la Défense, poste qu'il occupe alors que le scandale du Canadian Pacific Railway (C.P.R.) lui enlève son siège de Montréal-Est au profit de Louis Jetté. (Je vous parle de ce scandale dans le chapitre suivant.) Il soufflera le siège de Louis Riel dans Provencher, au Manitoba, mais ira mourir à Londres le 20 mai 1873.

Sa dépouille rapatriée, on lui fait des funérailles civiques à l'église Notre-Dame de Montréal. Les éléments conservateurs de l'époque, politiciens, haut clergé et capitalistes ont réussi à imposer une constitution au peuple sans référendum. Cartier en était l'un des instigateurs...

55 LE SCANDALE DU CANADIAN PACIFIC RAILWAY

En 1873, un scandale éclabousse Macdonald, Cartier et tout le Parti conservateur. Il obligera le premier ministre à démissionner et à laisser les rênes du pouvoir, pour la première fois depuis la Confédération, aux libéraux d'Alexander Mackenzie.

LE CONTEXTE

Depuis 1867, les colonies du Nouveau-Brunswick, de la Nouvelle-Écosse et du Canada-Uni forment le Canada. Tout ne va pas pour le mieux. Il y a eu l'entrée très agitée du Manitoba dans la fédération à la suite du soulèvement des Métis en 1870. Les Ontariens trouvaient dangereuses les concessions faites à cette province et concernant la langue et l'enseignement. Ils craignaient qu'à la longue, le Manitoba ne devienne une autre province française et que des Canadiens français du Québec n'émigrent alors massivement dans l'Ouest, risquant facilement d'augmenter la petite majorité francophone manitobaine... Pour contenir cette possibilité, les orangistes de l'Ontario organisent une immigration intense et rapide de cette province. Les choses dégénéreront, entraîneront la révolte des Métis et plus tard l'exécution de leur chef, Louis Riel.

Dans l'est du pays, au Nouveau-Brunswick plus particulièrement, la situation n'est pas meilleure, l'agitation règne. À la session de 1871, on supprime, au moyen d'une loi, les droits scolaires et les subventions qui étaient pourtant garantis par la Constitution de 1867 aux Acadiens de cette province. C'est la fin des écoles confessionnelles au Nouveau-Brunswick pour un bon moment. Ni le gouvernement central ni le Conseil privé de Londres n'osent désavouer ce geste haineux.

Malgré ces problèmes politiques sérieux, les politiciens et les hommes d'affaires ne lâchent pas. Après des négociations très dures, la Colombie-Britannique décide d'entrer dans ce nouveau pays. Depuis 1858, la ruée vers l'or avait attiré de nombreux immigrants sur son territoire. Elle était cependant isolée du reste du Canada. Les États-Unis étaient des voisins très intéressants pour elle et l'idée de s'annexer à eux était emballante. Mais Cartier et Macdonald ne vont pas laisser s'échapper cette proie importante pour le jeune pays. Comment? En réglant le problème des communications. La solution: une voie ferrée continentale traversant le pays et reliant toutes les provinces, des rives de l'Atlantique à celles du Pacifique.

LE SCANDALE

Hugh Allan est un Écossais de Montréal qui gère déjà une importante flotte de bateaux. Le projet du train transcontinental l'intéresse. Il sait fort bien que le gouvernement n'a pas les moyens de financer un projet de cette envergure. C'est en effet une entreprise gigantesque: 2000 milles de voie ferrée, 400 milles de montagnes à traverser dans des conditions difficiles... De quoi faire rêver les capitalistes comme Allan qui, en plus de profiter des largesses du gouvernement, flaire dans cette affaire d'énormes profits. « *Public risk, private profit...* »

Pour éliminer ses compétiteurs, Allan forme la Canadian Pacific Railway Company. D'autres hommes d'affaires mettent sur pied l'Interoceanic Railway Company, dont le patron est un dénommé Macpherson. À quelle compagnie ira le mirobolant contrat? Le gouvernement hésite: des élections ont lieu en 1872 et elles s'annoncent difficiles pour lui. Alors George-Étienne Cartier se mouille. En effet, le plus influent des Canadiens français dans le gouvernement Macdonald promet le contrat à la compagnie de Hugh Allan en échange d'une somme de 350 000 dollars versée à sa caisse électorale. Voilà... Les conservateurs gagnent les élections.

Or, à l'ouverture de la session de 1873, un député libéral dévoile le scandale en Chambre. Pour gagner du temps, le gouvernement ajourne le Parlement. Mais les journaux s'en mêlent. On publie les lettres de capitalistes américains alliés d'Allan, la correspondance entre eux et l'équipe Cartier-Macdonald... Finalement, Allan admet ses largesses et

Macdonald démissionne. Les élections de 1874 placent les libéraux à la tête du pays pour la première fois. Et Cartier meurt en Angleterre.

56 «TOUS LES CHIENS AURONT BEAU ABOYER AU QUÉBEC, LOUIS RIEL SERA QUAND MÊME PENDU.»

Sir John A. Macdonald,
premier ministre du Canada

Louis Riel est l'une des grandes figures de notre histoire. Pour les gens de son peuple et pour la majorité des Canadiens français, c'est un héros, un chef qui a donné sa vie pour les siens. Mais pour d'autres, c'est un exalté, un fou, un traître même.

En 1985, la ministre du Patrimoine à Ottawa, Sheila Copps, déclarait: «Louis Riel, qui est mort inutilement, devrait être innocenté par le gouvernement et déclaré victime d'un méfait.» À cette époque, elle était députée dans l'opposition. Quelques années plus tard, elle votait contre le projet de loi visant à annuler la déclaration de culpabilité de Riel...

Comme quoi, même aujourd'hui, plus de 100 ans après sa pendaison, le 16 novembre 1885, il est encore politiquement dangereux de réhabiliter un héros de culture française, pourtant fondateur d'une province canadienne, un homme qui a combattu le racisme en exigeant le suffrage universel et le respect des droits de la personne. Il est impossible dans un si court espace d'analyser et d'expliquer toute cette histoire, celle du peuple métis, français et catholique, qui aurait pu établir une deuxième province française à l'ouest de l'Ontario. Mais pour les fédéraux, il fallait annihiler à jamais la volonté de regroupement de ce peuple, le massacrer et y installer des colons anglais qui feraient du Manitoba une province anglaise. Mais essayons de résumer...

En 1868, les Métis du Manitoba vivent tranquilles sous le régime de la Compagnie de la Baie d'Hudson qui exploite les territoires du Nord-Ouest, richissimes en fourrures, et qui exploite aussi bien sûr les Amérindiens, les Métis et les trappeurs canadiens-français, sous l'œil bienveillant du gouverneur McTavish.

Fonds Famille Mercier

LOUIS RIEL
Décédé le 16 novembre 1885

À cette époque, le gouvernement de la Confédération entre en pourparlers avec la compagnie pour acheter ses terres. Le long de la rivière Rouge et de ses affluents vivent, d'un côté, 10 000 Métis et quelques milliers de Canadiens français établis selon le modèle québécois des seigneuries, et de l'autre, des agriculteurs écossais venus avec Lord Selkirk en 1812.

Avant même que le contrat ne soit signé, le gouvernement du Canada envoie des arpenteurs démarquer les terres en lots carrés, défaisant ainsi tout l'arrangement primitif. «Les Métis protestent auprès du premier ministre Macdonald qui, pour toute réponse, les traite de *halfcastes*, de dégénérés» (Léandre Bergeron).

LA PREMIÈRE INSURRECTION (1869)

Le gouvernement fédéral nomme McDougall lieutenant-gouverneur de ces territoires en attendant leur entrée officielle dans la Confédération. La Compagnie de la Baie d'Hudson cesse tout acte d'administration le 1er décembre 1869. Il y a donc un moment où les territoires n'ont pas d'autorité effective. Les Métis en profitent pour constituer un gouvernement provisoire, dont Louis Riel est l'âme dirigeante. Les arpenteurs et autres employés du gouvernement voient cela d'un fort mauvais œil. Le major Boulton, le Dr Schultz et d'autres lèvent un corps de volontaires pour attaquer les Métis. On en vient aux coups...

L'un de ces combattants, un nommé Thomas Scott, violent et intraitable, est condamné à être fusillé sur l'ordre de Riel. C'est un Ontarien orangiste qui deviendra le héros des anglophones. La tête de Riel est mise à prix par le gouvernement de l'Ontario.

Le 5 décembre, le chef métis produit sa Liste des droits, laquelle exige que la population métisse soit consultée sur sa volonté d'être intégrée dans le Canada. Le fédéral n'est pas d'accord, naturellement. Il fait donc appel à Mgr Alexandre Taché, évêque de Saint-Boniface, qui réussit avec beaucoup de peine à apaiser les Métis. Après un mois de négociations entre Macdonald et le gouvernement provisoire, la province du Manitoba est créée le 15 juillet 1870. L'entente se fait moyennant de bonnes garanties en faveur des Métis, mais le gouvernement fédéral se réserve la propriété des terres publiques. Les Métis ont gagné leur cause : le Manitoba est une province bien définie, et non un agrandissement de l'Ontario.

Mais ce n'est que partie remise, car les Anglais vont chasser les Métis, modifier leurs lois sur les écoles et faire du Manitoba une province anglaise.

LA DEUXIÈME INSURRECTION (1885)

Dès 1870, des militaires sont arrivés au Manitoba sous le commandement du lieutenant-gouverneur Archibald. Les Métis ne comprennent pas, puisque pour eux la question est réglée, nous dit Léandre Bergeron. Cependant, la répression commence. Des immigrants arrivent par milliers et chassent les Métis. C'est même la persécution. Assez pour que le gouverneur Archibald écrive au premier ministre Macdonald : « Les nouveaux venus d'Ontario semblent croire que les Métis français doivent être effacés de la face du globe... » Ces derniers réagissent en émigrant vers l'ouest. Louis Riel, après s'être fait élire aux élections de 1871 dans la circonscription de Saint-Boniface, cède son siège à George-Étienne Cartier, battu dans Montréal-Est. Après la mort de Cartier, Riel reprend son siège, en 1874. Mais il est toujours considéré comme un traître, et chassé de la Chambre des communes. À cette époque, Riel a des crises de mysticisme. Il est interné à l'asile de Longue-Pointe puis à celui de Beauport. En 1878, il s'exile au Montana, épouse une Métisse et devient instituteur.

Les Métis repoussés vers l'ouest se sont installés le long de la rivière Saskatchewan et vivent de la chasse au bison. Leur situation est d'autant plus précaire que les Américains massacrent les troupeaux qu'aucune loi ne protège. Le Canadien Pacifique et des centaines de colons et de spéculateurs envahissent leur territoire. Les arpenteurs reprennent leur travail en divisant encore une fois les terres métisses en lots carrés pour les distribuer. Les Métis alertent Ottawa qui ne bouge pas... Alors ils réclament leur sauveur, Louis Riel, qui revient en juillet 1884.

Riel reprend le combat. Il réclame la reconnaissance des droits des Métis à l'ouest du Manitoba. Durant ces années, il a des visions qui, dit-il, lui suggèrent de créer une société où tous les hommes vivraient d'amour dans un monde idéal...

Le clergé prend peur et répudie Riel. Un certain père André lui refuse les sacrements et le juge fou ; on lui demande de quitter le pays. Riel et ses principaux collaborateurs savent que le gouvernement fédéral est prêt à les acheter à prix fort. Alors ils exigent des sommes faramineuses, sachant fort bien qu'elles seront refusées.

En février 1885, Riel structure la résistance malgré l'opposition des prêtres. Le 17 mars, le gouvernement provisoire de Saskatchewan est établi à Saint-Laurent, et la lutte armée s'engage. Ottawa envoie 5000 hommes en renfort à la Police montée (créée exprès pour la répression des Métis) pour combattre « un fou et ses alliés sauvages ». Batoche tombe le 12 mai, et Riel se rend.

Fonds Famille Bourassa

GABRIEL DUMONT
Fidèle compagnon de Riel

Alors qu'un journal de Toronto suggère que « l'on étrangle Riel avec un drapeau français », au Québec une campagne s'organise pour sauver le chef métis. Le procès de ce dernier est une farce judiciaire. Le juge est anglais, et s'il est assisté d'un juge de paix francophone, il reste que le jury est composé de colons et de marchands anglais. Après sept jours, le verdict tombe : Riel est trouvé coupable de haute trahison, mais le jury recommande la clémence. Riel porte sa cause en appel ; la Cour du Banc de la Reine du Manitoba confirme le verdict. Le Conseil privé refuse d'entendre la cause.

« *Riel must swing* », voilà l'opinion émise par John A. Macdonald, le premier ministre du Canada. Il est question à un moment de commuer la peine de mort prévue en cas de haute trahison, mais les dirigeants canadiens s'y refusent. Le 16 novembre 1885, Riel est pendu à Regina. Au Québec, c'est l'indignation, tandis que l'Ontario acclame la mort du chef métis !

Saviez-vous que…

Le tunnel du Canadien national, sous le mont Royal, fut inauguré en octobre 1918 et a coûté cinq millions de dollars. Il était le tunnel le plus long au Canada, après celui du Canadien Pacifique, dans les Rocheuses.

57 HONORÉ MERCIER

Le 22 novembre 1885, une assemblée monstre se déroule sur le Champ-de-Mars, à Montréal. D'après l'historien Robert Rumilly, c'est l'assemblée « la plus nombreuse et la plus émouvante jamais tenue au Canada ». Il y a là entre 40 000 et 50 000 hommes de tous partis, « poings serrés, cœurs éteints », qui ont répondu à l'appel des différents chefs politiques canadiens-français, Laurier, Trudel, Laflamme et, bien sûr, Honoré Mercier, dont la voix éclate au milieu du silence : « Riel, notre frère, est mort, victime de son dévouement à la cause des Métis dont il était le chef, victime du fanatisme et de la trahison… »

Honoré Mercier naît à Sabrevois en 1840. Le père, cultivateur et patriote, élève son fils au lendemain des soulèvements de 1837, en pleine mouvance politique. Après des études au Collège Sainte-Marie, le jeune Honoré pratique le droit à Saint-Hyacinthe et collabore au journal *Le Courrier*. En 1867, il combat la Confédération. En 1871, il entre au Parti national. En 1872, il est élu au fédéral dans le comté de Rouville. Très rapidement, le Parti national est absorbé par le Parti libéral et Mercier ne se représente pas aux élections de 1874. En 1879, Joly de Lotbinière devient premier ministre libéral de la province de Québec ; il attire Mercier dans l'arène provinciale et celui-ci est élu à Saint-Hyacinthe, puis nommé au cabinet comme solliciteur général. À cette époque s'amorce le combat politique de toute sa vie contre son ennemi juré : Adolphe Chapleau, le chef conservateur.

Fonds Famille Bourassa

L'HONORABLE HONORÉ MERCIER
Secrétaire d'État

UN VÉRITABLE HOMME D'ÉTAT

Les événements des provinces de l'Ouest, toute l'affaire de Riel et des Métis, vont propulser Mercier à l'avant-scène. Il reconstruit le Parti national, qui réunit des libéraux et des conservateurs révoltés de la tournure des événements et de la pendaison de Louis Riel. On se lance en campagne électorale. Ce sera l'une des batailles les plus passionnées de toute l'histoire du Québec. Le chef du Parti national se bat comme un démon. Les Canadiens français s'identifient à lui parce qu'il incarne leur patriotisme et leur fierté. Et il est élu premier ministre le 29 janvier 1887. Pour la première fois de l'histoire, un premier ministre du Québec est reconnu comme un homme d'État.

L'idée de Mercier, c'est que le Québec doit s'affirmer comme nation française et catholique. Aussi devient-il très rapidement suspect aux yeux du pouvoir fédéral. Il visite les grandes capitales du monde, il est reçu par les grands financiers de New York. Paris déroule pour lui son long tapis rouge et même le décore de la Légion d'honneur. Le pape lui accorde une audience privée. Le Canada anglais se raidit et craint que Mercier ne camoufle le projet de créer un État québécois. On met donc sur pied un comité sénatorial qui surveille tous ses faits et gestes.

Et le scandale éclate. Mercier manque de prudence. Il n'est pas vigilant. Et alors qu'il est au sommet de sa puissance, des politiciens de son entourage acceptent des pots-de-vin pour favoriser une compagnie de chemin de fer. C'est la débâcle. Le premier ministre doit abandonner le pouvoir et son parti est écrasé aux élections de 1892. Même s'il est acquitté en Cour d'assises, il ne se relève pas de cet échec et meurt ruiné, financièrement et physiquement, le 30 octobre 1894.

Parmi les grandes réalisations d'Honoré Mercier, on retiendra l'indemnisation des Jésuites, la convocation de la première conférence interprovinciale, la nomination du curé Labelle comme sous-ministre de l'Agriculture et de la Colonisation, la construction de chemins de fer et la création de l'école du soir.

58 «CESSONS NOS LUTTES FRATRICIDES»

Cette phrase lancée un jour par Honoré Mercier nous ramène à l'actualité. Comme certains hommes politiques d'aujourd'hui, Mercier, chef du Parti national en 1887, espérait rallier les Canadiens français face au grand frère fédéral qui menaçait l'autonomie du Québec.

LE PARTI NATIONAL

C'est en 1871, quatre ans après la Confédération, que pour la première fois un ralliement des forces libérales modérées et des conservateurs fatigués de la dictature de George-Étienne Cartier tente une union politique des Canadiens français du Québec. Ce nouveau parti québécois se révolte contre la politique du gouvernement fédéral dans l'Ouest canadien et s'indigne de la façon dont le Nouveau-Brunswick a réglé le conflit des écoles françaises catholiques sur son territoire.

En 1874, Cartier, le chef conservateur, meurt, et Antoine-Aimé Dorion, chef du Parti libéral, se retire. Joseph-Alfred Mousseau tente à son tour de faire lever un parti national. Lionel Groulx explique, dans son *Histoire du Canada...*, que « ces projets et regroupements procèdent des mêmes soucis : opposer un front canadien-français aux empiétements d'Ottawa dans les affaires du Québec et constituer une force politique pour la sauvegarde des intérêts ». Comme vous le voyez, il n'y a rien de nouveau sous le soleil.

Entre 1880 et 1890, l'influence des Canadiens français à Ottawa marque déjà un très net recul. Au Québec, de futurs chefs politiques, Thomas Chase Casgrain et Edmund James Flynn, proposent en 1888 « une ébauche de centralisme et la fusion des races en une seule nationalité canadienne ». Si on ajoute à ce projet l'affaire Riel, le chef des Métis pendu à Regina en 1885, après un procès qui marquera d'amertume et de colère l'histoire canadienne, on ouvre toute grande la porte à la guerre journalistique.

Retenons deux énoncés de journaux du temps pour mesurer la friction. Le *Toronto Mail* écrit : « Si la chute du Cabinet (fédéral) devait résulter du retrait de ses partisans français [...] en ce cas, nous, sujets britanniques, sommes convaincus qu'il nous faudrait nous battre de nouveau pour la Conquête [...] cette fois, le conquérant ne capitulera pas. Il n'y aura plus de Traité de Paris ». À ces propos, *La Presse,* de Montréal, répond : « Riel n'expie pas seulement le crime d'avoir réclamé les droits de ses compatriotes ; il expie surtout le crime d'appartenir à notre race. L'exécution de Riel brise tous les liens de parti qui avaient pu se former dans le passé. Désormais, il n'y a plus ni conservateurs ni libéraux [...]. Il n'y a que des Patriotes et des Traîtres. Le Parti national et celui de la corde ».

MERCIER RALLIE LES CANADIENS FRANÇAIS

C'est à ce moment qu'arrive Honoré Mercier. En 1886, apeuré par les dangers de la Confédération, il quitte le Parti conservateur. Puis, en 1887, après l'affaire Riel, il réussit à rallier conservateurs, libéraux et ultramontains pour fonder un nouveau Parti national. Il prend le pouvoir. C'est un temps fort pour le Québec. Rapidement, des francophobes, aidés du gouvernement fédéral, entreprennent d'attaquer Mercier et son parti ; on tente de faire invalider la loi à la suite du règlement des biens des Jésuites. On assiste aussi à la mise sur pied de la Equal Right Association ayant pour chef Alton McCarthy et dont le but est de « défendre les droits des anglo-protestants du Québec ». Plus tard, on apprendra que cette ligue poursuivait aussi un autre but : freiner la pénétration française dans les Cantons-de-l'Est et dans le nord et l'est de l'Ontario. Bref, ça va mal. La morosité du climat entre le Québec et le Canada anglais s'amplifie.

Comme le rapporte le chanoine Groulx : « Un historien anglo-canadien a pu parler du duel Mercier-McCarthy. En 1890, lorsque McCarthy propose au Parlement fédéral la suppression des droits officiels de la langue française dans le Nord-Ouest, l'un des partisans de son groupe le déclare sans ambages : la proposition est une riposte à Mercier et à son parti en train d'établir une république française sur le Saint-Laurent... »

Pour tout le monde, francophones catholiques ou anglophones protestants, le « Cessons nos luttes fratricides » d'Honoré Mercier se traduisait par un cri de ralliement lancé aux troupes canadiennes-françaises : « Unissons-nous contre les Anglais. »

Des centaines d'années plus tard, on assiste historiquement à un semblable scénario.

59 LE « ROI DU NORD »

Je vais souvent à Saint-Jérôme. J'aime alors m'arrêter devant l'église pour saluer, de l'autre côté de la rue, un grand personnage. C'est le « roi du Nord », « l'apôtre de la colonisation », le curé Labelle. Bien campé sur son socle en plein milieu du parc, il semble veiller encore et toujours sur son royaume. Grâce au roman de Claude-Henri Grignon, *Un homme et son péché,* puis au téléroman qu'il a inspiré, *Les belles histoires des pays d'en haut,* ce héros authentique a habité ma jeunesse et l'imaginaire de toute une génération de Québécois. Un héros ? Oui. Car sa tâche était héroïque : stopper l'émigration d'un peuple. Et pour cela lui ouvrir un territoire nouveau où il pourrait survivre et conserver sa culture, sa langue et sa religion.

Antoine Labelle naît à Sainte-Rose, le 24 novembre 1833. Son père est cordonnier. Sa mère, la future « madame curé », deviendra populaire grâce à son célèbre fils qui lui confiera la gestion de son presbytère de Saint-Jérôme. Antoine fait ses études au Collège de Sainte-Thérèse de 1844 à 1852, puis au Grand Séminaire de Montréal. Il est ordonné prêtre le 1er juin 1856. Jusqu'en 1859, il sert comme vicaire au Sault-au-Récollet et à Saint-Jacques-le-Mineur. En 1860, il est nommé curé à Saint-Antoine-Abbé, dans Huntingdon, et en 1863 à Saint-Bernard-de-Lacolle. Partout où il passe, il ne peut que constater la pauvreté des paroissiens. Pire : la détresse de milliers d'entre eux, obligés d'émigrer vers les États-Unis. Ce spectacle le peine. Il songe à s'exiler avec ses « Canadiens » pour les aider et les guider dans leur pays d'adoption.

UN VISIONNAIRE

Mais l'évêque de Montréal, Mgr Bourget, intervient. Il confie au curé Labelle une cure plus riche, celle de Saint-Jérôme. De mai 1868 jusqu'à sa mort, en 1891, Saint-Jérôme restera le lieu d'ancrage du « roi du Nord ». C'est là qu'il concevra son grand projet de colonisation, c'est de là qu'il le fera rayonner.

« Il faut, dit-il, mettre des Canadiens à la place des pruches et des épinettes. » Comme l'a écrit Serge Laurin, il ressent profondément l'urgence de la situation, car il voit bien que l'élément anglo-protestant convoite ce territoire. Quand le curé Labelle parle de « son peuple », il n'emploie pas un terme limitatif. La colonisation du Nord, c'est une affaire nationale, pas seulement régionale. Il voit grand, il voit large. Entre 1869 et 1891, il fait 29 voyages dans les pays d'en haut et fonde 60 villages !

Saviez-vous que...

La première automobile à rouler à Montréal, au mois de novembre 1899, appartenait à Ucal-Henri Dandurand, un promoteur immobilier. C'était une Crest mobile fabriquée par la Motor Carriage Company de Boston. Elle pesait 400 livres. Dandurand posséda plus tard, en 1902, une De Dion-Bouton qui pesait 800 livres. Il était le fils de Rose Philipps-Dandurand, à la mémoire de qui fut baptisé le quartier de Rosemont. Un dénommé Henri-Émile Bourassa, qui avait été pendant huit mois l'hôte d'un pilote français, Louis Chevrolet, donna à son invité des ouvrages techniques sur l'automobile, ce qui permit à ce dernier de lancer sa première voiture en 1899.

On associe le curé Labelle à son fameux chemin de fer, son p'tit train du Nord. C'est que l'homme a vite compris que les Américains n'ont pas colonisé l'Ouest en charrette, mais en wagons. « Je sens que la province a besoin d'un chemin de fer dans le Nord et que nous ne devons reculer devant aucun sacrifice pour l'obtenir, écrit-il. L'émigration nous dévore, nos ressources restent inertes dans les entrailles de la terre, notre bois pourrit sur le sol. Allons-nous périr au milieu de l'abondance ? Il nous faut l'industrie pour développer notre pays mais nous ne pouvons l'obtenir qu'en le sillonnant de chemins de fer. » Il obtiendra le sien. L'inauguration aura lieu à Saint-Jérôme le 9 octobre 1876.

UN POLITIQUE

Ce fumeur de pipe impénitent fait la conquête d'hommes influents. Ami de Chapleau, le chef conservateur, et de Mercier, le chef du Parti national, il essaie même de réconcilier ces deux grands ennemis politiques. Il s'allie aussi le journaliste Arthur Buies, qui l'épaule grâce à sa plume. Mais la réalisation de son grand rêve trouve sur sa route de gros obstacles. En effet, les politiciens et les magnats du chemin de fer comme les autorités ecclésiastiques misent sur sa réputation d'honnêteté et de générosité pour en tirer des profits. Même son nouvel évêque, Mgr Fabre, s'opposera souvent à ses projets, dont celui de créer un diocèse pour le Nord.

Fonds Famille Bourassa

L'HONORABLE J. A. CHAPLEAU
Secrétaire d'État

Ce colosse de 6 pieds et de plus de 300 livres, dont la personnalité originale a séduit tant de monde, s'effondre après la défaite de la bataille du diocèse. Il est fait prélat en 1889, et démissionne de son poste de sous-ministre à l'Agriculture et à la Colonisation le 26 décembre 1890. Mercier refuse sa démission, mais le 4 janvier 1891, le « roi du Nord » meurt à Québec. La colonisation des Laurentides, si médiatisée, n'a pas été un succès en réalité. Le colon isolé et établi sur des terres pauvres deviendra plus nomade que sédentaire. Cependant, le curé Labelle aura réussi, avec d'autres, à atteindre son but premier : assurer une occupation des terres de la rive nord du Saint-Laurent par des Canadiens français et réduire ainsi le flot de l'émigration.

Aujourd'hui, le Nord a gagné ses galons comme région touristique extraordinaire : lacs, pentes de ski, golfs, hôtels, piste cyclable incomparable sur le tracé même du p'tit train du Nord ! Que penserait le curé Labelle de son empire, aujourd'hui ? Il m'arrive encore souvent, en foulant le sol de cette région, imaginant ce « chêne » se battant au milieu de sa forêt, de me le demander.

60 LE GRAND CHAPLEAU

Sir Joseph-Adolphe Chapleau occupe une place importante dans l'histoire du Québec. Tout comme celui de Laurier et d'autres politiciens de chez nous, son nom demeure bien présent au Québec : avenue Chapleau, barrage Chapleau, rue Chapleau, parc Adolphe-Chapleau, etc. Bien sûr, on se souvient de lui comme étant l'adversaire féroce d'Honoré Mercier et un des Canadiens français restés fidèles au premier ministre Macdonald lors de la pendaison de Louis Riel.

Chapleau vient au monde à Sainte-Thérèse, au nord de Montréal, le 9 novembre 1840 (l'année de l'Acte d'Union). Son père, Pierre, est menuisier et maçon. Sa mère, Zoé Sigouin, fille d'un cultivateur, porte à son fils une attention particulière. Après un court séjour au collège Masson, à Terrebonne, il court travailler dans les affaires à Montréal. Rapidement, il se rend compte qu'il doit poursuivre ses études et c'est au séminaire de Saint-Hyacinthe qu'il termine sa philosophie. En 1861, il est admis au

Barreau. Il a pour condisciple Honoré Mercier, qui deviendra son plus grand adversaire politique.

La Société historique de Montréal

JOSEPH-ADOLPHE CHAPLEAU

Il entreprend sa carrière en politique en 1867, année où le Canada fédéré voit le jour, alors qu'il est élu député conservateur à Québec. Rapidement, il fait son chemin. Doté d'une personnalité riche et vigoureuse, il s'impose, malgré son jeune âge. En 1873, il est créé conseil en loi de la reine et est nommé solliciteur général dans le cabinet de Gédéon Ouimet (il n'occupera pas longtemps ce poste, car le gouvernement Ouimet démissionnera en septembre 1874). En novembre 1874, il épouse Marie-Louise King, fille du lieutenant-colonel Charles King établi à Sherbrooke. Le couple n'aura pas d'enfants.

En 1876, Charles Boucher de Boucherville, premier ministre du Québec, l'invite à servir dans son cabinet comme solliciteur général. Deux ans plus tard, il devient chef du Parti conservateur du Québec. Le libéral Henri-Gustave Joly est au pouvoir. Son gouvernement est renversé par les conservateurs à la fin d'octobre 1879 et Chapleau forme le nouveau gouvernement. Il dirigera la province de Québec jusqu'en juillet 1882. En plus de sa charge de premier ministre, il occupe le poste de commissaire de l'Agriculture et des Travaux publics et de commissaire des Chemins de fer. C'est à ce moment qu'il côtoie le curé Labelle. En 1882, il quitte le Québec pour Ottawa, ayant accepté le poste de secrétaire d'État dans le gouvernement conservateur de Macdonald.

Entre-temps, il se voit conférer divers honneurs : il est créé commandeur de l'Ordre de Saint-Grégoire-le-Grand par le pape en 1881, puis, l'année suivante, il est fait commandeur de la Légion d'honneur. Il est reconnu. Chapleau est devenu un grand homme politique.

Cet avocat efficace est envoyé en Colombie-Britannique en juillet 1884 à la tête d'une commission royale dont la mission est de régler la question de l'immigration chinoise. Rapidement, Chapleau laisse sa marque. C'est lui qui établit l'Imprimerie nationale à Ottawa. Il engage le combat pour mettre fin au régime du double mandat. Il travaille ardemment pour rapprocher le Canada de la France. En effet, Chapleau avait institué le Crédit foncier franco-canadien en 1880, un fonds pour venir en aide aux cultivateurs, aux corporations municipales et scolaires et aux fabriques. Il est l'un des principaux promoteurs des chemins de fer au Canada. On lui doit d'ailleurs le chemin de fer de la colonisation du Nord.

C'est en 1885 que notre Québécois perd quelques plumes face à ses concitoyens. En effet, Riel est pendu. Chapleau est accusé de traître. Mercier, Laurier et plusieurs autres politiciens canadiens-français partent en guerre contre les conservateurs et leur chef John A. MacDonald qui s'écrie : « Même si tous les chiens du Québec aboyaient, Riel sera pendu. » Le Parti national reprend vie au Québec et Mercier en devient le chef incontesté. Admiré, vu comme un chef d'État, rapidement, il éclipse son rival Chapleau, qui reste fidèle à son parti et à la décision de son chef.

On raconte une histoire émouvante au sujet de Chapleau. Apprenant que Mercier, son adversaire politique, était mourant, Chapleau, qui était lieutenant-gouverneur du Québec depuis 1892, avait insisté pour aller lui rendre visite. Mis au courant, Mercier lui fit répondre par ses amis Gouin et Lemieux qu'il le recevrait avec le plus grand plaisir. « Bien que les médecins m'aient ordonné de ne recevoir personne, je violerai cette fois la consigne pour recevoir M. Chapleau. » L'entretien eut lieu en présence de M. Arthur Dansereau, maître de poste et ami du grand homme. Il raconte : « En entrant, M. Chapleau se dirigea vers le grand fauteuil où le malade était étendu et lui serra les deux mains avec effusion. "Mon cher Chapleau, dit le malade, je te remercie du plus profond de mon cœur de ta visite et de tes bonnes paroles, mais je sens et je vois que tout est fini. J'attends la mort de pied ferme. Je ne la redoute pas, car elle sera pour moi presque une délivrance. Grâce au père Garceau, je suis préparé à mourir depuis longtemps déjà." » Chapleau, pour ne pas fatiguer le malade, voulut se retirer, mais Mercier le retint. Ils causèrent durant 20 minutes de choses politiques. Quand il en vint à parler de l'avenir, le malade se mit à pleurer. Chapleau et Dansereau, vaincus par l'émotion, fondirent en larmes. Avant de se séparer, les deux grands adversaires s'embrassèrent avec effusion. Israël Tarte déclara à l'époque que la réconciliation de ces deux grands politiciens fut comme une protestation de la part de Chapleau contre la persécution dont Mercier avait été victime quelques années auparavant.

Saviez-vous que...

Comme les autres provinces de l'Ouest, sauf la Colombie-Britannique, l'Alberta a été découverte et explorée par des Français. Boucher de Niverville y fonda le fort La Jonquière, aujourd'hui Calgary. Après la Conquête, ce territoire est confié à la Compagnie de la Baie d'Hudson. L'Alberta fut ainsi nommée en l'honneur de la quatrième fille de la reine Victoria et du prince Albert, Louise Caroline Alberta, épouse de John Douglas Sutherland Campbell, gouverneur général du Canada. Même si des Anglais et des Écossais y faisaient la traite des fourrures, le territoire était principalement peuplé, à l'époque, de Métis et d'Amérindiens.

Chapleau meurt le 13 juin 1898 dans son appartement de l'hôtel Windsor, à Montréal. Il avait quitté son poste de lieutenant-gouverneur en février de la même année. Deux ans avant, il avait été décoré chevalier commandeur de l'Ordre de Saint-Michel et de Saint-George par la reine. Parmi les nombreuses fonctions publiques qu'a remplies Chapleau, on peut mentionner qu'il fut directeur de la Laurentides Railway Co. et de la Pontiac and Pacific Railway Co., ainsi que propriétaire du journal *Le Colonisateur* avec Ludger Labelle, Joseph-Alfred Mousseau, Laurent-Oliver David et Louis-Wilfrid Sicotte. Il fut aussi actionnaire et directeur politique du journal *La Minerve*, bailleur de fonds pour le journal *La Presse* et directeur politique de ce même journal. Chapleau fut également actif dans le domaine financer, entre autres en tant que directeur du Crédit foncier du Bas-Canada et de la Banque d'épargne de la cité et du district de Montréal. Socialement, il ne ménagea pas non plus ses efforts. Il fut le dernier président de l'Institut canadien-français de Montréal, membre du Saint James Club, du Club de la garnison de Québec et du Club Rideau d'Ottawa. Évidemment, toutes ses fins de semaine devaient être occupées...

61 | SIR WILFRID LAURIER

Le fils de Saint-Lin, né en 1841, va devenir le tout premier premier ministre canadien-français du Canada. Et c'est sous son mandat qui débute en 1896 que le pays va s'agrandir de deux provinces en 1905 : la Saskatchewan et l'Alberta.

Collection initiale

WILFRID LAURIER
Chef du Parti libéral du Canada

Après son cours classique à L'Assomption, Wilfrid Laurier entre à la faculté de droit de l'Université McGill, puis va exercer sa profession à Arthabaska. Il se fait élire député à Québec en 1871, mais trois ans plus tard il passe à Ottawa comme député libéral et entre au cabinet du gouvernement Mackenzie en 1877.

Quand Edward Blake prend la direction du Parti libéral, Laurier devient rapidement son second, puis lui succède en 1887. Au Québec, le clergé exprime des réticences concernant Laurier, le soupçonnant, puisqu'il a été membre de l'Institut canadien 20 ans plus tôt, de libéralisme doctrinal. Mais Laurier, profitant des faiblesses d'hommes politiques bien placés dans le Parti libéral et fort de l'appui quasi total des francophones, qui voient en lui la possibilité qu'un des leurs devienne premier ministre du Canada, remporte la victoire en 1896.

EDWARD BLAKE
Chef du Parti libéral du Canada

Laurier rêve que les deux peuples fondateurs collaborent au progrès du pays. La route ne sera pas facile. Au début de son mandat, l'âge d'or du grand capitalisme se dessine, avec ses héros, des personnages très admirés pour leur fortune et leur prestige : les Ford, Rockefeller, Vanderbilt, Carnegie. Le Canada, dans le sillage de ces géants, profite de la conjoncture. On peut affirmer qu'avec le gouvernement Laurier débute une période de prospérité économique qui va durer jusqu'à la fin des années 1920.

UN RÉGIME MARQUÉ PAR LES DIVISIONS

Plusieurs grandes crises politiques vont cependant assombrir son régime. L'une d'entre elles est déclenchée de Londres par Joseph Chamberlain, le ministre britannique des Colonies, qui projette d'établir une fédération politique entre ces dernières et l'Angleterre. Laurier rejette poliment ses avances; mais son attitude à l'égard de l'Empire est bien mal reçue chez de nombreux Canadiens d'origine britannique qui voudraient au contraire que le pays se rapproche de la mère patrie. Chez les Canadiens français, c'est l'inverse. Henri Bourassa, le bras droit de Laurier, et les nationalistes tiennent absolument à ce que le Canada se détache de l'Empire et devienne indépendant le plus tôt possible. Entre ces extrêmes, Laurier doit manœuvrer habilement. Il sait fort bien que pour demeurer premier ministre, il a besoin d'une majorité d'appuis chez les Canadiens anglais, tout en préservant son château fort au Québec.

HENRI BOURASSA

D'autres événements encore vont susciter les divisions sous le gouvernement Laurier. En 1890, le Manitoba abolit les écoles catholiques et françaises. Lors de son élection en 1896, Laurier avait promis de régler le problème. Le compromis de 1897 qu'il établit avec le premier ministre Greenway mécontentera les francophones du Manitoba et du Québec aussi bien que le clergé catholique. En 1899, c'est la guerre des Boers. L'Angleterre, qui convoite les mines d'Afrique du Sud, attaque les colons hollandais déjà sur place et demande au Canada de fournir des soldats. Les anglophones sont d'accord, les francophones ne veulent rien entendre. Laurier prend une décision de compromis. Et quand Bourassa lui demande s'il a tenu compte de l'opinion du Québec, le premier ministre répond : « Mon cher Henri, la province de Québec n'a pas d'opinion, elle n'a que des sentiments. » Outré, Bourassa démissionne. Le schisme sera définitif.

Un autre projet de loi, le *Naval Bill,* divise encore les deux peuples et provoque la chute de Laurier en 1911. Le conservateur Robert Laird Borden est élu grâce à l'appui des Canadiens français.

Comme chef de l'opposition, Wilfrid Laurier se dresse contre la conscription. Plusieurs de ses lieutenants canadiens-anglais l'abandonnent. Il meurt à Ottawa le 17 février 1919. Sa politique aura été celle du compromis et de la conciliation.

La suite coûtera malheureusement très cher aux nationalistes québécois qui ont appuyé le Parti conservateur fédéral. En effet, le gouvernement Borden va établir une politique plus impérialiste encore que celle de Laurier. Un exemple : le 17 décembre 1917, il imposera la conscription.

62 LA GUERRE DES BOERS

Nous sommes à la fin du XIXᵉ siècle. L'empire britannique est à son zénith. L'Australie, la Nouvelle-Zélande, le Canada, l'Inde, Malte, Gibraltar et d'autres colonies encore sont accrochées à sa couronne. Le responsable britannique aux colonies, Joseph Chamberlain, clame haut et fort que

« la race anglo-saxonne est la plus grande des races gouvernantes que le monde ait jamais connues ». À cette époque, l'Italie, l'Allemagne et les États-Unis accèdent au rang de puissances. Cette concurrence effraie l'Angleterre, qui veut affirmer son empire en resserrant les liens avec ses colonies. On parle même d'une « plus Grande-Bretagne » qui n'aurait qu'une seule et même administration, et une seule armée (Léandre Bergeron).

EN AFRIQUE

Pendant ce temps, dans le sud de l'Afrique vivent paisiblement les Boers, des descendants du peuple hollandais. Ils y sont depuis 1634. Or, vers 1867, on découvre de riches mines d'or sur leur territoire. Quelle aubaine pour l'Angleterre, qui cherche justement à agrandir son empire! À elle de mettre la patte sur ces proies faciles et si bien dotées avant que d'autres ne le fassent. Ou, si l'on préfère, à elle d'étendre à l'Afrique son œuvre de colonisation et de civilisation... L'Angleterre déclare donc la guerre en 1899 et fait appel à ses colonies, car elle a besoin de soldats pour vaincre les colons boers.

AU CANADA

Depuis 1896, c'est Sir Wilfrid Laurier qui est premier ministre du Canada. Comment répondra-t-il à cet appel de la mère patrie? Pour comprendre sa réponse, rappelons-nous d'abord ses paroles, au moment où il a reçu le titre de *sir* à l'occasion des fêtes du jubilé de la reine Victoria en 1897: « Le jour le plus glorieux de ma vie sera celui où je verrai un Canadien d'origine française appuyant le principe de la liberté dans ce Parlement de la Plus-Grande-Bretagne et je suis britannique jusqu'au fond du cœur. » Pris à son propre piège, il va trouver un compromis. Et le 13 octobre 1899, sans passer par la Chambre des communes, faire adopter une loi qui permet d'envoyer 1000 volontaires au service de l'armée anglaise. Au total, 7500 Canadiens se joindront à l'armée anglaise. Le coût de cette opération s'élèvera à 2 800 000 dollars.

Le seul député qui s'oppose à cette décision en est un du Québec. C'est Henri Bourassa. Petit-fils de Louis-Joseph Papineau, il a 31 ans à peine. Laurier l'aime et le respecte. Mais cette loi va à l'encontre des principes du jeune loup : dès le lendemain de la promulgation de l'arrêté en conseil, il démissionne. À partir de ce jour, Henri Bourassa sera un ennemi politique acharné de Laurier. Il fondera un peu plus tard, avec Olivar Asselin, la Ligue nationaliste.

Le recrutement de militaires se fait à l'étendue du pays. Le Québec fournit une centaine d'hommes.

AFFRONTEMENTS À MONTRÉAL

Après la prise de Ladysmith par les troupes anglaises, annonciatrice de la victoire sur les Boers, les étudiants de l'Université McGill, arborant l'Union Jack, se regroupent pour manifester. Ils en viennent aux coups avec des étudiants de l'Université Laval, à Montréal qui, eux, déploient le drapeau tricolore. Des centaines d'étudiants anglophones se mobilisent pour aller hisser l'Union Jack sur l'Université de Montréal et sur les édifices des journaux français, rue Saint-Jacques. Mais, rue Saint-Denis, les étudiants francophones les attendent. Ils ont branché tous les tuyaux d'incendie qu'ils ont pu trouver aux bornes-fontaines. Malgré l'inondation, les émeutiers de McGill réussissent à pénétrer dans l'enceinte de l'université française, s'emparent du drapeau tricolore, le déchirent et le foulent aux pieds. On entend des coups de feu. Plusieurs jeunes sont transportés à l'hôpital, d'autres sont incarcérés. Les journaux et les politiciens s'en mêlent, s'accusent mutuellement. Les troubles vont durer plusieurs jours.

Bourassa, qui a été réélu tout de suite après sa démission, présente à la Chambre des communes une résolution suivant laquelle le Canada demanderait à l'Angleterre d'accorder son indépendance à l'Afrique du Sud. La motion est battue par une immense majorité et l'on chante le *God Save the King*.

63 L'INFÂME RÈGLEMENT XVII DE L'ONTARIO

Quand, en 1998, l'hôpital Montfort, le seul hôpital franco-phone de l'Ontario, perd la moitié de son budget, les deux tiers de ses lits et ses services d'urgence, un tollé s'élève chez les francophones du Canada. Mais ce n'est pas la première fois que les Franco-Ontariens perdent des droits acquis. Déjà en 1912, le gouvernement de cette province interdisait l'ensei-gnement de leur langue dans les écoles! Le grand Rosaire Morin nous en parle dans *L'Action nationale*.

Cette année-là, en effet, le gouvernement de l'Ontario vote le Règlement XVII, qui stipule: « Là où c'est nécessaire, dans le cas des élèves de langue française, on peut employer le fran-çais comme langue d'instruction, mais cet emploi du français ne devra pas s'étendre au-delà de la première année. » D'un seul coup, on vient de retirer aux francophones leurs droits acquis dans le domaine de l'éducation, car jusque-là, l'Acte de l'Amérique du Nord britannique de 1867 garantissait que les minorités, partout au Canada, conservaient leurs droits acquis avant la Confédération.

Que s'est-il donc passé? Simplement un durcissement de l'opi-nion publique anglophone contre la culture francophone. D'abord on se contente de préciser que l'anglais devient la principale langue d'enseignement, et en 1885, effectivement, l'étude de l'anglais est obligatoire dans toutes les écoles. Puis on se raidit: en 1890 on oblige les écoles dites françaises à suivre le programme des écoles publiques anglaises et à utiliser les manuels de langue anglaise. On accorde cependant l'autorisation d'enseigner la lecture, la grammaire et la composition françaises. Ensuite, en 1910, les questions de religion et de langue deviennent carrément politiques. La Protestant Protective Association, les orangistes et aussi le clergé catholique irlandais exercent des pressions de plus en plus fortes sur James Witney, le chef du gouvernement conservateur. On institue finalement une enquête sur les écoles séparées et on aboutit au Règlement XVII, une infamie qui limite à une heure par jour l'usage du français dans les écoles primaires; et un système « d'espionnage » étroit doit assurer l'application de la loi. Sans se tromper, on peut dire de ce règlement qu'il légalise ni plus ni moins la suppression du français dans l'enseignement.

On s'en doute, les Franco-Ontariens s'y opposent avec acharnement. Leur Association d'éducation, fondée en 1910, monte aux barricades. On organise une résistance civile. On crée des écoles libres où l'on enseigne en français ; les francophones assument les dépenses, les instituteurs et les institutrices travaillent sans salaire. Les commissaires, menacés d'emprisonnement et d'amendes sévères, ordonnent aux élèves de quitter les écoles lorsque les inspecteurs du gouvernement se montrent le bout du nez. Les enfants manifestent par milliers. Les mères de famille protègent les institutrices en repoussant la police à coups d'épingles à chapeau. Les Québécois apportent leur appui. Des quêtes publiques et un boycottage des produits ontariens sont organisés. Ce conflit aura des répercussions politiques importantes, puisque le Québec donnera son appui aux libéraux à trois reprises et empêchera les conservateurs de prendre le pouvoir à Ottawa.

Il faudra attendre 1927 pour que le Règlement XVII soit remplacé par la circulaire n° 46 qui reconnaît l'égalité de l'enseignement du français et de l'anglais dans les écoles bilingues au primaire. Au secondaire, l'enseignement continuera d'être donné en anglais.

POURTANT, L'HISTOIRE...

Pourtant, nous dit Rosaire Morin, on se souvient que c'est Champlain qui, en 1613, met le premier les pieds en Ontario. Puis ce sont les Jésuites français qui établissent la célèbre mission huronne à la baie Georgienne. C'est Simon-François Daumont, sieur de Lusson, et Nicolas Perrot qui fondent Sault-Sainte-Marie en 1671. Tout un chapelet de forts est établi par des Français : Frontenac en 1673, Pontchartrain ou Detroit en 1701, Sainte-Anne et Saint-Louis au lac La Pluie en 1731, Saint-Charles au lac Des Bois en 1732. Mais la Conquête de 1760 a tout effacé.

64 | UNE SEMAINE SAINTE SANGLANTE

Québec, 1ᵉʳ avril 1918. C'est le lundi de Pâques. Dans la rue, quatre hommes sont étendus, tués par des soldats venus de Toronto. C'est Henri-Edgar Lavigueur, le maire de Québec, qui a demandé l'aide de l'armée. Et le général Louis-François Lessard a détaché 1180 militaires dans la ville. Pourquoi?

Replaçons-nous dans le contexte. Robert Borden est devenu premier ministre du Canada en 1911. Il a remplacé Wilfrid Laurier. En 1917, en pleine guerre mondiale, les effectifs militaires, malgré la campagne de recrutement, n'augmentent pas. Et les 5500 soldats qui se sont enrôlés cette année-là ne suffisent pas à remplacer les 13 400 hommes morts au combat. Borden songe donc à la conscription.

Mais ce projet divise profondément le pays. Les francophones, par les voix d'Henri Bourassa et de Wilfrid Laurier, s'y opposent. Les anglophones, représentés eux aussi par leurs leaders, la réclament. Les Canadiens anglais l'emportent: à la suite d'un vote à la Chambre des communes, le gouvernement fédéral adopte une loi mobilisant tous les hommes célibataires ou veufs sans enfant à charge, âgés de 20 à 45 ans. Laurier met Borden en garde: «Cette loi n'est pas nécessaire et elle est même préjudiciable au Canada, car elle provoquera des divisions malheureuses au sein du peuple canadien.»

Borden songe à une consultation populaire. En adoptant la «loi des élections en temps de guerre», qui accorde le droit de vote aux femmes et aux parents des soldats déjà sous les drapeaux, il met sur pied un gouvernement d'union, récupérant de nombreux libéraux anglophones, et déclenche des élections.

Il remporte la majorité des sièges, malgré le Québec, qui vote d'un seul bloc contre lui (à l'exception de trois comtés anglophones de Montréal). La province s'aperçoit que le Canada peut se gouverner sans elle. La presse anglophone se mobilise. Ainsi peut-on lire dans l'*Evening Telegram*: «Nous devons sauver le Québec en dépit de lui-même et le replacer dans le droit chemin, même s'il faut employer la force!»

Il y a donc conscription. Un système d'enregistrement sévère est établi et tous doivent s'y soumettre. Le 28 mars 1918, au soir du jeudi saint, des policiers fédéraux à la recherche de jeunes hommes qui se refusent à l'enregistrement investissent l'une des salles de quilles du Cercle Frontenac, à Québec. Ils arrêtent un certain Joseph Mercier.

Aussitôt, la rumeur se répand dans toute la ville. Une foule d'environ 5000 personnes prend d'assaut le poste de police du quartier Saint-Roch, puis l'École des Frères des écoles chrétiennes où l'on croit que des *spotters* pourraient se cacher. Le lendemain, Québec est en ébullition. On parle d'aller détruire les dossiers au bureau d'enregistrement. On pense même faire sauter des édifices fédéraux. Le mouvement de protestation effraie les autorités militaires et civiles. Au même moment, 3000 personnes sont rassemblées, rue Buade, dans le quartier Saint-Roch. Elles prennent d'assaut les immeubles du *Chronicle* et de *L'Événement*. C'est l'émeute...

Le samedi 30 mars, le général Landry réclame du renfort. La foule s'en prend maintenant au manège militaire. Le dimanche de Pâques, le train amène de Toronto des renforts de soldats unilingues anglais. Les Québécois veulent s'armer. Armand Lavergne, le député anticonscriptionniste de Montmagny, calme la foule. L'armée charge et provoque la fureur. Dix soldats sont blessés. Quatre civils sont tués, plusieurs sont blessés, 58 sont arrêtés... L'Église se dissocie des émeutiers et exige, fidèle à elle-même, le rétablissement de l'ordre.

65 LOUIS-ALEXANDRE TASCHEREAU

Pendant 15 ans, Taschereau gouvernera la province de Québec comme un « petit tsar », nous dit Leslie Roberts. En effet, il fait ce qu'il veut, personne ne peut échapper à ses ordres. Et si quelqu'un ose le contredire, il devient féroce. Il fait fi des limites constitutionnelles du système législatif. En fait, il abuse allègrement de ses prérogatives.

Taschereau a le pouvoir dans le sang. Issu d'une famille de la grande bourgeoisie de Québec dont l'ancêtre était seigneur, il a pour père Sir Henri-Elzéar Taschereau, qui sera le premier juge en chef francophone de la Cour suprême du Canada. Sa mère est fille d'un juge qui deviendra lieutenant-gouverneur de la province de Québec. Et il est le neveu de Mgr Elzéar-Alexandre Taschereau, recteur de l'Université Laval et premier Canadien à recevoir la pourpre cardinalice.

Louis-Alexandre voit le jour à Québec le 5 mars 1867. Après de brillantes études au Séminaire de Québec puis à l'Université Laval, il est admis au Barreau. Il entre au service du puissant Sir Charles Fitzpatrick, qui deviendra juge à la Cour suprême puis lieutenant-gouverneur. À 33 ans, Taschereau choisit la politique. Élu député libéral de Montmorency en 1900, il est réélu en 1904. En 1907, son chef, Lomer Gouin, l'invite à prendre place dans son Cabinet comme ministre des Travaux publics et du Travail.

Réélu en 1908, 1912, 1916 et 1919, pendant la grande vague libérale qui balaie le Québec à cette époque, il est le premier lieutenant de Lomer Gouin, qui lui cède la charge de procureur général. L'année suivante, le 9 juillet 1920, Taschereau devient premier ministre.

SES RÉALISATIONS

Comme Gouin, il occupera son poste durant 15 ans. Parmi les mesures prises par son gouvernement, on peut citer la création de la Commission des liqueurs, la loi de l'Assistance publique, la fusion de la Banque d'Hochelaga et de la Banque nationale (qui deviendront la Banque canadienne nationale), la mise en place de plusieurs législations ouvrières, des aides aux institutions d'enseignement, la création des unités sanitaires. Il apporte aussi une attention spéciale au développement du réseau routier. Il se porte à la défense de l'autonomie provinciale chaque fois que le fédéral empiète sur les pouvoirs de la province. Sans aller aussi loin que le fera

Maurice Duplessis, il n'admet pas qu'Ottawa centralise davantage. Jusqu'à la grande crise de 1929, son gouvernement déclarera toujours des excédents budgétaires. Bien sûr, il favorise la colonisation comme remède à la crise, et en s'appuyant sur les trusts il encourage le développement industriel. Réélu en 1931, il connaîtra son enfer dans les années qui suivront...

DUPLESSIS ET GOUIN

En effet, cet homme que les conservateurs jugent inébranlable va rencontrer son semblable et devoir affronter un adversaire aussi coriace, aussi dur et aussi ambitieux que lui : Maurice Duplessis. À ce moment, un vent de mécontentement envahit les rangs des libéraux. Certains intellectuels nationalistes forment un parti politique dirigé par Paul Gouin, le fils de Sir Lomer Gouin, l'Action libérale nationale. Ce parti critiquera les méthodes et les écarts graves commis par le premier ministre et ses sbires. À partir de 1934, Duplessis emploie son temps en Chambre à narguer le premier ministre sur les divisions de son parti. Et en secret, il encourage les mécontents et négocie avec eux. Il ne lâche pas les libéraux : il dévoile des scandales, lance des accusations de corruption et dénonce le favoritisme. Finalement, il exige des élections, qui sont annoncées pour le 25 novembre 1934. Gouin et Duplessis s'entendent pour une alliance tactique. Le soir du 25, Taschereau est réélu par une faible majorité. Duplessis est nommé leader de l'opposition et c'est dans une atmosphère orageuse que s'ouvre la nouvelle législature. Une enquête sur les comptes publics se tient au printemps 1936 et démontre que le régime Taschereau était mêlé à toutes sortes de manigances. Le premier ministre n'a plus le choix, il remet sa démission en juin 1936. C'est Adélard Godbout, ministre de l'Agriculture, qui le remplace à la tête du parti et de la province de Québec. Jusqu'à sa mort, en 1952, Louis-Alexandre Taschereau restera à l'écart de la politique.

66 LA FEMME AU DÉBUT DU XXᵉ SIÈCLE

Au début des années 1900, la femme au Québec, et ailleurs au Canada, est traitée comme une citoyenne de seconde zone. À cette époque, la femme se prépare, dès l'enfance, à jouer un rôle spécifique dans cette société d'hommes. La jeune fille aide déjà sa mère à prendre soin des enfants plus jeunes et à s'occuper des travaux ménagers. Toute sa vie, elle suivra le même chemin que sa mère. On n'accepte pas que la femme partage avec l'homme un rôle quelconque dans la sphère réservée aux hommes. Celles qui fréquentent l'école y apprennent la cuisine, la couture et les arts ménagers. Il faut les préparer adéquatement, dit-on, à leur futur rôle de mère et de gardienne du foyer. Il y a, bien sûr, les « vieilles filles », qui sont souvent déconsidérées, sauf si elles entrent en communauté. Plusieurs organisations accueillent ces bénévoles : dames de Sainte-Anne, dames de la Charité, enfants de Marie pour les plus jeunes. Ce sont elles qui, généralement, voient à l'organisation de fêtes religieuses, à la réparation de vêtements pour les pauvres et autres travaux du genre.

LE TRAVAIL DES FEMMES ET LEUR SITUATION SOCIALE

Les femmes sont, pour la plupart, des ménagères. Pour celles qui décident d'entrer sur le marché du travail, les emplois sont peu rémunérateurs. On les voit peiner dans les manufactures de textile, de vêtements, de chaussures. Bien sûr, elles peuvent aussi travailler comme secrétaires ou exercer le métier de coiffeuse ou de serveuse. Les femmes plus instruites seront institutrices et vivront souvent dans des conditions difficiles, sans compter qu'elles seront aussi à la merci des hommes, en l'occurrence les commissaires d'école à qui elles doivent rendre des comptes.

La femme n'a pas le même statut juridique que l'homme. Mariée, elle est soumise à son mari comme une enfant mineure et elle doit même obtenir son autorisation pour signer un document officiel ou effectuer une transaction. Peu de femmes fréquentent l'université ; d'ailleurs, elles ne sont pas admises dans les sanctuaires disciplinaires réservés aux hommes, comme la médecine et le droit. Naturellement, elles n'ont pas le droit de vote et encore moins celui d'être député, commissaire ou conseillère municipale. Quel beau tableau ! On ne pouvait imaginer, dans les années 1900, que tout basculerait.

LE MOUVEMENT FÉMINISTE

C'est d'abord en Angleterre, puis aux États-Unis que le mouvement féministe se déploie. On se souvient des « suffragettes » qui, en Angleterre, organisent des grèves de la faim et toutes sortes de manifestations pour obtenir le droit de vote. Au Québec, c'est à Montréal, dans les milieux les plus aisés, que les femmes se battent pour obtenir le droit de vote. Les femmes anglophones, qui sont plus au courant de ce qui se passe grâce aux journaux anglais qu'elles lisent, lancent le mouvement. Rapidement, les Canadiennes françaises leur emboîtent le pas. Marie Gérin-Lajoie bat la marche, mais on l'attend de pied ferme. Les politiciens, l'Église et tout le beau monde en place se dressent devant ces femmes qui prêchent le mal.

LES LUTTES

À quoi s'attaquent-elles ? D'abord, les féministes veulent favoriser l'accès des femmes aux études supérieures et aux professions libérales. Si l'on veut que la femme sorte du foyer et brille dans la société, il lui faut faire les mêmes études que les hommes. On obtient la création d'un collège pour jeunes filles et le droit, pour les femmes, de fréquenter l'université. Il faut dire que les avocats, les notaires et les médecins s'opposeront avec ardeur à l'entrée des femmes dans leurs professions. En conséquence, il faudra attendre jusqu'en 1941 pour que les femmes aient le droit de pratiquer en tant qu'avocates et jusqu'en 1956 pour qu'elles puissent devenir notaires.

Des femmes extraordinaires lutteront pour obtenir le droit de vote à leurs congénères. Dans l'Ouest canadien, Nellie McClung mène la bataille ; le Manitoba deviendra la première province canadienne à accorder le droit de vote aux femmes en 1916. Au

Québec, après de longs combats, des attaques vicieuses et des difficultés énormes, c'est la victoire ! Adélard Godbout, premier ministre libéral, accorde en 1940 le droit de vote aux Québécoises.

67 LES SUFFRAGETTES

Nous avons tous vu un jour ou l'autre des photos de femmes-sandwichs arborant des messages criant au monde le droit inaliénable des femmes de voter tout comme les hommes.

C'est en 1890 que les mouvements féministes forment aux États-Unis l'Association nationale américaine pour le suffrage des femmes. En Europe, la Britannique Emmeline Pankhurst et deux de ses filles sont les premières à diriger le combat.

LES PANKHURST

Emmeline Pankhurst est née à Manchester en 1858. Dès l'âge de 14 ans, elle assiste à des réunions en faveur du suffrage des femmes. À 21 ans, elle épouse un avocat progressiste, Richard Pankhurst. En 1903, elle fonde l'Union sociale et politique des femmes (WSPU). Après une vie pleine de luttes, de manifestations, d'arrestations et de séjours en prison, elle meurt en 1928.

Au long de ces années, elle peut compter sur la présence à ses côtés de sa fille Christabel, laquelle doit fuir à Paris en 1912, car elle est poursuivie pour association de malfaiteurs ! C'est à ce moment qu'elle édite le quotidien *The Suffragette*.

L'opposition au droit de vote des femmes, en ce début du XXᵉ siècle, est généralisée : la presse, le Parlement, les milieux professionnels, l'Église et même beaucoup de femmes s'y opposent. Pourquoi ? Parce qu'on perçoit ce mouvement comme une menace pour les valeurs traditionnelles de la société. La femme est considérée comme fragile, émotive, illogique et terre à terre. Sa place est à la maison. D'ailleurs, la politique est l'affaire des hommes : si les femmes s'y adonnaient, elles tueraient l'esprit chevaleresque masculin et seraient corrompues. Les politiciens redoutent le droit de vote pour d'autres motifs aussi. Ils ont peur qu'il n'ouvre la porte au contrôle des naissances, ce qui priverait le pays de futurs soldats et affaiblirait la frappe militaire. Pour n'importe quel parti politique, à l'époque, soutenir ce droit est extrêmement risqué face aux électeurs.

L'OPINION CHANGE

La Première Guerre mondiale (1914-1918) éclate. Le rôle de la femme est d'élever ses fils pour en faire de bons soldats. Mais plus la guerre s'étire, plus il manque d'hommes dans l'industrie et dans la fonction publique. Les femmes prennent donc leur place. Et bientôt, en Angleterre, plus d'un million de femmes travaillent à l'extérieur de leur maison. Les stéréotypes changent. La femme voit augmenter ses droits et ses pouvoirs.

Au mois de février 1918, le droit de vote est accordé aux femmes en Angleterre. Elles doivent cependant avoir au moins 30 ans, alors que les hommes peuvent voter à 21 ans. Et elles doivent appartenir à un milieu social privilégié. Les femmes de la classe ouvrière sont donc exclues. Il faudra attendre encore 10 ans (1928) pour que les femmes puissent voter à partir de 21 ans.

Aux États-Unis, déjà avant 1896, dans quatre États (Colorado, Idaho, Utah et Wyoming), les femmes votent. C'est en 1920 que ce droit leur sera reconnu dans tout le pays. En Europe, les deux premiers pays à permettre aux femmes de voter sont la Finlande, en 1906, et la Norvège, en 1907. L'Allemagne les imite en 1918, l'Espagne en 1932, la France en 1944, l'Italie et le Japon en 1945. Au Canada, le gouvernement Borden, en 1917, donne le droit de vote aux femmes dont un parent est parti défendre le pays à la guerre. Ce droit est étendu à toutes les femmes en 1918. On sait qu'au Québec, ce n'est qu'à l'issue de batailles épiques que les femmes pourront voter, en 1940.

Des noms à retenir: Suzan B. Anthony, Millicent Fawcett, les Pankhurst, Emily Davison qui se jeta sous les sabots d'un des chevaux du roi, au Derby d'Epsom, pour attirer l'attention sur les revendications des femmes. Au Québec, Marie Gérin-Lajoie, Thérèse Casgrain et Idola Saint-Jean mènent elles aussi le combat de la démocratie.

Plusieurs d'entre elles furent traquées, jetées en prison et menacées de mort parce qu'elles se battaient pour un droit reconnu aujourd'hui comme allant de soi, grâce à ces héroïnes.

68 | LE FRÈRE ANDRÉ

Durant plusieurs années, j'ai été professeur d'histoire au collège Notre-Dame, à Montréal. Bien sûr, je garde de ces moments d'excellents souvenirs. Cette maison d'enseignement renommée, tenue par les frères de Sainte-Croix, possède une histoire riche en traditions. Mais moi, quand j'arpentais ses longs couloirs, un personnage devenu légende revenait constamment à ma mémoire. Je veux parler du frère André, qui s'est un jour lui aussi promené dans ces salles et ces corridors historiques.

C'est au collège Notre-Dame, où il remplissait les fonctions de portier et d'homme à tout faire, que le frère André, l'homme de saint Joseph, a commencé à recevoir des visiteurs qui venaient demander de l'aide. C'est là qu'un jour il a décidé de gravir la montagne et d'y construire une petite chapelle, qui deviendra la grandiose basilique dédiée à saint Joseph, le fabuleux oratoire Saint-Joseph.

« Si jamais je viens à mourir, disait le saint homme en 1888, la communauté sera bien débarrassée. » Eh bien, oui, cette phrase résume bien ce que l'humble frère, homme frêle et chétif, pensait de lui-même et de sa vie. Il ne se doutait pas que, 50 ans plus tard, plus d'un million de personnes viendraient lui rendre un dernier hommage. Une de ses dernières paroles nous rappellera longtemps son séjour sur la terre, séjour consacré à son idole, saint Joseph : « Saint Joseph aura bien soin de son vieux chien. »

Alfred Bessette naît le 9 août 1845 à Saint-Grégoire-d'Iberville. Enfant ordinaire, il grandit au milieu de ses 12 frères et sœurs, sous les regards attentifs de son père, Isaac Bessette, et de sa mère, Clothilde Foisy. Sa famille, comme tant d'autres à cette époque au Bas-Canada, vit dans une pauvreté extrême. Les malheurs s'accumulent sur les siens. Encore jeune, c'est grâce à la prière qu'il peut les subir. Il a à peine 12 ans quand son père et sa mère, malmenés par une vie dure et laborieuse, le quittent pour un monde meilleur. Les enfants sont dispersés. Une tante, puis le maire de Farnham, Louis Ouimet, accueilleront tour à tour le frêle enfant. Il n'a pas d'autre choix que d'aller travailler. Il accepte n'importe quel boulot, car il peut à peine signer son nom. Sa santé fragile incite ses employeurs à le ménager. En 1863, suivant l'exemple de Canadiens français, il part pour les États-Unis pour y trouver un emploi. Il a 18 ans. Il revient au pays quelques années plus tard, encore plus mal en point et, comme avant son départ, il se rapproche des hommes dédiés à Dieu. Il s'établit à Sutton, où on l'emploie comme garçon de cour. Étienne Catta, son biographe, écrit : « Alfred est un propre à rien, bon à tout faire. » Mais déjà on le remarque par sa piété inaccoutumée, son humilité, son sourire absent et son intériorité. On a découvert des preuves marquantes de cette piété ardente. En effet, le jeune homme entoure sa taille et ses hanches de cilices qui font redouter l'infection, et il devra s'en expliquer. Son état de santé est lamentable.

En 1870, un prêtre, l'abbé André Provençal, fait en sorte de le présenter à la Congrégation des frères de Sainte-Croix. La porte lui est ouverte. Sans instruction et dépourvu de compétence, il devra toutefois se contenter de fonctions mineures. Le 22 novembre 1870, il commence donc son noviciat et revêt l'habit le 27 décembre suivant. À partir de ce jour, Alfred Bessette devient le frère André. La règle des religieux est de vivre dans l'humilité, la mortification et la modestie. Il prononce ses vœux le 22 août 1872. On ne lui fait pas de cadeau. Bien sûr, le frère André ne peut enseigner. Il devient portier. D'autres frères « dignes de confiance, actifs et intelligents » partagent ses journées de labeur. La communauté manque de membres et le frère André, en plus de son rôle de portier, doit servir de coiffeur, d'infirmier, de linger, etc. C'est aussi l'homme de ménage. Un jour, l'un de ses supérieurs le forcera à « baiser la terre » à la suite d'un certain relâchement de sa part ; il faut dire que l'humble frère ploie sous le travail.

Le frère André est habité par une foi inébranlable. Son héros, c'est l'obscur Joseph, cet humble serviteur au service de Jésus et de Marie. Il croit en saint Joseph. C'est lui qui le guide. Il le voit comme la courroie de transmission auprès de Jésus. Pour le frère André, cet humble charpentier est puissant et il rêve d'un sanctuaire pour son héros.

Sans qu'on le remarque, le frère André donne aux malades qui viennent le visiter au collège pour lui demander de l'aide un peu d'huile d'olive qui brûle au pied de la statue du saint. Il frotte leurs membres morts, leurs plaies vives. Des aveugles se présentent à lui. Répétant les mêmes gestes, il leur frotte les yeux avec son huile. Rapidement, une rumeur se répand. Certains le décrient, d'autres l'admirent. Le bon petit frère se tait. Il prie, il demande à saint Joseph de l'éclairer. Il reçoit les humbles et les grands de ce monde, leur parle de saint Joseph et les incite à le prier. La réputation du frère André, cet humble portier et « brosseur » de planchers, croît. Une seule idée anime le petit homme, faire connaître le culte à saint Joseph. C'est le début. Le frère André continue. Il réussit à faire accepter son projet de construire un petit oratoire de bois sur la montagne, face au collège. Après un long moment et de nombreux palabres, les pères de Sainte-Croix consentent aussi à ce que le frère André cesse ses travaux de balayeur pour devenir le gardien de l'oratoire. En cette seule année 1909, l'humble apôtre de saint Joseph recevra plus de 29 500 lettres lui demandant d'intervenir.

En 1912, la revue *Les Annales de Saint-Joseph* voit le jour. Les miracles y sont racontés, la dévotion à saint Joseph se répand en Amérique. Le frère André reçoit, encourage, prie et guérit. Humblement, il se protège de la gloire, il n'est rien. C'est saint Joseph qui fait le boulot. Durant 50 ans, à coups de médailles, d'« huile de saint Joseph » et en insistant toujours sur la foi, le petit homme multiplie les guérisons. Malgré lui, sa renommée s'étend partout en Amérique du Nord.

Hélas, depuis Noël, le petit frère est gravement malade ; on le transporte à l'hôpital. La nouvelle se répand. Il a 91 ans. L'un des témoins de cette heure historique, le frère Placide, raconte : « Dans la métropole, dans la Province entière, il n'est plus question que du frère André. Les enfants cessent leurs jeux : "Tu sais, le frère André va mourir." Les bonnes vieilles vont faire une prière à l'église. Dans les écoles, on récite une dizaine de chapelets […]. Dans les rues, dans le tramway, dans l'ascenseur, les hommes d'affaires, les midinettes, les garçons livreurs, même les gens qui ne sont plus croyants, tout le monde parle du frère André qui va mourir. » Dans la nuit du 5 au 6 janvier 1937, à minuit cinquante minutes, le frêle religieux meurt.

Toute l'Amérique du Nord est secouée par cette mort. Même les protestants partagent la tristesse des catholiques. Les jours qui suivent verront défiler plus d'un million de personnes venues de partout, défiant le verglas, la pluie et la neige, pour faire une dernière visite au petit frère exposé à l'Oratoire du mont Royal. Aujourd'hui, des milliers de pèlerins des quatre coins du monde viennent se recueillir en ce lieu saint, faisant de l'oratoire Saint-Joseph le plus important monument au monde dédié à saint Joseph.

Le frère André fut canonisé par le pape Benoît XVI le 17 octobre 2010.

69 ADÉLARD GODBOUT

Rarement dans notre histoire, trouve-t-on premier ministre aussi peu connu et aussi facilement jugé comme un pantin au service du gouvernement fédéral. La malchance d'Adélard Godbout est d'avoir exercé son mandat entre ceux de deux monuments de l'histoire politique québécoise : Taschereau et Duplessis. Il succède à Taschereau, chef incontesté du Parti libéral et premier ministre omniprésent durant 15 ans. Et il est battu deux fois, en 1936 et en 1944, par le lion de Trois-Rivières, Maurice Duplessis.

Pourtant, Adélard Godbout, durant son passage aux affaires de l'État, de 1939 à 1944, en pleine guerre mondiale, marquera profondément le Québec moderne par des lois et des mesures qui annoncent la Révolution tranquille. Dans un livre récent intitulé *Godbout,* l'auteur Jean-Guy Genest nous renseigne sur ce premier ministre méconnu.

UN AVANT-GARDISTE...

Cet homme réussit à imposer des mesures progressistes dans à peu près tous les domaines de la vie sociale. À son époque, ce n'était pas simple à faire. Ainsi, malgré l'opposition du cardinal Villeneuve, d'Henri Bourassa, du *Devoir* et de plusieurs groupes influents, c'est lui, Adélard Godbout, qui donne le droit de vote aux femmes en 1940. C'est lui aussi qui, cette fois avec l'accord des autorités ecclésiastiques, annonce l'instruction obligatoire et gratuite. Il crée Hydro-Québec, à la suite d'une nationalisation partielle de l'électricité. Il met en œuvre les premiers jalons de l'assurance-santé. Par des mesures importantes, il dépolitise la fonction publique. Il sera le premier à passer des lois ouvrières progressistes.

Lors des élections de 1944, le découpage de la carte électorale, qui favorise le vote rural plus traditionaliste, avantage Duplessis qui reprend le pouvoir et le conservera durant 15 ans. Son gouvernement retardera l'avènement de la Révolution tranquille que son prédécesseur a amorcée. Adélard Godbout demeure chef de l'opposition officielle à l'Assemblée législative de 1944 à 1949.

Né à Saint-Éloi de Témiscouata le 24 septembre 1892, Godbout étudie au Séminaire de Rimouski, à l'école d'agriculture de La Pocatière et au Agricultural College of Massachusetts. Professeur à l'école d'agriculture de Sainte-Anne-de-la-Pocatière, il est élu député de L'Islet en 1929. Il devient ministre de l'Agriculture en 1930. Quand le premier ministre Taschereau démissionne, en juin 1936, il lui succède à la tête du gouvernement libéral.

TRÈS CRITIQUÉ

Godbout n'a pas la prestance d'un Duplessis, d'un Taschereau ou d'un Camillien Houde, mais le chef libéral est un orateur solide et persuasif. Sûrement, le fait d'être premier ministre durant la Deuxième Guerre mondiale ne l'aide pas à établir sa crédibilité. Il est injuste cependant de l'accuser de s'agenouiller devant le pouvoir fédéral durant la campagne de la deuxième conscription, nous rappelle Jean-Guy Genest. Sa position reste toujours la même : il s'y oppose. Et il rappelle constamment au premier ministre à Ottawa, Mackenzie King, et au ministre fédéral de la Justice, Ernest Lapointe, leur promesse de ne pas l'imposer. Mais ce que les historiens ne pardonnent pas à Godbout, c'est d'avoir cédé à Ottawa l'assurance-chômage sur un simple claquement de doigts du premier ministre King. Ce pouvoir était jusque-là de juridiction provinciale et cette rétrocession restera une épine dans la carrière de Godbout, même si plusieurs autres personnages très influents à l'époque, tels Édouard Montpetit et Henri Bourassa, partagent son opinion.

En 1949, Adélard Godbout est nommé sénateur libéral de Montarville. Docteur en sciences agricoles des universités de Montréal et Laval, docteur en droit *honoris causa* des universités de Montréal et McGill, professeur honoraire à la faculté d'agriculture de l'Université Laval, commandeur de l'Ordre du mérite agricole de France, il meurt à Montréal en 1956.

Son père, Eugène Godbout, était un simple agriculteur, un éleveur de Saint-Éloi qui, lui aussi, avait été député libéral de Témiscouata à l'Assemblée législative, de 1921 à 1923.

70 | LA DEUXIÈME CONSCRIPTION

La Seconde Guerre mondiale éclate le 3 septembre 1939. La France et l'Angleterre déclarent la guerre à l'Allemagne. Ernest Lapointe, ministre fédéral de la Justice et leader du groupe québécois aux Communes lance, le 9 septembre :

« Dieu bénisse le Canada. Qu'Il donne aux Canadiens le droit de décider où se trouve leur devoir. Oui, Dieu bénisse le Canada. *God Save the King! God Save the Queen!* » Le Canada, pour la première fois de son histoire, décide de son entrée en guerre.

PROMESSE

En 1941, 125 000 Canadiens combattent en Europe, nous dit Jean Provencher dans *Chronologie du Québec*. Et tous ces soldats sont des volontaires. Le premier ministre fédéral Mackenzie King et Ernest Lapointe, son bras droit au Québec, ont promis que jamais plus il n'y aurait de conscription. On se souvenait qu'une première conscription, à la guerre de 1914-1918, avait divisé les deux ethnies canadiennes et le Parti libéral avait forcé le premier ministre Borden à former un parti d'union. Cette conscription imposée par les conservateurs avait effacé leur parti de la carte politique du Québec.

Saviez-vous que...

En 1942, au plus fort de l'avancée nazie, le gouvernement canadien était prêt, advenant une invasion par les Allemands, à raser Saint John's (Terre-Neuve), et même Halifax, Saint-Jean (Nouveau-Brunswick), et comme cela jusqu'à Québec... Ce plan portait le nom de *Terre brûlée*.

Cependant, en 1942, la guerre s'intensifie outre-mer et on réclame plus de soldats. Le Parti conservateur, la presse anglophone et certains libéraux réclament la conscription immédiate. King est mal pris ; il sait fort bien que pour se maintenir au pouvoir, il lui faut plaire à la majorité. Et cette majorité au Canada est anglaise. Comment peut-il se sortir de cet imbroglio ? Lui-même avait déclaré le 24 juin 1940 : « Le gouvernement que je dirige ne présentera pas de mesure de conscription des Canadiens pour le service outre-mer. »

Il décide donc d'organiser un plébiscite. Les Canadiens devront répondre à cette question : « Consentez-vous à libérer le gouvernement de toute obligation résultant d'engagements antérieurs restreignant les méthodes de mobilisation pour le service militaire ? »

RÉPERCUSSIONS

Au Québec s'engage alors un violent combat contre cette façon de se désengager. Depuis 1941, la *Winnipeg Free Press,* le *Globe and Mail* et l'*Ottawa Citizen* demandent de mettre le Québec au pas. Ils traitent les Canadiens français de lâches, de traîtres et de racistes. Écœurés de ces attaques, des Québécois s'organisent. En 1942, Georges Pelletier, directeur du *Devoir,* Maxime Raymond, député de Beauharnois, J. B. Prince, André Laurendeau, Gérard Filion et Jean Drapeau mettent sur pied la Ligue pour la défense du Canada. Ils parcourent la province et demandent aux électeurs de répondre non à la question du fédéral.

RÉSULTAT

Le plébiscite se tient le 27 avril 1942. Résultats : 71 % des Québécois disent non, 80 % des autres Canadiens se prononcent pour le oui. (Au Québec, on retrouve les oui dans les circonscriptions de l'ouest de l'île de Montréal.) Le 23 juillet, le parlement fédéral révoque l'article 3 de la loi de mobilisation et peut maintenant imposer la conscription.

C'est ici que Camillien Houde, devenu maire de Montréal, entre en scène. Le magistrat s'oppose à l'enregistrement obligatoire et encourage ses concitoyens à faire de même. La *Montreal Gazette* crie à la trahison. Rapidement le maire est arrêté. Il passera quatre ans en prison.

En septembre 1942, Maxime Raymond fonde un parti politique, le Bloc populaire, dont André Laurendeau est le secrétaire général. Plusieurs hommes politiques d'expérience appuient ce parti, mais aussi deux nouvelles recrues qui feront longtemps jaser : Jean Drapeau et Michel Chartrand.

Il s'agit d'un parti nationaliste, décidé à défendre les intérêts canadiens-français au sein du Canada. Malheureusement pour ces bloquistes, la maladie de Maxime Raymond et les dissensions internes empêchent leur parti de se démarquer.

Au cours de la Seconde Guerre mondiale, 618 354 militaires seront envoyés outre-mer... plus de 41 000 seront tués, et 53 000 seront blessés ou portés disparus.

71 MAURICE DUPLESSIS

Raconter Maurice Duplessis dans un si court chapitre, c'est mission impossible. Le monument est tellement impressionnant, le personnage tellement énorme, qu'il prend toute la place dans les 20 années qui ont précédé les transformations profondes des années 1960. De nombreux historiens ont consacré des pages et des pages à la biographie de ce dieu de la politique québécoise. Robert Rumilly, Conrad Black, Leslie Roberts ont tous raconté la vie de cet homme adulé des uns, ses inconditionnels supporteurs, et honni des autres, qui ont surnommé son règne la « Grande Noirceur ». J'essaierai tout de même, pour le bénéfice de ceux et celles qui s'éveillent à l'histoire, de situer le personnage le plus honnêtement possible.

UN FILS DE TROIS-RIVIÈRES

Maurice Le Noblet Duplessis voit le jour à Trois-Rivières le 20 avril 1890. Son père, Nérée, avocat, politicien, député de 1886 à 1900, maire de Trois-Rivières, juge à la Cour supérieure du Québec, est l'homme fort de sa ville. Son plus grand désir est que son fils lui succède en politique. Et Maurice, d'après sa sœur Jeanne, « n'a jamais eu l'idée de faire autre chose ».

Fonds Amour Landry

MAURICE DUPLESSIS

Il commence ses études dans une école privée de Trois-Rivières, chez une vieille célibataire anglaise. À la petite école, c'est un élève pas très studieux, espiègle et vantard. En 1898, il entre au Collège Notre-Dame, tenu par les Frères de Sainte-Croix. Il y reste jusqu'en 1902, va ensuite au Séminaire Saint-Joseph de Trois-Rivières et s'inscrit enfin à la faculté de droit de l'Université Laval, à Montréal. Il est reçu avocat en 1913.

Au Séminaire, il est faible en mathématiques mais fort en histoire, en philosophie et en littérature, raconte Leslie Roberts. Déjà la politique l'intéresse. Il défend la cause du nationalisme, mais rejette les « Laurentiens » de l'abbé Groulx. Premier de classe, travailleur acharné, il sait aussi profiter des plaisirs de la vie ; il est le chef d'une bande de joyeux drilles qui ne se gênent pas, pour s'amuser, d'enfreindre les règles de l'époque.

À la faculté de droit, il s'assagit. Assidu à ses cours, sérieux, il découvre à ce moment sa ligne de pensée politique : celle du Parti conservateur. À l'été 1913, Maurice entre à l'étude de son père, s'allie à Léon Langlois, fonde l'étude Duplessis, Langlois et Lamothe et s'intéresse de plus près à la politique. Il saute dans la mêlée en 1923 comme candidat conservateur, mais il est défait par 284 voix.

Nullement découragé, il s'engage même au contraire de plus en plus en politique provinciale et prend du galon au sein de son parti. Les conservateurs sont faibles au Québec et c'est le petit tsar Taschereau, chef du Parti libéral, qui règne au Parlement. Aux élections de 1927, Duplessis se présente de nouveau et cette fois défait son adversaire par 126 voix. Le voilà lancé! Son sens de l'organisation, son style flamboyant et sa verve intarissable le font remarquer de tous. Il entre au Parlement le 10 janvier 1928. Ils ne sont que neuf conservateurs sur 85 élus. Le chef du Parti conservateur est Arthur Sauvé (le père de Paul, qui succédera à Duplessis en 1959). Il est bon de rappeler ici que les libéraux, sous la direction de quatre chefs consécutifs, sont au pouvoir depuis 1897. Duplessis ambitionne donc de sortir son parti de l'opposition.

DANS L'OPPOSITION

Le premier geste de Maurice Duplessis en Chambre : aller donner la main au premier ministre Taschereau. Lequel, ne croyant pas prédire l'avenir aussi justement, lance : « Surveillez bien ce jeune homme, il ira loin. » Ses biographes racontent qu'au séminaire, Maurice avait publiquement déclaré : « Je serai premier ministre, je mènerai cette province et Ottawa va écouter. »

Modeste en Chambre, il se fait félin sur les tribunes. Il fonce. Les libéraux le craignent. En 1930, Camillien Houde remplace Sauvé à la tête du parti. Ne se doutant pas de l'ambition de son jeune collègue, le nouveau chef lui laisse beaucoup de place et lui confie les travaux de routine. Battu aux élections de 1931, Houde conserve toutefois la direction du parti. Et c'est Maurice Duplessis qui prend sa place en Chambre comme leader de l'opposition.

Deux ans plus tard, le jeune lion est élu chef du parti. Son adversaire, Onésime Gagnon, un avocat de Québec, se rallie et devient son bras droit. Les hommes de Houde ont tout tenté pour faire battre Duplessis, qui ne cache pas son jeu en déclarant à Montréal : « La province de Québec n'est pas assez grande pour contenir Maurice Duplessis et Camillien Houde ! »

Toujours dans l'opposition, Duplessis s'allie les mécontents libéraux et leur leader, Paul Gouin. En 1934, il conclut un pacte avec le parti qu'ils viennent de fonder, l'Action libérale nationale, car seuls, les hommes de Duplessis ne peuvent battre les libéraux. Mais aux élections de 1935, Taschereau et ses rouges s'accrochent au pouvoir : 48 libéraux, 26 ALN et 16 conservateurs. Même si le parti de Gouin contrôle l'opposition, c'est Duplessis qui en devient le chef. Il s'acharne dans un combat à finir contre ses adversaires. Son arme : l'enquête sur les comptes publics, qui révèle les abus du gouvernement. Alexandre Taschereau démissionne ; Adélard Godbout le remplace. Duplessis neutralise Gouin et fonde l'Union nationale. Le 17 août 1936, 73 députés de l'UN, 11 libéraux, 5 du Parti social chrétien et un indépendant sont élus.

AU POUVOIR

Maurice Duplessis devient premier ministre du Québec pour la première fois. La victoire est importante, plus qu'il ne l'espérait. Même Godbout est battu dans son comté. Duplessis s'empresse de renier ses engagements envers Gouin et ses amis, et administre à sa façon. Il ne fait pas long feu : il est battu en 1939 par les libéraux de Godbout. Mais cinq ans plus tard, en 1944, il reprend le pouvoir. Et cette fois, il le conservera jusqu'à sa mort, en 1959.

L'une des forces de Duplessis : s'entourer d'hommes qui aiment le pouvoir, et qui s'écrasent devant le Chef. Ainsi peut-il rester le maître incontesté et agir en tout et partout à son idée, sans se préoccuper de respecter celles des autres.

Duplessis règne sur SA province comme si elle était sa propriété privée. À partir de 1944, sa machine et sa caisse électorales sont sans égales. Il contrôle le Québec d'une main de fer, même pas dans un gant de velours... Pour les habitants des campagnes, c'est le sauveur de la race. La langue, les institutions, les traditions sont ses chevaux de bataille. L'autonomie du Québec devient son catéchisme politique et malgré toutes ses contradictions, il demeure jusqu'à la fin le dieu de sa province.

Comme je le dis souvent, on ne peut juger un homme politique sans tenir compte du contexte. Et à cette époque, les valeurs des Québécois étaient différentes de celles d'aujourd'hui.

LES RÉALISATIONS

Comme Taschereau, Duplessis juge que c'est l'entreprise privée qui doit faire progresser économiquement la province, et en échange, il concède à peu de frais des territoires aux investisseurs. Il privilégie l'agriculture, le crédit agricole, les coopératives. Surtout, il apporte l'électricité aux fermiers. Il s'oppose vivement aux syndicats. Il maintient les taxes basses, s'attirant ainsi de nombreux appuis.

Dans ces années-là, l'État est tenu à l'écart des affaires sociales. Ce sont les communautés religieuses qui administrent les écoles et les hôpitaux. Duplessis leur distribue des subventions à son gré : c'est une façon de tenir l'Église sous son contrôle. Cependant, il met sur pied le ministère du Bien-être social et de la Jeunesse, et ouvre des écoles spécialisées. Dans le domaine social, il part en guerre contre les communistes avec sa « loi du cadenas ».

Quand il revient au gouvernement, en 1944, Duplessis constate que le gouvernement fédéral a accaparé plusieurs pouvoirs provinciaux dans le contexte de la Crise, puis de la guerre. Alors il engage la bataille contre les centralisateurs d'Ottawa qui envahissent les plates-bandes des provinces, surtout dans le domaine des affaires sociales et du pouvoir de taxation. « L'Acte de l'Amérique du Nord britannique doit être respecté. C'est un pacte entre deux nations », rappelle-t-il. Il a peur qu'Ottawa n'impose à la province de Québec la langue et la religion de la majorité anglaise. Il défie les libéraux provinciaux, alliés d'Ottawa, selon lui, et n'hésite pas à mettre sa machine électorale au service des conservateurs pour faire élire John Diefenbaker en 1958. Il refuse de renouveler l'entente sur

les impôts et crée l'impôt provincial; il rejette de façon reten-
tissante les subventions fédérales aux universités.

À L'HISTOIRE DE JUGER

Nous devons à Duplessis le drapeau québécois qui, pour lui, est
un atout politique mais aussi une façon pour le Québec de narguer les fédéraux et d'afficher son autonomie. D'ailleurs, il est
toujours en guerre contre la Cour suprême du Canada qui, selon
lui, « penche toujours sur le même bord, comme la tour de Pise ».

Nous pourrions parler de ce politicien des heures durant
et noircir des tas de pages.

Finalement, Duplessis fera exactement ce qu'il reprochait aux
libéraux de Taschereau. Sa passion politique et son goût effréné
du pouvoir le rendront tyrannique, méchant et injuste. Il persé-
cutera ses ennemis sans pitié. Il fera preuve de dureté et de mal-
honnêteté dans ses conflits avec les syndicats; la grève de
l'amiante en est une preuve tangible. Il ne reculera devant rien,
utilisant la police provinciale pour frapper, emprisonner et
écraser ses adversaires. Même l'archevêque de Montréal,
Mgr Charbonneau, sera pulvérisé par celui qu'on a surnommé le
« Chef ».

À la fin de son règne, un scandale retentissant éclate: l'affaire du gaz naturel, étalée dans *Le Devoir,* qui salira ses ministres mais l'épargnera. Le 1er septembre 1959, accompagné
de Gérald Martineau, trésorier du parti, de Gérard Thibault,
ministre sans portefeuille, de Maurice Custeau et de Lucien
Tremblay, Duplessis est accueilli comme un héros à Schefferville.
Il vient sur la Côte-Nord visiter les exploitations de l'Iron Ore
Company. Malade, souffrant de diabète, il succombe à une
série d'hémorragies cérébrales. Le 7 septembre, on annonce officiellement sa mort.

Le décès de Duplessis annonce le début de la Révolution
tranquille. « Finie la dictature! » crient ses ennemis. À ceux qui
l'accusaient d'agir en dictateur, il répondait: « Ce n'est pas être
dictateur que d'être chef. Être chef, c'est être ferme, fort et
courageux dans ses efforts pour apporter à son peuple la stabilité et la sécurité tant au foyer qu'au travail. »

72 LE DRAPEAU QUÉBÉCOIS

21 janvier 1948, 15 h. Moment historique : le drapeau bleu et blanc fleurdelisé flotte sur la tour centrale de l'édifice du parlement de Québec. Les quatre fleurs pointent vers le centre. En effet, ce n'est que 12 jours plus tard, le 2 février, que le dessin officiel du drapeau québécois, avec ses fleurs de lys bien droites, sera complété. Maurice Duplessis a insisté : « Les fleurs de lys pointeront vers le ciel, idéal de l'Union nationale. »

Nous devons en effet notre emblème à ce premier ministre, ce maître absolu du Québec de 1936 à 1939 et de 1944 à 1959. C'est l'Ordre de Jacques Cartier, un mouvement nationaliste secret mieux connu sous son nom de code, La Patente, qui part en campagne en faveur d'un drapeau distinctif pour le Québec. En effet, en 1947, l'OJC donne à toutes ses associations la consigne d'inonder les bureaux des députés et les journaux de lettres proclamant qu'il est temps pour le Québec de posséder « sa sainte étoffe ». Un comité spécial est créé, ayant à sa tête Rosaire Morin, qui deviendra directeur de la revue *L'Action nationale* et se battra jusqu'à sa mort contre l'exode de nos capitaux. Plusieurs personnes importantes se groupent autour de lui et un comité est organisé. Le journal *L'Action catholique* adhère au projet. Plusieurs sections de la Société Saint-Jean-Baptiste suivent le mouvement. Rapidement, tout ce qui grouille au Québec saute dans le train : cercles Lacordaire et Jeanne d'Arc, conseils municipaux, commissions scolaires, Union des cultivateurs catholiques, ligues paroissiales du Sacré-Cœur, caisses populaires, scouts et guides, associations étudiantes, syndicats, institutions d'enseignement... Et comme le rapporte Lionel Groulx, « 75 000 lettres individuelles se joignent aux organismes ».

DES FLEURS, DES FEUILLES, DES ARMOIRIES

René Chaloult est un député nationaliste indépendant. Il se fait le porte-parole de tout ce beau monde. En 1946, il inscrit à l'Assemblée nationale une motion pour un drapeau « qui symbolise les aspirations du peuple de cette province ». L'année suivante, le 2 décembre 1947, il récidive. La motion doit être présentée le mercredi 21 janvier 1948. Il rencontre Duplessis, que le modèle de drapeau suggéré par le chanoine Groulx et le député indépendant n'enchante pas. Le premier ministre préfère le projet de Burroughs Pelletier qui place au centre les armoiries de la province : « Il y a là un lion, tu n'as pas besoin d'avoir peur, Chaloult, on me dit que c'est le lion de Guillaume le Conquérant. Que dirais-tu d'une couronne rouge que les uns pourraient considérer comme la Couronne de France et les autres comme celle de l'Angleterre ? Si ces propositions ne plaisent pas à tes amis, préféreraient-ils une feuille d'érable rouge ? Ton drapeau me paraît contenir beaucoup de bleu et un drapeau québécois doit être accepté par les deux partis. » Maudit Duplessis ! Chaloult rencontre Groulx pour en discuter. Le maître repousse les armoiries et la couronne, mais propose à Duplessis de redresser les fleurs de lys qui convergent vers le centre parce qu'un Sacré-Cœur y avait déjà figuré.

RÉUNION FINALE

Duplessis craint l'opinion des Anglo-Canadiens, mais il est fortement impressionné par l'ampleur des pétitions. Il rencontre une deuxième fois René Chaloult, qui lui transmet la suggestion du chanoine de redresser les fleurs de lys, donnant ainsi à Duplessis l'occasion d'apporter au drapeau une touche personnelle. Le « Chef » demande l'opinion de son ami Pelletier, qui confirme en effet qu'il n'y a aucun péché héraldique à redresser les fleurs de lys. Le 21 janvier, à 11 h, Chaloult apprend de Duplessis que le fleurdelisé est accepté. Il faut donc en trouver un. Le premier ministre joint Wheeler Dupont, président de la Société Saint-Jean-Baptiste de Québec, qui lui apporte celui de René Bélanger, l'organisateur politique de Chaloult, mais en taisant sa provenance. Une séance rapide du Conseil des ministres adopte le décret ministériel n° 72, et l'Assemblée nationale vote le décret dans la plus parfaite harmonie. Ce n'est que le 9 mars 1950, par la loi 14, George VI, chapitre 3, que notre fleurdelisé sera officiellement sanctionné.

Comme l'a expliqué Rosaire Morin : « Ce drapeau incarne depuis quatre siècles la présence d'un peuple. Il assume la continuité de l'histoire. Le bleu azur est caractéristique au peuple français, symbole d'unité, le blanc est apporté au pays par Champlain comme signe de notre attachement à la culture française. Il représente notre volonté de vivre. La fleur de lys évoque la victoire de Carillon dont l'étendard portait des fleurs de lys. »

73   LE DRAPEAU CANADIEN

Il faut se souvenir que pendant plusieurs décennies, les Canadiens de langue anglaise n'ont pas voulu d'un drapeau distinctif. Ils préféraient l'Union Jack. Ce sont les Canadiens français qui ont demandé et revendiqué un drapeau canadien, comme d'ailleurs ils ont exigé une monnaie bilingue, des timbres bilingues et le bilinguisme dans les institutions fédérales. Ce sont eux qui, de la même façon, ont obtenu un hymne national différent de l'impérialiste *God Save the King*.

À BAS LE COLONIALISME !

Ce que cherchent les Canadiens français, c'est un drapeau sans référence au colonialisme. Ils ne veulent pas de symboles étrangers à leur culture, et qui n'ont de sens pour personne. Au contraire, ils réclament un emblème distinctif qui cimentera l'identité du peuple. Les démarches se succèdent. Ligues, associations, corps publics, partis politiques, simples citoyens, toutes les voix canadiennes-françaises s'expriment. Mais les Canadiens anglais réagissent avec une très vive opposition. Bientôt, hélas ! le drapeau devient un autre élément de division.

LE RED ENSIGN

Rosaire Morin en fait l'historique dans *L'Action nationale* de décembre 1994. Voici un compte rendu de ses propos. Le Dominion du Canada voit le jour en 1867, mais ce n'est que le 16 juillet 1870 que John A. Macdonald accepte que le Red Ensign flotte sur les navires de l'État canadien. Le 2 février 1892, la marine marchande s'accommode à son tour du drapeau rouge qui, en 1904, est enfin hissé sur les édifices parlementaires.

Rapidement, le premier ministre du Canada doit affronter sur ce sujet les impérialistes anglais. Ceux-ci multiplient leurs croisades à Londres et en 1911, le secrétaire d'État britannique décrète que c'est l'Union Jack qui servira de drapeau officiel au Canada.

Le drapeau de la Grande-Bretagne devient l'emblème du Canada! Exactement comme si nous étions encore une colonie! Les Canadiens français protestent haut et fort. Pourquoi leur pays, comme toutes les autres anciennes colonies britanniques, de l'Australie à l'Inde, en passant par la Nouvelle-Zélande et l'Afrique du Sud, n'aurait-il pas son propre drapeau?

Il ne faut pas longtemps pour qu'apparaisse un grave problème de représentation : partout dans le monde la Grande-Bretagne et les délégations canadiennes arborent le même drapeau. Voilà de quoi provoquer bien des malentendus! Comme solution, le Canada décide, le 26 janvier 1924, de reprendre le Red Ensign. Or, le drapeau rouge n'a jamais été reconnu officiellement comme emblème canadien, et c'est lui qui identifie le pays à l'étranger! Quelle confusion! Elle va durer 20 ans, pendant lesquels le débat se poursuit tant bien que mal. Il faut attendre le 24 novembre 1945 pour qu'un comité parlementaire soit enfin mis sur pied dans le but « de faire étude et rapport sur un motif approprié ».

On dit que 2695 modèles sont proposés. Et le 11 juillet 1946, dans un effort d'originalité sans précédent, le premier ministre King et son gouvernement adoptent... un Red Ensign modifié. À cette occasion, Louis Saint-Laurent, ministre de la Justice et Québécois de souche, proclame « qu'il jugerait inconcevable que le Canada se donne un drapeau qui ne conserverait pas l'Union Jack dans ses plis ». Quel homme fier, et si fidèle à sa mère patrie !

Des 600 projets de drapeau soumis au comité parlementaire, ne seront retenus pour étude que ceux qui affichent l'emblème étranger !

LA FEUILLE D'ÉRABLE

Mais les Canadiens français ne baissent pas les bras. Si bien que pour s'attirer leurs votes aux élections de 1962, Lester B. Pearson, chef du Parti libéral fédéral, leur promet de donner au pays un vrai drapeau distinctif. C'est la bombe ! Les Canadiens anglais sont en état de choc, ils n'arrivent pas à en croire leurs oreilles. John Diefenbaker en fait quasiment un arrêt cardiaque. Le 20 février 1964, Pearson tient sa promesse et dépose le projet de loi C-41 demandant à la Chambre des communes de voter pour un drapeau et un hymne national officiels. Un débat épouvantable et acerbe s'ensuit : batailles de couleurs, de nombre de feuilles d'érable (une ou deux ou trois), de présence ou non d'une identification au Commonwealth...

Finalement, après 90 ans (!) de lutte, le Québec oblige le Canada à adopter un drapeau distinctif. Et il faudra attendre le 1er juillet 1980 pour que l'hymne national canadien, *Ô Canada* (une œuvre québécoise composée par Calixa Lavallée et écrite en français par Adolphe-Basile Routhier, soit dit en passant), soit officiellement proclamé à Ottawa.

God Save the Queen !

74 LES TIMBRES ET LA MONNAIE

Si nous avons pu conserver notre langue et notre culture françaises, c'est parce que des hommes et des femmes avant nous se sont battus dans tous les domaines pour imposer à coups de pioche des transformations que la majorité canadienne-anglaise refusait d'accepter. Qu'il s'agisse de l'adoption d'un drapeau spécifique ou de l'adoption d'un hymne national autre que le *God Save the King,* toujours la majorité a protesté avec véhémence et n'a fini par accepter qu'après des années de lutte. Le chercheur et penseur Rosaire Morin nous renseigne à ce propos.

LE TIMBRE-POSTE

Le timbre-poste, c'est un symbole de l'identité nationale. Comment expliquer que ce n'est qu'en 1935 que le timbre-poste canadien devient bilingue? La Confédération ne date-t-elle pas de 1867? Il a fallu 68 ans pour reconnaître que deux nations, parlant deux langues différentes, ont adhéré à la Confédération. Belle égalité! Avant cela, on avait eu droit, en 1908, à l'occasion du tricentenaire de la ville de Québec, à un timbre bilingue. Que de gentillesse! Le timbre de 5 cents présentait l'« Habitation de Québec », le timbre de 10 cents, « Québec en 1700 », celui de 15 cents, le « Parlement pour l'Ouest » et celui de 20 cents, l'« Arrivée de Cartier – Québec 1535 ». Quelle belle histoire! Mais après cette année mémorable, plus rien. Finie la gentillesse.

Pour la plupart des Canadiens de ce temps, comme pour ceux d'aujourd'hui d'ailleurs, le Canada, c'est l'Ontario et ses succursales. Lorsque nous étudions l'histoire du timbre-poste canadien, nous découvrons que, pendant des années, de grands Québécois se sont battus pour qu'il soit bilingue. Omer Héroux, Joseph-Papin Archambault, René Chalout et plusieurs autres, surtout dans *L'Action française,* ont multiplié les demandes en ce sens.

En 1917, Joseph-Papin Archambault, dans la revue *L'Action française* de mars et d'octobre, interpelle le gouvernement fédéral. Il le félicite parce que, pour une première fois, il publie des cartes postales bilingues. Cependant, il déplore que ces cartes postales soient en circulation seulement dans les centres français; ailleurs, le gouvernement ne fournit que des cartes unilingues anglaises. « Le bilinguisme ne devient-il pas une arme contre nous? N'est-il pas un paravent trompeur derrière lequel se déchire comme un vulgaire chiffon de papier la Charte des droits… », demande-t-il. Toujours dans *L'Action française,* Harry Bernard écrit, en 1924 : « La plupart des Anglo-Canadiens et voire quelques Canadiens français, se cabrent devant nos revendications en faveur du timbre-poste bilingue, pourtant, ajoute-t-il, cette pratique est en vigueur en Belgique, Hongkong, Égypte, Indes, Finlande, Japon, Corée, Perse, Turquie, etc. »

En 1926, René Chaloult écrit : « N'est-ce pas le temps cette année d'obtenir le timbre bilingue ? Voilà que le gouvernement libéral est maintenu au pouvoir par une majorité de Français du Québec, de l'Acadie, de l'Ontario et de l'Ouest. Près de la moitié des ministres sont des Français [...] nos ministres n'ont qu'à le vouloir et ce serait bientôt fait [...] Rarement une victoire aussi facile nous a été offerte [...]. Nous n'avons qu'à vouloir la remporter. Le voudrons-nous ? »

Faut-il préciser que nous ne l'avons pas voulu. En 1927, plusieurs de nos concitoyens se cabrent contre cet unilinguisme national et international qui rejette notre égalité avec l'Anglais dans l'existence. En 1928, une initiative mène à la production de la première série de timbres bilingues d'usage courant. Les Mots « postes » et « postage » y sont inscrits. Il faut attendre le 1er juillet 1947, pour que tous les timbres portent les inscriptions dans les deux langues officielles.

LA MONNAIE BILINGUE

En 1837, au Bas-Canada, on trouvait de la monnaie bilingue. En effet, l'abbé Pilon, en 1917, dans *L'Action française,* indique : « J'ai sous mes yeux un sou du Bas-Canada marqué du millésime 1837. Sur un côté de cette pièce de monnaie, il y a les mots suivants : Province du Bas-Canada, un sou avec l'effigie d'un homme debout ; sur l'autre côté, il y a l'écusson de la ville de Montréal avec les mots : *Bank token 1837. Half Penny.* Nous avions donc à cette époque la monnaie avec inscription bilingue ; à quelle date est-elle devenue unilingue ? » Je n'ai pas de réponse à cette question, mais je peux dire que la monnaie a longtemps été unilingue – en anglais, bien entendu — et que ce n'est qu'à partir de 1936 qu'elle porte des inscriptions dans les deux langues.

Encore en cette matière, ce fut un long combat. De promesses en promesses, les politiciens de chez nous refusent de se tenir debout et d'exiger que le français ait sa place sur la monnaie. L'unilinguisme canadien se promène partout à l'étranger.

En 1927, pour le 60e anniversaire de la Confédération, on jugea bon de se montrer plus conciliant à l'endroit de la nation canadienne-française, ainsi qu'en témoigne Antonio Perreault dans l'*Action nationale* de juin 1927 : « L'Hôtel de la monnaie frappa récemment la première des médailles commémoratives de ces fêtes. Serait-elle bilingue ? Les diplomates en mal de plaire à tout le monde firent cette trouvaille : des mots hybrides, Confédération, Canada. Voilà pour la face ! Mais le revers, le revers de la médaille ! Discussion. Le latin mit d'accord ces braves et l'on inscrivit : *A mari usque ad mare*. Guettez l'apparition du prochain timbre-poste. Il est à craindre que nos conciliateurs ne trouvent une autre échappatoire. » Effectivement, ils en trouvèrent.

En dépit des pétitions, des lettres à nos députés, l'humiliation persiste. La langue française n'existe pas au Canada. L'égalité des deux nations devant la Constitution est un mythe. *L'Action nationale* écrit en 1933 : « Si le contrat de 1867 n'a pas été un marché de dupes, alors pourquoi une seule race se réserve-t-elle le droit de faire figurer sa langue, et rien que la sienne sur l'une des principales pièces officielles, où s'affirme chez nous et pour l'étranger le caractère national de l'État ? »

Après des débats à la Chambre des communes, où l'esprit de parti prédomine, des Canadiens français s'agenouillent de nouveau en 1933 et 1934. Finalement, en 1935, un dénommé Rhodes suggère que des billets soient imprimés en français seulement. Mettant fin aux discussions, les billets de banque bilingues apparaissent en 1936.

Toutes ces luttes nous ont valu le bilinguisme sur les timbres-poste, les pièces de monnaie et les billets de banque. Il n'empêche que, sans les efforts de quelques Québécois nationalistes, nos timbres et notre argent seraient encore unilingues.

75 QUELLE EST L'ORIGINE DE NOTRE DEVISE «JE ME SOUVIENS»?

Chaque jour nous pouvons lire notre devise des dizaines, des centaines de fois… sur les plaques d'immatriculation des véhicules du Québec.

Cette phrase toute courte mais lourde de sens est l'invention d'Eugène-Étienne Taché, l'architecte de l'hôtel du Gouvernement à Québec. Déjà, sur ses dessins préparatoires, Taché avait prévu de placer sur la façade, au-dessus de la porte principale, les armoiries du Québec et d'inscrire dessous ce «Je me souviens» de son cru. Le tout sculpté dans du calcaire de Deschambault. Le contrat de construction fut signé le 9 février 1883 avec l'entrepreneur Jean-A. Charlebois, de Québec, sous l'autorité d'un arrêté en Conseil exécutif du 22 janvier de la même année. C'est ainsi que la devise imaginée par Eugène-Étienne Taché a, en quelque sorte, été «ratifiée» par le gouvernement québécois.

Que signifie-t-elle? Une foule de réponses ont été données depuis un siècle. En voici quelques-unes. La phrase serait la contrepartie canadienne-française à la devise du marquis Lorne, gouverneur général du Canada: *Ne obliviscaris* («Gardez-vous d'oublier»). Ou bien elle serait inspirée de la fameuse complainte d'Antoine Gérin-Lajoie, *Un Canadien errant,* où il est dit: «Va dire à mes amis Que je me souviens d'eux». Les contemporains de Taché avaient aussi leurs interprétations. Ainsi, le juge Jetté, lieutenant-gouverneur, évoquait en 1890 les sentiments des Canadiens lorsque le drapeau français réapparut sur le fleuve en 1855: «Oui, je me souviens, ce sont nos gens.» L'opinion d'Ernest Gagnon, enfin, mérite sans doute qu'on s'y arrête. Après tout, il travaillait aux Travaux publics à l'époque et il a bien connu Taché. Dans une annexe au rapport annuel du département, il a écrit que cette devise résume admirablement «la raison d'être du Canada de Champlain et de Maisonneuve comme province distincte dans la Confédération». Voilà l'explication la plus simple, et probablement la plus juste: l'architecte du Parlement voulait simplement rendre hommage aux hommes et aux femmes qui ont marqué l'histoire du Québec en leur assurant que les générations à venir ne les oublieraient pas.

Savez-vous, incidemment, combien a coûté ce magnifique édifice, statues et décorations incluses ? Ce serait un véritable cadeau aujourd'hui : 1 669 249,16 dollars...

Avant l'inauguration de ce nouveau Parlement, les députés se réunissaient dans le palais épiscopal, construit par Mgr de Saint-Vallier, et propriété de l'évêque de Québec. L'État en prit possession en 1831 et y ajouta une aile, qui allait être détruite par un incendie en 1854 et remplacée en 1860. C'est dans ce vieux palais épiscopal que se tint la Conférence de Québec réunissant les Pères de la Confédération.

76 JEAN LESAGE

Est-ce l'influence de notre saint patron, Jean-Baptiste ? Il y a dans notre histoire politique une foule de Jean. De Jean Drapeau à Jean Chrétien en passant par Jean Doré, Jean Cournoyer et Jean Charest. Mais il y a un peu plus de 40 ans, en 1958 exactement, un autre Jean faisait sa marque au Québec, en prenant les rênes du gouvernement provincial. Vous aurez sans doute reconnu le « sauveur » du Parti libéral de cette époque, Jean Lesage.

UN BEL HOMME

Jean Lesage naît à Montréal le 10 juin 1912. Son père, Xaviéri, est enseignant. Il est le neveu du sénateur Joseph-Arthur Lesage. Jean étudie d'abord à Montréal au Jardin de l'enfance des sœurs de la Providence de Saint-Enfant-Jésus. Son père ayant obtenu un job dans la capitale nationale, le jeune Jean entre au Petit Séminaire de Québec et prend ensuite le chemin de l'Université Laval. Il entre dans l'armée de réserve canadienne en 1933 (il y restera jusqu'en 1945) et est admis au Barreau en 1934. Il exerce sa profession à la firme Bienvenue-Turgeon-Lesage. Il se marie à 26 ans avec Corinne Lagarde, une jeune fille bien, cantatrice à ses heures.

La politique fédérale attire ce futur colonel honoraire du 6ᵉ régiment d'artillerie. Il est élu député libéral du comté de Montmagny-L'Islet à la Chambre des communes et y sera réélu à quatre reprises, de 1945 à 1958. C'est le début d'une carrière fulgurante pour le très charmant Lesage. À Ottawa, il devient l'adjoint parlementaire du ministre des Affaires extérieures d'alors, Lester B. Pearson (1951-1952), puis il passe au ministère des Finances (1953). Le premier ministre libéral Louis Saint-Laurent le sort des rangs et le fait accéder au Cabinet. De 1953 à 1957, Lesage chapeaute le ministère du Nord canadien et des Ressources nationales.

Saviez-vous que...

Au début des années 1960, la communauté des Sœurs de la charité, fondée par Marguerite d'Youville en 1738, comptait plus de 7000 religieuses, administrait 86 hôpitaux, 58 foyers pour personnes âgées, 317 écoles primaires, 147 écoles secondaires et 4 collèges.

ÉLECTION FÉDÉRALE DE 1957

En 1957, le vent tourne et c'est le conservateur John Diefenbaker qui devient premier ministre du Canada. Pour la première fois depuis la conscription, la province de Québec, dirigée par Maurice Duplessis, aide les conservateurs à se faire élire à Ottawa. Résultat : 112 conservateurs contre 105 libéraux. À la suite de la défaite des rouges, Saint-Laurent part et Pearson lui succède à la tête du parti. Jean Lesage, qui a été réélu dans son comté, est donc dans l'opposition. Nouvelle élection fédérale en 1958 : les conservateurs l'emportent encore, cette fois à 208 contre 48 ! Les libéraux sont vraiment mal en point. Pour un homme comme Lesage, orgueilleux et passionné, il est bien difficile de se contenter de l'arrière-banc de la Chambre des communes.

PENDANT CE TEMPS, À QUÉBEC...

Dans le pays du Québec de 1958, Maurice Duplessis en mène large. Malgré quelques intellectuels ombrageux et quelques syndicalistes exaspérés, il est bien accroché au pouvoir. Il dispose d'une organisation sans faille et d'argent à profusion. Les élites n'osent pas trop s'aventurer dans un combat contre le monarque. Il y a bien quelques exceptions, par exemple les abbés Dion et O'Neil ou le frère Untel, qui grignotent dans *Le Devoir* ou dans quelques milieux fermés le pouvoir de Maurice. Ils reprochent à Duplessis la corruption électorale et dénoncent l'Église qui tolère cet état de choses. Le frère Untel s'attaque au système d'enseignement, à la langue parlée (le joual) et même à la religion pratiquée au Québec.

Mais si Duplessis reste si fort au Parlement, c'est que l'opposition libérale y est fragmentée et faible ; son chef, Georges-Émile Lapalme, homme d'une compétence certaine, manque cependant de charisme et il est incapable de refaire la cohésion au sein du Parti libéral. Il ne peut donc offrir une contrepartie sérieuse à l'Union nationale.

N'est-ce pas le temps de trouver un sauveur pour le parti ? Et puisqu'il n'y a au Québec aucun libéral ayant suffisamment d'envergure pour affronter Duplessis, on va chercher au fédéral une candidature prestigieuse : celle de Jean Lesage. Le nouveau venu est élu chef du Parti libéral québécois le 31 mai 1958.

AU POUVOIR

L'année suivante, Duplessis meurt et Paul Sauvé lui succède. L'homme annonçait une ère de changement. Mais le 2 janvier 1960, à Saint-Eustache, il décède à son tour. C'est la consternation chez les Québécois progressistes. Antonio Barrette le remplace à la direction des bleus. Des élections sont déclenchées et ce sont les rouges, Jean Lesage à leur tête, qui remportent la victoire.

PAUL SAUVÉ ET SON ÉPOUSE
Premier ministre du Québec
à la mort de Duplessis

Grâce au gouvernement de l'Union nationale, les droits du Québec et son autonomie face aux centralisateurs d'Ottawa sont devenus des faits reconnus. Lesage arrive au pouvoir en 1960 avec un sac plein de slogans nouveaux et emballants : « L'État du Québec », « Maîtres chez nous », « C'est le temps que ça change ! » Il entend bien poursuivre les changements appelés par Paul Sauvé. Les journaux de l'époque baptisent cette période la Révolution tranquille. Avant la victoire libérale, René Chaloult avait un jour demandé à Jean Lesage : « Si vous parvenez à conquérir le pouvoir, comment allez-vous concilier vos attitudes centralisatrices à Ottawa avec la défense de la souveraineté provinciale à Québec ?

— Rien de plus simple : à Ottawa, je m'acquittais d'un mandat fédéral et je soutenais une politique canadienne ; si je suis élu à Québec, j'aurai reçu un mandat provincial et par conséquent, je plaiderai la cause de l'autonomie. »

Cette réponse avait laissé Chaloult perplexe: « Je ne puis concevoir qu'on puisse défendre ou non l'autonomie, suivant qu'on représente notre État à Ottawa ou à Québec... »

Jean Lesage s'entoure d'une équipe forte et transparente. Il va chercher des personnalités compétentes comme René Lévesque et Paul Gérin-Lajoie, qu'il fait ministres. Bien épaulé, le nouveau premier ministre défend avec un courage remarquable nos droits constitutionnels auprès de ses anciens amis d'Ottawa. Connaissant les problèmes financiers de sa province, il s'y attaque sans tarder: il faut rattraper le temps perdu, restructurer le Québec. On recrute une batterie de fonctionnaires triés sur le volet par le truchement de concours. On leur offre un salaire de niveau supérieur et on leur permet même de se syndiquer.

Pour « l'équipe du tonnerre », comme on l'appelle, l'État doit devenir le maître d'œuvre du changement économique. On crée le Conseil d'orientation économique, la Société générale de financement, la Caisse de dépôt et de placement, Sidbec, Soquem, etc. Avec René Lévesque comme capitaine, le gouvernement de Jean Lesage nationalise des compagnies privées d'électricité; Hydro-Québec, à partir de 1963, devient un puissant moteur de développement et un symbole de fierté pour les Québécois. Une nouvelle classe sociale voit le jour. Des gens d'affaires poussent dans l'industrie et les finances. Grâce aux politiques financières et au nationalisme québécois, de puissants groupes financiers de chez nous reprennent en main une partie de notre économie.

Si l'on veut qu'une société se développe, il faut former des « développeurs ». Lesage se tourne donc vers l'éducation. Après avoir créé la Commission d'enquête Parent, on réforme. Sous la gouverne de Paul Gérin-Lajoie, le ministère de l'Éducation est mis sur pied en 1964. On nationalise l'ensemble du système. On travaille à former des maîtres plus compétents, on établit la gratuité scolaire et on prévoit pour 1967 l'implantation des cégeps, ainsi que celle de l'Université du Québec pour 1968.

L'État prend la responsabilité des services sociaux. En 1961, le gouvernement Lesage instaure l'assurance-hospitalisation, à laquelle s'ajoutera l'assurance-maladie en 1970. Entre-temps, en 1964, on a aussi établi un régime de rentes.

Je pourrais écrire des pages et des pages rien que sur cette période effervescente. Les lettres et les arts sortent de l'ombre, des créations fusent de toutes parts. L'équipe du tonnerre de Jean Lesage va marquer profondément le Québec moderne. Ses politiques, révolutionnaires pour l'époque, auront fait exploser la fierté des Québécois. En 1966, cependant, l'Union nationale menée par Daniel Johnson réussit à reprendre le pouvoir. Son slogan « Égalité ou indépendance » réussit à renvoyer Jean Lesage dans l'opposition. Il renonce à la vie politique en 1970 et meurt en 1980, à l'âge de 68 ans.

77 LA RÉVOLUTION TRANQUILLE

C'est en relisant Léandre Bergeron, et son *Petit manuel d'histoire du Québec,* que je me suis aperçu que la Révolution tranquille du Québec ne l'est pas tout à fait après 1960. Le Québec est en ébullition. Étudiants, ouvriers, policiers marchent dans les rues de Montréal. La révolte gronde. Le Front de libération du Québec (FLQ) fait des siennes en 1963 ; ces jeunes, désireux de se donner un nouveau pays, s'imaginent que le peuple colonisé et habité par la peur va les suivre. La reine d'Angleterre, de passage à Québec le 10 octobre 1964, est très mal accueillie par ses sujets. Le ministre Wagner lance ses policiers dans la foule ; c'est le « samedi de la matraque ». En 1966, Pierre Vallières et Charles Gagnon quittent le Mouvement de libération populaire et rejoignent les rangs du FLQ. D'autres militent au sein du Parti socialiste du Québec où Michel Chartrand essaie de regrouper les forces vives du Québec. Pierre Bourgault dirige le Rassemblement pour l'indépendance nationale (RIN) et prêche l'indépendance du Québec.

Des élections ont lieu en juin 1966. Les libéraux de Jean Lesage, au pouvoir depuis 1960, sont battus et l'Union nationale dirigée par Daniel Johnson (le père) prend le pouvoir. Les Québécois des circonscriptions rurales ont abandonné Lesage et permis à l'Union nationale de gagner les élections. Johnson veut plaire à tous. Il parle d'indépendance aux nationalistes. Il vante les mérites d'un fédéralisme renouvelé auprès des habitants des villes qui l'ont boudé aux élections. Pour donner du punch à son programme : *Égalité ou indépendance,* il permettra au général De Gaulle de venir pousser son fameux cri de ralliement en juillet 1967, qui marquera l'histoire du Québec moderne : « Vive le Québec libre ! » René Lévesque fonde le Mouvement souveraineté-association en novembre de la même année.

En septembre 1968, Johnson meurt subitement. Jean-Jacques Bertrand prend la relève. À peu près au même moment, les troupes souverainistes fusionnent pour former le Parti Québécois. Le Québec découvre un nouveau leader en la personne de René Lévesque. Celui-ci ne peut plus accepter ce que les partis politiques du Québec représentent. Il en a ras le bol de voir que ceux-ci ne défendent pas vraiment les intérêts des Québécois. Pour lui, selon Bergeron, Lévesque croit qu'il faut faire naître une bourgeoisie québécoise nationale, maîtresse des destinées du peuple. Sans remettre en question le système capitaliste, Lévesque estime urgent de rompre avec cette Confédération centralisatrice qui empiète de plus en plus sur les pouvoirs provinciaux et qui menace l'existence même du peuple québécois. Il faut récupérer les impôts, pour qu'ils servent les intérêts des Québécois. C'est un retour aux sources. Le Parti Québécois reprend le combat des Patriotes de 1837-1838.

La langue occupe une place importante dans ce combat. Raymond Lemieux lance un mouvement, la Ligue pour l'intégration scolaire (LIS). En effet, les immigrants choisissent majoritairement l'anglais comme langue ainsi que les écoles anglaises pour l'éducation de leurs enfants. Cet état de choses ne peut plus durer. La crise linguistique atteint son point culminant à Saint-Léonard, dans le nord-est de l'île de Montréal. La résistance des Italiens de l'endroit attise le conflit. Même les commandants de bord d'Air Canada entrent dans le combat. La langue de la majorité des Québécois, le français, est menacée. Éteindre la langue d'un peuple, c'est faire disparaître sa culture. Depuis longtemps, les colonisateurs l'ont compris. L'assimilation proposée par Lord Durham se poursuit. Les nouveaux arrivants, qui ne connaissent pas l'histoire de notre peuple, se prêtent inconsciemment à ce jeu. Le danger existe. Les Québécois ne s'en rendent pas compte, entraînés qu'ils sont dans le tourbillon de l'américanisation. Michel Chartrand et la CSN se radicalisent. Ils s'attaquent à tous ceux qui soutiennent, au Québec, le capitalisme américain aveugle, les capitalistes canadiens-anglais et tous les Québécois faisant partie de notre élite qui couchent avec eux. En 1968, le défilé de la Saint-Jean-Baptiste se termine par une émeute, sous le regard arrogant de Pierre Elliott Trudeau, hostile aux revendications de ces Québécois revanchards. C'est à cette époque que les autorités créent l'escouade antiémeute. L'année suivante, 15 000 manifestants déferlent face à l'Université McGill. Cette université anglophone est un des symboles du capitalisme canadien-anglais et américain de l'époque. Par la suite, des bombes explosent chez Eaton et à la Bourse de Montréal. Le FLQ devient l'ennemi recherché. Des mouvements comme le Front de libération populaire, le Mouvement de libération du taxi prennent forme. Ceux-ci se regroupent pour lutter contre la compagnie Murray Hill, qui a le monopole du transport des voyageurs de l'aéroport au centre-ville. On incendie le garage de cette compagnie. Plusieurs autobus sont brûlés. Des coups de feu sont tirés dans la foule des manifestants par des employés de Murray Hill sous les ordres du fils Hershorn, propriétaire de l'entreprise. C'est le chaos. Un des manifestants est tué. Plus tard, on apprendra que ce manifestant, Robert Dumas, était un agent de la Sûreté du Québec qui avait infiltré le Mouvement de libération du taxi et qui agissait comme provocateur. Une enquête sera ouverte, qui conclura à l'impossibilité de trouver le coupable. Mais qui tirait du haut du garage ?

Le gouvernement de Jean-Jacques Bertrand approche de sa fin. Il présente le « bill 63 », un projet de loi qui donne aux parents le choix de la langue d'enseignement pour leurs enfants. Cela veut dire que tous les parents, y compris les immigrants, pourront envoyer leurs enfants à l'école anglaise. Qui force Bertrand et son gouvernement à adopter une telle politique linguistique ?

Enfin, le peuple bouge. Des manifestations, qui durent deux semaines, ont lieu un peu partout. Les étudiants se mobilisent.

Plus de 45 000 personnes révoltées marchent dans Montréal. Le parlement de Québec est pris d'assaut par 30 000 manifestants. Les associations protestent : la Saint-Jean-Baptiste, la CSN, la CEQ, l'Alliance, la LIS, etc. Le 20 novembre 1969, le projet de loi 63 est adopté quand même, avec l'appui des libéraux. Seuls René Lévesque et quelques unionistes démissionnaires s'y opposent. Est-ce possible ? Lord Durham devait jubiler dans sa tombe : des dirigeants québécois passant eux-mêmes une loi qui favorisait l'assimilation. Au cours du mois qui suit, des vitres volent en éclats, des banques et des immeubles de la rue Saint-Jacques sont attaqués. Des Anglais déménagent en Ontario… Le peuple a peur, plusieurs n'ont rien compris…

78 DE GAULLE AU QUÉBEC

Le 23 juillet 1967, le général Charles de Gaulle débarque à l'Anse-au-Foulon. Souvenons-nous que 1967 marquait à la fois le centenaire de la Confédération, le 350e anniversaire de l'arrivée du premier colon, Louis Hébert, et le 325e anniversaire de la fondation de Montréal.

La visite du président de la France aura dans notre histoire des échos exceptionnels et divisera longtemps les politiciens québécois et canadiens. Les uns s'en féliciteront, les autres la regretteront amèrement. Encore aujourd'hui, on se demande ce que voulait exactement dire De Gaulle quand, du balcon de l'hôtel de ville de Montréal, il lança son fameux « Vive le Québec libre ! »

Maurice Custeau et son ami Christian Viens sont les deux organisateurs de la venue du général à Montréal. Le journaliste et biographe Pierre Godin rapporte que ce jour-là, assis confortablement au club Renaissance où ils sablent le champagne, le premier glisse au second : « Mission accomplie ! Daniel voulait un *show*, il l'a eu ! »

En effet, c'est Daniel Johnson, le premier ministre du Québec, qui a peaufiné la visite du président de la France et qui l'accompagne dans sa royale promenade. Et quelle promenade ! Le général vient visiter les Québécois et pourtant c'est Roland Michener, gouverneur général du Canada, qui l'accueille sur le quai ! Quelle ambiguïté ! Hommes politiques, fonctionnaires et gens du peuple roucoulent déjà quand De Gaulle accoste à l'Anse-au-Foulon, au pied des plaines d'Abraham. Mais au moment où le célèbre visiteur, quittant le *Colbert,* met pied à terre, la fanfare lance puissamment le *God Save the Queen* ! Le peuple répond par des huées et se met à chanter *La Marseillaise* assez fort pour enterrer la fanfare. Quel début ! La guerre des nerfs ne fait que commencer.

En fait, le général avait déjà annoncé ses couleurs. Dès le 9 décembre 1966, sept mois auparavant, il écrivait cette note : « Il n'est pas question que j'adresse un message au Canada pour célébrer son centenaire. Nous pouvons avoir de bonnes relations avec l'ensemble de l'actuel Canada, nous devons en avoir d'excellentes avec le Canada français. Mais nous n'avons à féliciter ni les Canadiens ni nous-mêmes de la création d'un État fondé sur notre défaite d'autrefois et sur l'intégration d'une partie du peuple français dans un ensemble britannique. Au demeurant, cet ensemble est devenu bien précaire. »

Après les politesses d'usage à Michener, De Gaulle se tourne vers Johnson : « Monsieur le premier ministre, lui dit-il, c'est avec une immense joie que je suis chez vous, au Québec, au milieu des Canadiens français. » Et la visite débute. À la Citadelle, le président fleurit la tombe du général Vanier. C'est l'euphorie à l'hôtel de ville où la foule accueille le dignitaire, veut le toucher et boit ses paroles : « Cette fidélité, cette constance, aujourd'hui elles refleurissent ! Elles refleurissent ici, dans cette capitale du Canada français. Elles refleurissent parmi les Français canadiens. Elle refleurit à tous égards, de toute façon. »

À Sainte-Anne-de-Beaupré, le général est applaudi et les vivats fusent de partout. Après le déjeuner en plein air, il s'adresse à ses hôtes : « L'essentiel pour vous, c'est de rester vous-mêmes, de ne pas vous dissoudre, car dans l'hypothèse où vous vous laisseriez faire, cette valeur que vous avez, cet exemple que vous donnez auraient tôt fait de se diluer et de disparaître. Vous avez une tâche à remplir demain comme vous l'avez eue hier, comme vous l'avez aujourd'hui, une tâche qui est la vôtre, qui est à vous. »

Après une réception qu'il offre au nom de la France sur le *Colbert* (réception que le premier ministre Pearson, par ailleurs, a tout tenté pour faire annuler) et le dîner officiel au château Frontenac à l'issue duquel il insiste sur la survivance et l'autonomie du Québec, Charles de Gaulle s'engage le lendemain sur le Chemin du Roy dont le pavé s'orne de fleurs de lys peintes. À chacune des étapes, et tout au long du parcours, il portera son message.

À Donnacona, il évoque un Canada français responsable de sa destinée. « Cela, insiste-t-il, est indispensable. Aujourd'hui votre peuple [...] canadien-français ne doit dépendre que de lui-même et c'est ce qui se passe, je le vois, je le sens. »

À Sainte-Anne-de-la-Pérade, il parle de « l'âme du Canada français, l'âme du Québec, c'est-à-dire d'un pays, d'un peuple, d'un morceau du peuple français qui veut être lui-même, disposer de son destin [...] Vous serez ce que vous voulez être, c'est-à-dire maître de vous ».

À Louiseville, il lance : « Je vois, je sens, je sais qu'à Louiseville en particulier comme dans tout le Québec, dans tout le Canada français, une vague s'élève. Cette vague, c'est une vague de renouveau, c'est une vague de volonté pour que le peuple français du Canada prenne en main ses destinées ! »

Berthier, Repentigny, Montréal… partout le même message. Et son « Vive le Québec libre ! » aurait dépassé sa pensée ?

79 RENÉ LÉVESQUE

Québec, début de novembre 1987. À mes côtés, Ti-Loup Gauthier et Michel Boisjoly, deux ex-conseillers de René Lévesque. Nous marchons en silence. La Grande-Allée est balayée par un vent glacial. Nos cœurs aussi. Nous allons aux funérailles de l'un des plus grands premiers ministres du Québec.

Tout le long du parcours, jusqu'à la basilique pleine à craquer, les gens saluent par leurs applaudissements au passage du corbillard, celui qui leur a dit un jour qu'ils faisaient partie d'un « grand peuple ».

LE JOURNALISME

René Lévesque est un Gaspésien. Il est né à New Carlisle en 1922. Après des études en droit à l'Université Laval, il s'engage dans les services d'information de l'armée américaine, en 1943. Il devient rapidement un correspondant de guerre très populaire. En 1951, il entre comme journaliste à Radio-Canada, couvre la guerre de Corée, puis devient animateur vedette de *Point de mire,* son émission qui fait découvrir aux Québécois la planète politique et économique. De 1956 à 1958, c'est l'engouement pour ce brillant « pédagogue des ondes » qui rend faciles à suivre les débats compliqués des humains. En 1959, la grève des réalisateurs à la télévision d'État lui donne l'occasion de s'imposer comme leader. Il défend sur la place publique les intérêts de ceux qui luttent face à l'employeur fédéral pour la liberté de l'information et la démocratie.

LA POLITIQUE

L'année suivante, Jean Lesage, chef du Parti libéral à Québec, se cherche des candidats de prestige. Il fait appel à René Lévesque. Après plusieurs rencontres avec l'original et bouillant journaliste, Lesage réussit à le convaincre de se porter candidat avec « l'équipe du tonnerre » dans la circonscription de Laurier. Élu, Lévesque devient rapidement l'un des hommes forts du parti à l'Assemblée législative. Tour à tour, il sera ministre des Ressources hydrauliques et des Travaux publics (1960-1961), ministre des Richesses naturelles (1961-1966) et ministre de la Famille et du Bien-être social (1965-1966). Son premier grand combat : persuader son chef de nationaliser l'électricité.

Mais après 1966, Lévesque se sent rapidement mal à l'aise avec la position constitutionnelle du Parti libéral. Il insiste plutôt sur la nécessité d'un statut particulier pour le Québec. Au cours du Congrès de 1967, au Château Frontenac, il démissionne avec fracas ; mais il demeurera député indépendant à l'Assemblée jusqu'en 1970.

Lévesque ne perd pas de temps et fonde le Mouvement souveraineté-association (MSA). En 1968, il réussit à unifier tous les mouvements souverainistes en un seul : le Parti québécois.

LE POUVOIR

Défait en 1970 dans le comté de Laurier, il continue à se battre pour son option. Président de son parti, il ne cesse de prêcher la souveraineté du Québec. À Ottawa, son grand rival Pierre Elliott Trudeau prend du galon. Les deux frères ennemis vont entreprendre un combat à finir. De 1970 à 1976, ce sont des années de privations, d'écueils et de sacrifices pour René Lévesque. Mais il ne lâche pas.

En 1976, à la surprise générale, le Parti québécois remporte les élections ! René Lévesque est élu dans la circonscription de Taillon. À son premier mandat, le gouvernement du Parti québécois prend des mesures musclées : loi sur le financement des partis politiques, loi sur le zonage agricole, loi de l'assurance-automobile et bien sûr, Charte de la langue française (loi 101).

En 1980, René Lévesque teste son projet de souveraineté par un référendum. Il le perd. Les Québécois ont rejeté l'option indépendantiste, mais conservent leur confiance dans le chef et dans son parti, qu'ils réélisent en 1981. Cependant, le gouvernement est ébranlé.

Le peuple ayant choisi de rester dans la fédération, Lévesque consent en 1982 à discuter avec les autres provinces d'un projet de rapatriement constitutionnel. Il laisse même filer son droit de veto pour prouver sa bonne foi. Mais ses confrères provinciaux le flouent à la première occasion, en pleine nuit. Et c'est sans l'appui du Québec qu'Ottawa rapatrie la Constitution et se vote une formule d'amendement avec Charte des droits. Lévesque vient de perdre la bataille constitutionnelle aux mains de Trudeau. Il regrettera longtemps d'avoir fait confiance à ses homologues.

Il ne se remettra jamais complètement de cette défaite. En 1984, il abandonne son option pour le « beau risque », favorisant la victoire du Parti conservateur de Mulroney. En 1985, il démissionne comme président et chef du Parti québécois. Le 1er novembre 1987, en la fête de la Toussaint, René Lévesque succombe à une crise cardiaque. Le peuple du Québec pleure l'un de ses fils les plus admirés.

80 LA SAGA CONSTITUTIONNELLE

En 1867, l'Acte de l'Amérique du Nord britannique a pour les francophones du Québec des retombées considérables. D'une part, il leur donne un Parlement en créant un État provincial. C'est donc dire qu'il met entre leurs mains des pouvoirs qu'ils ont demandés depuis plus d'un siècle : l'éducation, la culture et les lois civiles françaises. D'autre part, cependant, il les rend minoritaires dans un pays britannique. Et le Parlement fédéral se réserve la plupart des pouvoirs importants : monnaie, banque, ainsi que commerce interprovincial et extérieur.

Le gouvernement fédéral, avec son pouvoir de dépenser, s'ingère, dès que « l'intérêt national » semble le justifier, dans les champs de juridiction réservés aux provinces : la santé, la formation de la main-d'œuvre, l'éducation et l'enseignement postsecondaire. De plus, il accapare, dès qu'ils apparaissent, plusieurs nouveaux pouvoirs, inconnus au XIXe siècle, entre autres dans le domaine de l'énergie et dans celui des communications : le nucléaire, la câblodistribution, la radio et la télédiffusion, etc.

LA CHARTE DE VICTORIA (1971)

À l'instigation du Québec, un processus de révision constitutionnelle s'amorce en 1968 pour se terminer en 1971. Robert Bourassa, tout comme Jean-Jacques Bertrand et Daniel Johnson père, ont réclamé une révision du partage des pouvoirs. Mais dans son rapport, Ottawa met l'accent sur des réformes autres que celles que le Québec juge prioritaires. Dans *Le Devoir* du 22 juin 1971, Claude Ryan écrit : « La Charte de Victoria dans son ensemble est un document qui tend à consolider la prépondérance du gouvernement central et à ramener le Québec au rang de province comme les autres, sans égard à ses problèmes et à ses urgences propres. » Bourassa refuse de signer la Charte de Victoria, au grand dam de Trudeau.

LE RÉFÉRENDUM DE 1980

En novembre 1976, le Parti québécois prend le pouvoir en prônant la souveraineté-association. En mars 1980, la campagne référendaire débute. Le 14 mai 1980, au centre Paul-Sauvé de Montréal, le libéral fédéraliste Pierre Trudeau met solennellement en garde les Canadiens anglais : « Nous, députés du Québec, mettons notre tête sur le billot parce que nous recommandons aux Québécois de voter Non et nous disons à vous autres, des autres provinces, que nous n'acceptons pas que vous interprétiez un vote pour le Non comme l'indication que tout va bien et que tout peut demeurer comme avant. »

Le Non l'emporte. Le Parti québécois est réélu en avril 1981. Trudeau se lance dans une vaste offensive, avec l'intention d'agir seul s'il le faut, pour rapatrier de Londres la Constitution canadienne et y apporter les changements nécessaires. René Lévesque s'allie à un front commun de huit provinces qui s'opposent au rapatriement unilatéral. À l'automne 1981, la Cour suprême se prononce sur l'initiative de Trudeau : légale, mais illégitime.

LA NUIT DES LONGS COUTEAUX

Les premiers ministres des provinces établissent une stratégie dans le but de contrer le geste unilatéral de Pierre Trudeau. Lévesque renonce même à son droit de veto. Trudeau accepte de faire quelques concessions aux provinces de l'Ouest, qui n'ont alors plus intérêt à rester du côté du Québec, qu'elles laissent donc tomber. La première version du texte de l'entente est rédigée par Blakeney ; puis Romanow, McMurty de l'Ontario et Jean Chrétien y ajoutent leur grain de sel. Le soir du 4 novembre 1981, la délégation du Québec retourne à son hôtel, à Hull. Dans la nuit, les neuf provinces anglophones s'entendent avec le gouvernement fédéral. Aucun des premiers ministres provinciaux n'a communiqué avec Lévesque pour l'inviter aux discussions. C'est ce qu'on a appelé la nuit des longs couteaux. Plus tard, le chef indépendantiste dira : « Le 5 novembre 1981, c'était un jour de rage et de honte. Nous étions trahis par des hommes qui n'avaient pas hésité à déchirer leur propre signature, en cachette, sans se donner au moins la peine de nous prévenir. Une fois de plus, le Québec est tout seul. »

Trudeau procédait ainsi à la plus importante modification de la Constitution depuis 1867. Il y ajoutait une Charte canadienne des droits et libertés, réduisant d'autant les pouvoirs de l'Assemblée nationale du Québec en matière de droits linguistiques dans le domaine de l'éducation, et établissait de nouvelles règles pour amender la Constitution. En effet, sept provinces, représentant 50 % de la population, pouvaient désormais l'amender. Donc, le consentement du Québec ne se trouvait plus nécessaire. Cet ensemble de mesures communément désigné par l'expression « rapatriement de la Constitution » est voté par le Parlement de Londres. Les propositions convenues entre Trudeau et les neuf provinces anglophones du Canada sont officialisées.

BIBLIOGRAPHIE

BARBEAU, Raymond. *Le Québec est-il une colonie?*, Montréal, Les Éditions de l'Homme, 1962.

BÉDARD, DEMERS, FORTIN. *Québec héritages et projets*, Montréal, Éditions HRW ltée, 1984.

BÉLANGER, Réal. *Wilfrid Laurier, quand la politique devient passion*, Québec, Presses de l'Université Laval et Entreprises Radio-Canada, 1986.

BERGERON, Léandre. *Petit manuel d'histoire du Québec*, Montréal-Nord, VLB, 1979.

CACHAT, Gérard. *À la recherche de mes racines*, Outremont, Lidec inc., 1984.

CHALOULT, René. *Mémoires politiques*, Montréal, Éditions du Jour, 1969.

CHAMPAGNE, André. *Le Québec contemporain*, Montréal, Septentrion, Société Radio-Canada, 1995.

CHARBONNEAU, MARCHAND, SANSREGRET. *Mon histoire*, Montréal, Toronto, Guérin, 1985.

CHARPENTIER, DUROCHER, LAVILLE, LINTEAU. *Nouvelle histoire du Québec et du Canada*, Montréal, C.E.C., 1990.

CONWAY, John F. *Des comptes à rendre*, Montréal, VLB éditeur et John F. Conway, 1995.

COUILLARD DESPRÉS, Azarie. *Louis Hébert, premier colon canadien et sa famille*, Lille, Société Saint-Augustin, Desclée de Brouwer, 1913.

COURNOYER, Jean. *La mémoire du Québec*, Montréal, Éditions internationales Alain Stanké, 2001.

Dictionnaire biographique du Canada, vol. 1 et 2, Les Presses de l'Université Laval, Québec, 1980.

DUHAMEL, Roger. *Action nationale*, mai-juin 1982.

FILTEAU, Gérard. *La naissance d'une nation*, Montréal, Éditions de l'Aurore, 1978.

FRÉGAULT, Guy. La civilisation de la Nouvelle-France, 1713-1744, Montréal, Éditions Pascal, 1944.

GENEST, Jean-Guy. *Godbout*, Montréal, Septentrion, 1996.

GOURDON, LAMARRE, FORTIN. *Histoire des États-Unis*, Éditions Beauchemin ltée, 1996.

GROULX, Lionel. *Histoire du Canada depuis la découverte*, 2 vol., Montréal, Fides, 1976.

GROULX, Lionel. « L'idée d'indépendance », *L'Action française*, mai-juin 1927, p. 290.

HAMELIN, Jean. *Brève histoire du Québec*, Montréal, Boréal Express, 1981.

LACOURSIÈRE, Jacques et Hélène-Andrée BIZIER. *Nos racines, l'histoire vivante des Québécois*, fascicules 32, 115, 123, 132, 139, Montréal, TLM, 1979.

LACOURSIÈRE, PROVENCHER, VAUGEOIS. *Canada-Québec,* Montréal, Éditions du Renouveau Pédagogique inc., 1970.

LAFOREST, Guy. *De la prudence,* Montréal, Boréal, 1993.

LAURIN, Serge, *Histoire des Laurentides,* Institut québécois de recherche sur la culture, 1989.

LAVIOLETTE, Guy. *D'Iberville,* Apostolat de la Presse, Sherbrooke, Montréal, Paris, 1954.

LAVIOLETTE, Guy. *Jacques Cartier,* Apostolat de la Presse, Sherbrooke, Montréal, Paris, 1953.

LAVIOLETTE, Guy. *Louis Jolliet,* Sherbrooke, Apostolat de la Presse, 1945.

LAVIOLETTE, Guy. *Marguerite Bourgeoys,* Apostolat de la Presse, Sherbrooke, Montréal, Paris, 1949.

LAVIOLETTE, Guy. *Marguerite d'Youville,* Ottawa, Apostolat de la Presse, 1956.

LAVIOLETTE, Guy. *Pierre Gaultier de La Vérendrye,* coll. Gloire nationale, Ottawa, Apostolat de la Presse, 1954.

Le Boréal Express. Journal d'histoire du Canada, Trois- Rivières, Éditions Boréal Express, 1962, 1964, 1967, 1972.

LINTEAU, DUROCHER, ROBERT. *Histoire du Québec contemporain,* Montréal, Boréal compact, 1989.

MINISTÈRE DU CONSEIL EXÉCUTIF. *Quelques fragments d'histoire pour mieux comprendre le Québec,* Secrétariat à l'avenir du Québec, 1995.

MORIN, Rosaire. « Québec, un pays à portée de mains », *L'Action nationale,* vol. 84, n° 10, 1994.

MORIN, Victor. *Esquisse biographique de Jacques Viger,* Mémoire de la Société royale du Canada, 3e série, tome 32, Ottawa, 1938.

POPE, Joseph. « Memoirs of the Right Honourable Sir John Alexander Macdonald », dans Lionel Groulx, « Soixante ans de Confédération », *L'Action française,* mai-juin 1927.

Presse (La), « 100 ans d'actualité », cahier spécial, 1999.

PROVENCHER, Jean. *Chronologie du Québec,* Montréal, Boréal, 1991.

« Québec, un pays à portée de mains », *L'Action nationale,* vol. LXXXIV, n° 10, 1994.

RICHER, Léopold. « Notre question politique », *L'Action nationale,* mars 1938, p. 182-183.

RIOUX, Albert. « Le Parti libéral et la Confédération », *L'Action nationale,* juin 1980, p. 822-823.

ROBERTS, Leslie. *Le chef,* Montréal, Les Éditions du Jour, 1963.

RUMILLY, Robert. *Histoire de Montréal,* tome 3, Montréal, Fides, 1972.

RUTCHÉ, Joseph et Anastase FORGET. *Précis d'histoire du Canada,* Montréal, Éditions Beauchemin ltée, 1928.

SÉGUIN, Alexandre. « Le Québec est-il une colonie du Canada ? », *L'Action nationale,* septembre 1986, p. 34-35.

SIGGINS, Maggie. *Riel,* Montréal, Québec Amérique, 1997.

SULTE, Benjamin. *Mélanges historiques,* vol. 15, *La Saint-Jean-Baptiste,* Montréal, Éditions Édouard Garand, 1929.

TARD, Louis-Martin. « McTavish, marquis de la fourrure », *L'actualité,* 15 mai 1991.

TESSIER, Albert. *Québec-Canada, Histoire du Canada,* tome 2, Québec, Éditions du Pélican, 1958.

INDEX

TABLE DES MATIÈRES

Le Régime anglais

Suivez-nous sur le Web

Consultez nos sites Internet et inscrivez-vous à l'infolettre pour rester informé en tout temps de nos publications et de nos concours en ligne. Et croisez aussi vos auteurs préférés et notre équipe sur nos blogues!

EDITIONS-HOMME.COM
EDITIONS-JOUR.COM
EDITIONS-PETITHOMME.COM
EDITIONS-LAGRIFFE.COM

Marquis imprimeur inc.

Québec, Canada
2012

Achevé d'imprimer au Canada
sur papier Enviro 100% recyclé